ましこ・ひでのり

# 身体教育の知識社会学

現代日本における
体育・食育・性教育・救急法等を
めぐる学習権を中心に

三元社

# 身体教育の知識社会学
現代日本における体育・食育・性教育・救急法等をめぐる学習権を中心に

## ［目次］

はじめに 7

# 第1章 「身体教育」の本質と「身体教育」論再考 ……… 13

# 第2章 「身体教育」の略称としての「体育」は、なぜ競技スポーツの劣化コピーとなったか？ ……… 41

# 第3章 「食育」運動の本質とゆくえ ……… 59

### 3.1. 日本社会の象徴とされる学校給食と食育 59

### 3.2. 食育を主導する農水省ほか関係省庁のかかえる体質・政治性 62

### 3.3. 食育の一環と自明視される学校給食をめぐるリスク 66

### 3.4. 本来めざされるべきとかんがえられる食育周辺の実態 67

### 3.5. 学校給食と食育にからまるパターナリズムとナショナリズム 69

### 3.6. 食育周辺に動員される知の疑似科学性 77

# 第4章 「身体教育」空間としての学校の本質再考 ……… 89

### 4.1. ネットで炎上したテレビCMが露呈させた学校空間の本質 89

### 4.2. モラルハラスメント空間としての学校に対する教育社会学的解析 97

### 4.3. 学校的ハラスメント空間としての企業社会 104

### 4.4. 収容所的規律を実践する学校空間 109

## 第**5**章　性教育ほか、リスク対策教育の実態 ·············· 121

### 5.1. 公教育での性教育と政治的介入　121

### 5.2. リスク対策教育からみた性教育の機能不全　124

### 5.3. リスク対策教育としての疫学的知見の欠落　126

### 5.4. あるべき性教育の方向性　131


## 第**6**章　ヘルシズム／ヘルスプロモーションと、フードファ ディズム／オルトレキシア
### 優生思想とパターナリズムをベースとしたパノプティコン···· 137

### 6.1. ヘルシズムを自明視するヘルスプロモーションにすける、 パターナリズムの恣意性　138

### 6.2. ヘルシズム・オルトレキシアとフードファディズムをこえて　142

### 6.3. 当局の一貫性の欠落と、過敏−感覚マヒという現実からの乖離　148


## 第**7**章　身体教育解析の射程
### 『体育で学校を変えたい』をヒントに ················ 161

### 7.1. 体育が自明視してきた身体能力概念の再検討：いわゆる「学力」 との対照　161

### 7.2. 現実としての競技スポーツ偏重主義であった体育の本質的欠落と 非教育性　166

### 7.3. 体育教育における「みるスポーツ」「ささえるスポーツ」概念 の再検討　168

### 7.4. 総合的な知としての身体教育としての「保健体育」が中核となる 社会の到来　172

## 第**8**章 障害者の生活文化という死角からの身体教育の再検討

身体教育の新領域 1 ·········· 181

8.1. 聴覚・触覚重視の視覚障害児童の学習過程と晴眼者の学習体験の再検討 181

8.2. 身体運動を軸にした、ろう児童の学習過程と、聴者の学習体験 184

8.3. 脳性マヒほか、身体障害がうきぼりにする「健常」性 187

## 第**9**章 地域の文化伝承と教科内の必修化：沖縄空手の伝播とグローバル化

身体教育の新領域 2 ·········· 195

## 第**10**章 暴力性の規制としての身体運動再考 ·········· 203

おわりに 211

参考文献 215

索引 225

# はじめに

　岡崎勝『身体教育の神話と構造』(1987) の「はじめに」の最終部分ちかくには、つぎのような強烈な批評がしるされている。

　　　"強制労働"のために私たちの身体ごと"タイホ"するという体育のもつ本質

（岡崎1987：4）

こういった「体育」観は、当然つぎのような理念とは対立するほかない。

### 体育の目的の具体的な内容－すべての子どもたちが身に付けるべきもの－

　　体育は，すべての子どもたちが，生涯にわたって運動やスポーツに親しむのに必要な素養と健康・安全に生きていくのに必要な身体能力，知識などを身に付けることをねらいとするものである。

　　こういった観点から，体育の目的の具体的内容（すべての子どもたちが身に付けるべきもの）を考えると，体育の授業を通じて，すべての子どもたちに，以下のように，一定（ミニマム）の「身体能力」，「態度」，「知識，思考・判断」などを身に付けさせることが必要である。(初等中等教育分科会　教育課程部会　健やかな体を育む教育の在り方に関する専門部会「健やかな体を育む教育の在り方に関する専門部会これまでの審議の状況―すべての子どもたちが身に付けているべきミニマムとは？―」平成17年7月27日)

（http://www.mext.go.jp/b_menu/shingi/chukyo/chukyo0/toushin/attach/1395089.htm）

　一読して、この専門部会の基調が「すべての子どもたちが身に付けるべきもの」＝「ミニマム」として、既存の体育教育を擁護し改善していこうとしていることは明白だろう。かれらにとって、「健やかな体を育む教育」という理念に、うたがう

余地などない。一方、「"強制労働"のために私たちの身体ごと"タイホ"する」という、岡崎が前提とする負の「体育」観とは、両極に位置するといえよう。なぜ、このような、あいいれない「体育」観が発生したのか自体が、知識社会学的に重要な課題となる。

　もちろん、前者の「健やかな体を育む教育」＝うたがう余地のない理念とみる人口が圧倒的多数であろう。そして、後者の「"強制労働"のために私たちの身体ごと"タイホ"する」といった目的をイメージする「陰謀論」的感覚（端的にいえば「不平をいわない頑丈な兵士労働者の育成」＝「富国強兵」イデオロギーに即した大衆蔑視etc.）は、極左的ないしアナーキズムに位置するような、異端的存在とみなされると想像される。

　しかし、前者にくみする圧倒的多数の人口による実感は、はたして当然の帰結なのだろうか。たとえば、「健やかな体」を自明視するとは、「生老病死」イメージのなかで、「老病死」への忌避感が前提となっているとおもわれる。たとえば障害者のかかえる問題を、（障害者の心身ではなく）配慮の平等を欠落させ充分なサポートを確保できずにいる社会にもとめた「障害学」「生存学」的視座のよってたつ価値観がある。これらが、うえの「実感」からは当然のように排除されているのではないか。経済学系の人口論で自明視されてきた「生産年齢人口」（15歳以上65歳未満）といった概念の設定自体、「一人前に労働を提供し社会に貢献できる」という成人とそれに準ずる「戦力」「人材」イメージを前提にしていることがわかるだろう。

　財政赤字が問題視され、70歳前後まで労働させようといった現代の風潮はともかく、たとえば会津戦争（1868年）において会津藩が「白虎隊」（16-17歳）、「玄武隊」（50-56歳）といった年齢層まで戦力化していたこと、10代の少女たちを看護兵として動員して地上戦にまきこんでしまった沖縄戦（1945年）などが悲劇としてかたられること等、歴史的にも成人とそれに準ずる「戦力」「人材」イメージがぬきがたくあることがわかる[1]。別に、コミュニストらが敵視した「資本家」の悪意イメージからみた「労働者」「兵士」といった「戦力」視をもちださなくても、また「総力戦体制」といった政治学的イメージをもちださなくても、「一人前」といった日常的感覚として、社会は常時「戦力」視をかかえている。さらには、腕力等を前提にした「男手」とか、衣食住まわりの生活知を前提にした「女手」といったイメージを継承してきた[2]。民間企業の「人材」補充が、「リクルート」（原義は「新兵募集」）

であること、「現役世代」といった表現群にいたっては、完全に軍隊組織の論理が一般社会に転用されていることがみてとれる。これら「戦力」概念に、障害者や病者、それと連続性をもつ高齢者が「脱落者」であるとか、10代も「ひよっこ」＝「無力」であるといったイメージでとらえられていることは、否定できまい[3]。

　かくして「強制労働」の有無はともかく、経済産業省・厚生労働省周辺に「労働力」の基盤としての「生産年齢人口」イメージが共有されているらしいこと、文部科学省における「体育」概念のなかに、「一定（ミニマム）の「身体能力」」といった発想が自明のごとくみとめられることは、注目にあたいする。「過労死」「過労自殺」などが社会問題化するなか、労働時間を自己裁量で決めるカテゴリーを導入しようとした政財界などのうごき（「裁量労働制」「ホワイトカラーエグゼンプション」etc.）をみるだけでも、バブル経済期を象徴する栄養ドリンクのテレビCMコピー「24時間、戦えますか。」[4]をアナクロ視できる情勢ではない。

　一方、「健全なる精神は健全なる身体に宿る」ということわざの原文（ユウェナリス『風刺詩集』）は"orandum est ut sit mens sana in corpore sano"「健全な肉体に健全な魂をと祈るべきである」であり、ちまたに流布してきたイメージは、ナチズムなどを中心とした後世の誤読であることがしられている。そもそも、狂気の沙汰としかいいようのない暴力やパワハラがスポーツ界にうずまいてきた事実は、近年つぎつぎと露呈している。スポーツ等の身体運動が「健全なる精神」の基盤となり、体育がその育苗装置となるだろうといった擁護論自体、知性が欠落した思考停止にもとづく無責任な楽観主義というほかなかろう[5]。

　かくして、「体育」、とりわけ競技スポーツ／武道／ダンス等の身体運動実技を、選手／武道家／ダンサーなどにならうかたちで公教育、特に義務教育で必修化してきたこと、そして、それらの前提として、「一定（ミニマム）の「身体能力」」といった発想が自明視されている経緯自体が、歴史学的・哲学的に再検討にあたいする。そして、こういった知の布置関係がいかにして構築・再生産されているのかは、社会学的解析の対象となって当然であろう。

　以下、学校教育における体育を軸に、栄養学・性教育・救急法などをふくめた保健体育・家庭科という教科、クラブ活動、給食指導という生活指導（現在では「食育」もくわわった）など、義務教育における「広義の体育」を検証していくことにする（ただし、必要に応じて、町道場等武道教育施設、スポーツクラブ・ダンス教

室等、公教育外の学習支援組織・空間にも言及する）。それは、実質的に学校体育やクラブ活動等と並行して教育機能をはたしているからだけではなく、指導者たちが「教育」活動であると、しばしば自覚（たとえば「ひとづくり」論etc.）してきたからでもある。

　あわせて、そもそも公教育が、国家権力による注入・洗脳のたぐいではなく、市民の育成を家族・地域社会がすすめるうえでのサポート（サービス）機関として機能すべきことにかんがみて、児童・生徒の学習権保障の観点から「広義の体育」の正統性・正当性を検証していく[6]。三育（知育・徳育・体育）の自明性というかたちで、「身体教育」も自明のことと位置づけられてきたが、すくなくとも、スポーツぎらい／ダンスぎらいは普遍的現象であるし、武道を必修化したこと自体、その正当性はきわめてあやしい[7]。さらには、「体育」が「身体教育」の略語をもとにした教科名だとされながらも、スポーツ／ダンス実技以外の授業時間数をはじめとして、栄養学・性教育・救急法などにさかれる精力・時間という質／量は、きわめて貧弱であるといった問題も指摘できるだろう。養護教諭という、いわゆる「保健」の専門家であるはずの教員が、授業を担当できるとされながらも、ほとんど機能していないらしい点も、解せない現実である。端的にいえば、「身体教育」といいながら運動実技が自明の軸であり[8]（しかも、既存の競技スポーツやダンス等のまねごと）、「技術家庭科」や「理科」「社会」等の隣接科目群との連携なども皆無といってよいのである。「アスリート・武道家等のまねをさせれば、身体をはぐくめる」といった発想に還元できそうな「体育」実践のありようは、具体的に解析する必要があるだろう。


　沖縄尚学高等学校、県勢初の甲子園大会初優勝から20年めの日に（2019年4月4日）

# 註

1 「少年犯罪」「少年兵」等の把握も、暴力性を軸に成人に準じた現実とみなされている象徴的用例といえよう。もちろん、「女性兵士」などと同様、「有標」現象との認識も明白にみてとれるが。

2 これらの現実は、ジェンダーをふくめて、属性ごとの特性が自明視されていること、「戦力」のリクルートにも、当然、社会が予期する能力概念が継承されていることが、みてとれる。

3 実際軍隊は、「傷痍軍人」「退役軍人」といった「現役」将兵ではないカテゴリーを複数うみだしてきた。

4 三共（＝現・第一三共ヘルスケア）の栄養ドリンク剤「リゲイン」（商品名）。

5 ちなみに、近代欧米社会が共有していた"sport"概念のかかえる「あそび」を忌避した「精神修養」概念こそ、近代日本のスポーツ受容が「体育」としてしかありえなかった経緯を玉木正之は批判的に位置づけている（玉木2003：39-43）。しかし、後述するように、スポーツが精神修養用の修業過程＝身体運動文化であるなら、スポーツ界で頻発・噴出する不祥事などありえまい。

6 たとえば一橋大学では、1995年度まで体育実技の一部に50mをおよぎきることを必修としており、およげない学生には水泳講習会が課されていた。学生全員をおよげるようにすることが教員の責務だとのパターナリズムによっていたようだが、この程度の泳力を必修とする教育が市民的素養ないし体力・技法であるとする見解が妥当であるかは微妙だろう。それは、プールという人工的な空間での泳力を確認するだけであり、着衣水泳など、おぼれない技術の習得などとは無縁であったし、講習会に参加しさえすれば、実際に50mおよぎきる泳力がつかなくても後期過程に進学できたようではあるが、水泳を苦手とする学生にとっては、憂鬱だったにちがいないからである。

　体調等によって体育実技に参加しない生徒を「見学」というかたちで校舎外にださせるなどの措置も、すくなくとも義務教育段階で課す正当性は当然問題をはらむはずである。また、宗教上の信念にしたがって武道に参加しないことをもって生徒を不利にあつかって退学においこんだ例のばあいは、最高裁まであらそう訴訟となった（神戸高専剣道実技拒否事件）。

7 国際化のなのもとで自明視されてきた「英語科」や、実生活に必要か非常に微妙な文学教材・言語学もどきをあてがってきた「国語科」、情操教育・教養教育をしているつもりらしい図画工作・習字など、その正当性があやしげな教科群はたくさんあるが、体育におけるスポーツ／ダンス偏重とその問題性は突出しているようにおもえる。さらに、武道の必修化が、たとえば柔道・剣道・相撲など、武道館・国技館などをメッカとするナショナリズムを背景に、議員連盟などをとおしてすすめられたことはあきらかだ。武道の復権といった運動は、近代西欧起源のスポーツの浸透によってわすれさられた身体運動文化のみなおし・継承といった美名がつきまとっている。しかし、大相撲人気と反比例するかのような相撲人口の急減など、武道界の危機感をうけての運動の成果であることをみのがしてはならない。そして、そもそも、柔道や剣道など武道は古武術とは断絶をもった近代における「伝統の創造」

の一群であり、伝統そのものでさえない点で、俗流化した伝統主義（歴史的無知に
もとづいた文化ナショナリズム的反動）なのである。

　武道必修化周辺にまとわりつく、実にあやしげな策動の本質についての端的な批
判としては、銃剣道の唐突な参入をきりくちにしたブログ記事「武道必修化に武道
9種目【銃剣道】が入ったのには、どんなチカラが働いているのか」（http://f-chikara.
hatenablog.com/entry/2017/04/07/235113）。

8　たとえば、体育史研究者のひとり木下秀明なら、「体育が取り上げる運動は、大別す
ると体操とスポーツである」と、ためらうことなく断言している（木下2015：15）。

## 第1章 「身体教育」の本質と「身体教育」論再考

　古今東西における各社会での「身体教育」の歴史的現実はともかくとして、すくなくとも近代日本の公教育政策にかぎれば、教科名としての「体育」は、「身体教育」の略称として構築され定着した。それが、H.スペンサーらの教育構想としての「知育・徳育・体育」の三育理念の一環であり、基本的には、のちの総力戦体制などに編入されていく「富国強兵策」という資源動員の軸であることは、論をまたない。

　ちなみに、戦前・戦中の軍国主義教育を古代ギリシアの都市国家スパルタの近代版とみて、極端な時代とみることは可能かもしれない。しかし、成人対象ではあれ国民皆兵的な国防意識をスイス国民などが共有している現実を直視すれば、義務教育への兵式体操導入や男子の中等教育機関での軍事教練（「学校教練」）の必修化なども、すぎさりし過去の右翼的時代とかたづけるわけにもいかない。隣国韓国が、「休戦」体制という準有事を冷戦終結後もつづけてきた政治的現実（「徴兵制」）、対峙する「北朝鮮」が「先軍政治」というなの軍事優先政策をとりつづけている現実は、右翼勢力が喧伝せずとも、戦後史の基調といってさしつかえないからだ。「政権が国家的危機と判断すれば、成人男性を中心に軍事的動員は当然」というのが、国民国家の基調であり、広義の人的動員は本質的かつ必然的産物なのだから[9]。

　それはともかく、いわゆる体育担当教員やクラブ活動に積極的な関係者が、10代の育成における「身体教育」の主軸を「体育」がになうのだから、「身体教育」の省略形として「体育」という教育領域が成立・定着したのは当然だととらえる姿勢は、自明の真理だろうか。

　それはもちろん、「言語教育の主軸は、国語科と英語科である」という、「常識」

のたぐいと並行して提起されるべき議論である。結論からいえば、一部の国語教育論研究者が「日本語教育を国語科が独占的にになっているわけではなく、日本語をもって教授されている理科・社会科など、すべての教科群が、いわゆる「国語力」を形成している」と指摘しているのと同様に、「身体教育」は「体育」だけが主たる教育実践ではない。それは、みずからの学部教育やクラブ活動の経験を教育現場におろしていると信じてうたがっていないだろう体育大学ないし教育学部等出身の教員の「身体教育」観が非常にせまいから発生している「身体運動」の矮小化の露呈にすぎない。たとえば、「書道」「美術」「音楽」といった芸術系の科目群、技術家庭科などで要求される身体運動などが視野から当然のように除外された結果、「身体教育といえば当然体育と運動部」といった発想におちいるのだ。

　この思考停止としかいいようのない視野狭窄は、単なる公教育でのスポーツ・ダンス教育関係者の専売特許ではない。むしろ、公教育関係者周辺にはびこる無自覚なイデオロギーといってさしつかえないとおもわれる。たとえば、中学高校などでの「運動部・文化部」、大学サークルなどにおける「体育会・文化会」といった分類にも端的にあらわれているからだ。「ブラスバンド部」や「合唱部」など、全国大会出場などをめざすクラブが、「準・運動部」あつかいをうけてきたことなども、その傍証となるだろう。要するに、恣意的に身体的トレーニングを要する競技スポーツが自明の前提のようなかたちで「運動」と位置づけられ、それ以外の身体運動が矮小化されてきたのが学校文化だったため、そういった視野のせまさに、大衆レベルで思考停止がはびこってきたといえる[10]。

　冷静にかんがえれば、芸術系科目群はもちろん技術家庭科等でも要求される身体技法が、多様な「身体運動」を前提にしたものであることは明白である。体育・部活動担当教員をはじめとする学校関係者が自明視する「身体観」「運動観」の貧困さ、視野のせまさに起因する思考停止があるからこそ、矮小化された「身体教育」観が共有され、スポーツ・ダンス教育に武道教育などを追加することが実質「体育」だという姿勢をもたらすのだ[11]。

　技術史家、中岡哲郎は『人間と労働の未来』で、職人世界で修行する＝社会化されるとは、「ころす」とか「もどる」といった職人ことばの含意を体得することだと指摘した（中岡1970：30-3）。現在でも「暗黙知」をはじめとして、外部の人間には説明困難な業界語が無数にあるだろうことが推測されるが、計量化され機械の記

憶媒体へと分解・記録されてしまう次元まで解体された「技術」はともかく、時々
刻々かわる素材への加工の調整（たとえば、入荷するコムギ粉／加工される瞬間を
とりまく季節と気候／料理法と客層と文脈のバランス……）などは、まさに修業・
試行錯誤によって体得される領域にあり、端的にいって「身体的」な次元に属する
はずだ[12]。それは五感で情報処理され、状況にてらして「最適解」をさぐる過程と
して展開するわけで、たとえば、基本的な調理法をみにつけるといった教育目標を
設定するなら、これらはすべて広義の「身体教育」に位置づけられることになる。

　言語研究者の、なかの・まきは、「左手書字をめぐる問題」では、いわゆる「書
写・書道」という、国語科周辺の教科群が、ひだりきき児童を構造的に差別・抑圧
するという構図を批判的に検討している（なかの2017a）。著者の勤務校では、全学
共通科目（いわゆる「教養科目」）を、「スキル系科目」群と、「ソフィア系科目」群
に二分した時期をもつが、基本的に座学を軸とした「講義」型である後者に対して、
いわゆる「語学／体育実技」系の前者が「スキル系」に分類されたのは象徴的といえ
た。なぜなら、高校以下の公教育で自明視されてきた「国語」「英語」などで喧
伝される、「四技能（よむ・きく・かく・はなす）」は、知識そのものというよりは、
運用能力・技法に着目するものであり、特に「はなす」「かく」という表出行為は、
きわめて身体性がたかいことが明白である。要するに、視聴覚に基本的に限定され
た「よむ」「きく」という理解・受容行為に対して、他者に対して「はなす」「かく」
という表出行為は、声帯・口舌、手指という、可視的な身体運動がともなうからだ。
さらにいえば、音読・ソルフェージュ・スケッチなど、国語・音楽・図画工作等で
さまざまな身体運動が要求されてきた。たとえば、吃音といった問題が学校で深刻
なのも、教科教育のみならず、学校文化のさまざまな局面で「発声」が自明視され
ているからだ[13]。なにしろ聾教育での「口話法」といった指導方針は、自身で聴覚
モニタリングができない聾児にさえ「発声」を要求するような文化なのだから。ち
なみに、こういった普遍的構造をラディカルにひきとった教育論を展開したのは、
のちほどふれる演出家竹内敏晴（1925−2009）であった。かれは、発語能力・歌舞
音曲技能・工作技能をふくめた「体育」、ケンカ・討論のしかたをふくめた「社会」、
よみかき計算をふくめた諸技能を「技術」と、全教育課程を3領域に大分類する構
想を提示していた（「「からだそだて」の観点から見た全教科のパースペクティブ」、竹内
1988：261-90）。

第1章　「身体教育」の本質と「身体教育」論再考

のちほど詳述するように、「いわゆる運動がにがてである」「心肺能力ほか持久力の点で陸上競技・水泳等が苦痛」といった児童・生徒をくるしめる体育実技は、はたして義務教育にくみこむ正当性があるのか、という大問題があるが、以上みたように、学校教科・生活指導のなかには、存外「身体技法」や「体力」を要求する領域が無数にあるのだ。

そして、これらは、家庭における「しつけ」などと同様、教員文化が「問答無用」で生徒にあてがっているものがすくなくない。岡崎勝 (1987) が全4章中、半分におよぶ2章を「「集団行動」批判」(第2章)、「「生活点検」批判」(第3章) としてあてがっているのは、それを象徴している。くわしくは後述するとして、整列時の「気をつけ」が軍隊の規律システムからの援用であることをはじめ、学校での「集団行動」という秩序システムには、すみずみにまで、心身を上位者が支配する論理がいきわたっているし、「生活点検」を主軸に、「牧人司祭型権力」(フーコー) を貫徹させるための無数の規律遵守文化が存続してきた。もちろん、教員各人の「善意」が前提であり、それを岡崎は「「生活点検」は、「ハンカチ・はなかみ調べ」から「教科指導」そして「軍事体育」までに貫徹される「教育愛」の技術を明快に私たちに示してくれているのだ。「教育愛」とは、政治的技術なのである」(岡崎1987：194) と断言している。「規律」(discipline, フーコー) を体得させることを善としてうたがわない、「生政治」(Bio-politics, フーコー) は、なにも強制収容所や刑務所だけではなく、病院や学校という、ごく日常的な空間にあるという現実を直視しなければなるまい。「身体教育」とは、「体育」「部活動」ほかの専売特許ではなく、10代を中心とした公教育空間全体の本質なのである[14]。

学校文化が自明視してきた制服や頭髪規制などは、しばしば日本的現象として批判の対象として指摘されてきた[15]。特に、軍隊や刑務所などでしか自明とはいえない「坊主がり」[16]など男子生徒・部員の頭髪規制[17]、既存のジェンダー規範を強要する男女別の制服などは、同化圧力の典型例といえよう[18]。

さらには、近年、おもすぎるランドセル問題として、画一的なランドセル至上主義にも批判があがるようになってきた。つぎのような各地の保護者による批判は、その象徴的な例といえる。

　　　4月下旬の大雨の朝のこと。長男はランドセルを背負い、絵具と習字セットも

持って行かなくてはなりませんでした。これに加えて傘をさすのは無理だと思い、風邪気味だったこともあり、車で送りました。

「こんな日でも、ほとんどの子どもたちが指示通りに大量の荷物を持って集団登校している姿に疑問を持ちました。ランドセルこそが、小学校における『同調圧力』の象徴に思えてなりません」

〔中略〕

「教育関係者や保護者の中には、昔と変わらぬやり方で子供を鍛えることを『是』とするマインドが、まだまだあります。勉強や遊びのために使うはずの体力を、登下校の重い荷物の運搬により、そいではははらないと思います」

〔中略〕

（小学生の保護者である市議会議員が＝引用者注）「ランドセルが重すぎないか」との相談が市民から寄せられ、長女の荷物の重さを量ってみると、ランドセルだけで5.6㌔、水筒や上履きなども加えると計9.6㌔にも上りました。〔……〕

（「ランドセル 重くない？」『朝日新聞』2018/5/28）[19]

　教科書や文房具等、教材周辺の物品をどの程度共有財として共用していくかは、微妙な問題をはらむであろう。しかし、各種学習用道具類をふくめて自己責任できちんと管理せよという指導方針自体が、個々の生徒の心身への過剰な介入にみえる。そもそも生徒が下校の際には各自バラバラになる現実をみれば、集団登校自体が安全対策の一環として合理的か自体疑問視されることがわかるだろう。教科書等の重量化等、画一的なランドセルの自明視とあいまって、保護者たちが批判するとおり、《登下校をとおした重量物運搬》という「修業」をしいている現実が浮上する[20]。教室で、つまらない授業も我慢しておとなしく着席しているという、みなれた光景＝苦行にとどまらず、そもそも登下校自体、心身への管理主義という次元で「身体教育」そのものなのである[21]。外国人が、しばしば「整然としている」と驚嘆する日本人の身体文化とは、以上のような、異様な拘束性を小学校時代から我慢しつづける訓練のたまものなのではあるまいか[22]。

　このようにみてくると、運動会や卒業式等の学校行事で整然とふるまえる生徒たちという秩序性を無批判に称揚する風潮は、単なる思考停止におもえてくる。なぜなら、幼児教育段階をおえるや、ナチスなど国家社会主義的な身体性をみにつけ、

一般市民まで将兵や警官のように整然と行動できることを自明視する文化が、明治以来、義務教育をとおして一貫して維持されてきたこと、戦前のGHQによる脱軍国主義化政策にもかかわらず、この学校文化はいきのびたこと、グローバル化が喧伝される21世紀になっても、軍隊や警官隊の行進のようなうごきを10歳前後の児童で可能だという現実に疑問をもたない成人があまりにおおいという現実が浮上するからである。教員がこれらを軍国主義の残滓として違和感をもたないだけでなく、保護者たち自身が、わがこたちの被支配状態を甘受・黙認し、ときに、たのもしく感じて是認しているという政治性は、想像以上に深刻といえよう。

　ある意味、岡崎らの提起があって30年以上へてなお、「ランドセルこそが、小学校における『同調圧力』の象徴に思えてなりません」といった学校文化批判が、わざわざ特集でとりあげられていることの異常さが再検討されねばなるまい。いいかえれば、岡崎らの批判的見解は、超マイナーなあつかいをもって事実上黙殺され、まるまる一世代へたという現実（「異様」な現実を「異常」と感じとれない感性の鈍麻と思考停止）が確認できるからである。「管理教育」で有名だった80年代までの愛知県（＝岡崎らが活躍した地）、といった特殊性でかたづけられる問題ではない。

　ところで、なかの・まき（2017b）は、「ビジネス日本語」教材のなかに「マナー教材」がふくまれ、そこでは、日本の民間企業等で自明視される「ビジネスマナー」がことこまかに身体性に介入していることを指摘している。ホワイトカラーや営業職などのばあいは、みだしなみなどの次元にとどまるが、工場労働者のばあい一層身体性への介入が露骨になる。たとえば、フィリピン人技能実習生の受け入れ機関「協同組合フレンドニッポン」では、「関係機関による技能実習生候補の再教育」として「フィリピンに設立された訓練校は、2010年にフィリピン政府から技術大学に承認され、現在は全寮制の短期大学として1,000名を超える学生が学んでいます」と紹介されているが、そのなかの「規律訓練」という項目では、つぎのような記述がみられる。


　　日本の生産現場で求められる、「ルール」「チームワーク」「安全」「整理整頓」を
　　身につけるためのトレーニングも併せて行っています。
　　グループ毎に分かれてリーダーを決め、掛け声でしっかりとチームで動けるよ
　　うになるまで繰り返し練習を行ったり、決められた時間に集まり作業を行うなど、

定時集合・集団行動といったルールの徹底とチームワークをしっかりと身につけ
させます。

さらに、安全意識を身につけさせるために、実際の製造現場で行う作業前の指
差し確認も取り入れ、現場でのトラブルを未然に防ぐことの大切さを教え込みま
す。

また、日本の生産現場で重視される、「整理・整頓」、そして「清掃」について
も、自分たちのトレーニング場所清掃や機器整理整頓を通じてしっかりと身につ
けられるよう指導を行っています。

(http://www.friendnippon.com/project/curriculum.html)

日本人むけの研修でも同様の訓練はなされるだろうが、外国人研修生への配慮と
あらためてとらえると（つまり、日本人の研修なら、ここまで明記するまでもなか
ろう程度の自明性が前提としてある）、民間企業の現場（工場・公共交通機関etc.）
が、実態として「軍隊」的規律を自明の前提として運営されていることに気づかさ
れる。「安全第一」という現場のモットーは当然なのだが、それは同時に、軍隊的
規律（警察組織や鉄道・航空関連企業をふくめた）こそが危機管理上もっとも合
理的で洗練されているという、官僚制の「常識」がすけてみえるし、日本的な教育
機関に貫徹された理念であることが、みえてくるのである。そして、まったく身体
文化がことなるだろう外国人に対して、「研修に来日した以上、当然「郷にいれば、
郷にしたがえ」だ」とばかりに、軍隊的規律をあてがって当然という企業の発想は、
単に「安全第一」というリスク回避志向だけでは説明できまい。おそらく小学校以
来「気をつけ」等、軍隊的整列からしこまれてきて、そういった規律空間に疑問を
はさまないような、秩序意識が自明視されているからだ。

以上、学校教員周辺の成人たちが感覚マヒをおこすことで無自覚になっている
「身体性」への介入をみてきたが、「身体教育」は、「集団行動」を前提とする教科教
育や学校行事や登下校、「生活点検」など、みるからに「身体」を物理的に規制す
る実践・体制にはとどまらない。運搬・配膳・下膳等を生徒にセルフサービスさ
せる給食指導、おなじくセルフサービスの典型例である清掃活動[23]など、学校空間
で「身体教育」と無縁な時空自体、皆無といってよいのである。教員たちの指導的
監視から自由であるのは、教師が不在の時間帯をのぞけば、トイレの個室と、ケア

の対象として保護されている保健室内にとどまる時間くらいかもしれない。それというのも、小学校教員に昼食休憩さえあたえない「給食」という学校文化では、運搬・配膳・下膳等セルフサービスの指導のみならず、摂食行動自体を指導対象とし、ときには、「偏食をさけ、のこさずたべる」といった完食の強要等、身体性への露骨な介入が自明視されてきたからだ。アレルギーによるショック死リスクなどもはらみながら、基本的に全児童一律のメニューを時間内に食すという、管理教育という次元をこえた、野営でのレーション摂食や刑務所なみの強制空間が、給食という学校文化にはからんでいる[24]。貧困家庭やネグレクトなど虐待的環境にしずむ生徒のよるべでもある給食制度だが[25]、同時にそれは、マクドナルド化がとまらない日本の公教育において、貧困な食文化を自明視する空間でもありえる現実を直視しなければならない[26]。たとえば、給食実施に失敗したまま生徒の弁当持参を前提に運営されてきた横浜市の公立中学では、昼食時間が15分しかさかれないという、ブラック企業なみの貧困な時間割がまかりとおっている[27]。

このように、おもに公教育を中心に「身体教育」の諸相を検討してくると、残念ながら、体育教育関係者による「身体教育」論には、致命的なとりこぼしが感じとれる。既存の体育教育が自明としてきた、器械体操などをふくめた競技スポーツおよび武道、それにダンス等特定の「身体運動」指導、特定の「運動能力」の向上を自明視してうたがわない「身体教育」観がみてとれるからだ。

ひとつ象徴的な事例をとりあげることにしよう。現段階で、いまだに体系性という点で屈指の水準として位置づけられていると目される佐藤臣彦『身体教育を哲学する』(1993)[28]を検討してみる。

佐藤は、最終章「身体教育、すなわち体育を哲学する」を展開するための基礎理論＝身体論として「教育にかかわる身体を哲学する」(第二章)をおくばかりでなく、さらにその基礎理論として「教育そのものを哲学する」(第一章)をおくという周到な体系性をうちだしている。そこには、プラトン・アリストテレスら古代ギリシアの哲学者の議論はもちろん、ド・ソシュールやカッシーラーの言語哲学、アルノルト・ゲーレン、アドルフ・ポルトマン、コンラート・ローレンツの人間論・動物論、デュルケームの教育論、ブルデューの身体技法論なども動員されるという、まことに念のいった構成がとられている。「心身一如」論を批判するために、禅宗の開祖のひとり栄西まで登場させるなど、まさに古今東西の先学が登場するといってよい

（その意味で、まさに身体哲学史の事典としてもつかえるわけだ）。

　佐藤は、先行する研究者たちのわくぐみである「身体文化＞身体教育＞身体修練（身体運動）」「身体文化＞身体運動＞体育」といった図式に対して、「大＞中＞小」「上＞中＞下」といった包摂関係をなす、すべてに通底する共通の範疇基盤などない、と断罪する。なぜなら、これら系列化のこころみは、論者たちが関係概念にほかならない「身体教育（体育）」と、実体概念たる「身体文化」「身体運動」とのあいだ、つまりカテゴリー論上の誤謬をおかしたから発生した図式化にすぎないというのである（佐藤1993：221-4）。

　佐藤は、まずE（教育）を、独立変数a（作用項＝能動者＝指導層）、b（被作用項＝受動者＝学習層）、c（媒体項＝教材等文化財）、P（教育目的・目標）を従属変数として（同上：98-101）、教育に介在する諸要素を関数論的に、E＝f (a, b, c|P)と定式化した。そのうえで「体育＝身体教育（PE）」をPE＝f (a', b', c'|P')と定式化した姿勢と、各カテゴリー自体は充分首肯できる（同：215-6）。また、「一般に無自覚に混用されている「体育」と「スポーツ」とは、「体育∩スポーツ＝∅」、すなわち、共通の範疇基盤を持たない「互いに素」となるような「離隔概念」」である構造、「身体教育（体育）」が、何らかの「目的・目標」を条件としての、作用項・被作用項・媒体項を構成契機とする関数で定義される関係概念であるのに対して、スポーツ等をふくむ「身体文化」や「身体運動」は媒体項に位置づく実体概念で、両者はその範疇基盤がことなるといった解析にも異論はない。

　しかし、このような抽象度のたかいカテゴリー分析は、目的を限定した際の問題整理には適当でも、普遍的に妥当性を維持できるとはかぎらない。たとえば「身体文化」というカテゴリーがスポーツをはじめとした「運動文化」の上位の実体概念としてあり、「身体教育」という関係概念と対置されるときに独立変数たる媒体項として主要手段に位置づけられるのは妥当として、「文化」はつねに「教育」の媒体項だろうか。「教育文化」といった概念があり、それらが「学校教育」や「社会教育」ほか、種々の「教育現象」「教育制度」を包括する位置にあるケースが否定できないように、関係概念たる「教育」が実体概念たる「文化」の下位項目となる位置づけも否定できない。同様に、「身体教育」は、つねに「身体文化」を媒体項＝独立変数として手段化するばかりとはいえず、広義の「身体文化」現象の具体的現実として「身体教育」がくりかえされることも否定できまい。実際、学校教育

第1章　「身体教育」の本質と「身体教育」論再考

をはじめとした現実は、広義の文化現象の再生産過程として出現する。学校教育を
はじめとする教育現象は、各文化を教材等として手段化する関係概念として認識で
きるのと同時に、広義の文化現象の一部として包摂され、事実、文化的再生産（継
承・発展）過程として手段化されてきたではないか。

　一例をあげれば、神社仏閣の永続的建設・改築を継承してきた宮大工や、仏教・
キリスト教ほか哲学・宗教をふくめた学問を継承してきた広義のアカデミズムなど
は、関係概念であると同時に実体概念でもあり、より高次・広域の文化体系におけ
る具体的項目として包摂される。宮大工集団や仏僧集団における文化継承＝再生産
過程は、具体的な知識・理念を媒体として手段化しているだけでなく、仏教文化・
神道文化という巨大な体系の下位単位ともみなせる。このようにかんがえてくると、
スポーツ等をふくむ「身体文化」や「身体運動」は媒体項に位置づく実体概念で、
関係概念たる「身体教育」の目的・目標にとっての具体的素材＝媒体にすぎないと
いう把握は、論理的一貫性はともかく、極端に図式主義といえよう。

　また、プロ野球や実業団野球といった業界関係者間では、中学・高校・大学での
クラブ活動という「身体教育」制度が手段化（＝育成・選抜装置）されてきただろ
う。かりに、学校教育におけるスポーツ指導者たちの「目的・目標」が「スポーツ
をとおした人間形成・人材育成」といった理念としてあっても、プロ・セミプロ関
係者にとってのクラブ活動は、社会全体に貢献する人材育成自体には関心がもてず、
現役選手とその育成に貢献する野球人の再生産過程として10代選手を育成しつづ
けるクラブ活動を位置づけることになる。「学校教育関係者らの教育目的にとって
競技スポーツは媒体項にすぎない」という関係概念的把握は、論理的には妥当でも、
実社会にあっては理想論、いや空論でさえある。「身体教育」のなかに位置づけら
れた目標・理念は、たとえば「スポーツ興行」といった商業主義・市場原理の現実
のまえに、あまりに無力である。すくなくとも「甲子園にいきたい」「プロ野球選
手になりたい」といった生徒と、それを前提に活動する関係者の実感をイメージす
れば。

　ともあれ、佐藤臣彦が図式化する「身体文化」「身体技法」「身体運動」等の概念は、
矮小化された「身体教育（体育）」イメージに拘束された限界を露呈している[29]。

　佐藤はつぎのように「体育」の目標をとらえる。

これまでわれわれは、体育の普遍的目標を「ヒトの身体面からの人間化」に置き、それが具体化されるのは、特殊生活世界における独自の文化的・社会的状況下での人為的関係のもとにおいてであることを見てきた。つまり、ヒトにおけるからだを可塑性を本質とする可能的身体性と捉え、体育の作用がそれを特定の文化性を身にまとった現実態としての身体に変容させることで人間としての生を全うできるようにする、という図式である。

〔中略〕

　「ヒトの身体面からの人間化」を根底的条件としているわれわれの体育実践は、運動文化を媒介としつつ、「身体の諸能力の顕現化」を目標として遂行されることになるが、「身体面からの人間化」そのものが自然と文化双方からの二重の超脱を意味する以上、被作用者を所与として先在する運動文化に馴致させるだけのものであってはならないはずである。そこまでであれば、非運動性にまといつかれた「桎梏としての身体」に陥ってしまうのであって、体育実践は、われわれをそうした境遇から、「力づくによる身体全体ともどもの向け変え」（プラトン）によって、超越させることを目指さなければならないのである。　（佐藤1993：281-2, 285）

　総論的には、プラトンらが指摘するように、われわれが既存の文化的慣習という桎梏のとらわれびととして心身を拘束されていることは事実だろう。しかし「体育実践」なるものを「目的」とみなす指導者らに「力づくによる身体全体ともどもの向け変え」をしいられる必然性を疑問なく受容できるだろうか。もとより、哲学や社会学などは、既存の先入観からできるだけ自由になるという知的解放をめざしてきたが、万人に「力づくによる精神全体ともどもの向け変え」をしいるような「アカハラ」的姿勢は当然想定してこなかった。先入観からの離脱は、それこそ、自由な精神による主体的「改心」の産物であり、だれにも強要されるようなすじあいのものではなく、それこそ「知的発見」の結果でしかないのだから。

　……むろん、その場合の条件（「被作用項である人々を、非運動性にまといつかれた習慣的現状から脱却させていく」ための＝引用者注）は、体育者が（体育における）「美なるもの」「正なるもの」「善なるもの」の真実を、すでに十分《知》っているということでなければならないだろう。目指すべきところがあらかじめ

分かっていないでは、導こうにも導きようがないからである。

　では、体育におけるこうした「真実」を、体現者はいかにして《知》り得るのだろうか。「洞窟の比喩」（プラトンのモデル＝引用者注）に立ち戻って考えれば、当然のことながら、体現者自身をそれたらしめることになる先行者の「導き」を不可欠の条件と考えなければならないことになる。そして、「知」への道程は、この先行者に導かれつつ、「負のベクトル」を本質とする自らの本性とせめぎ合いながら、一歩一歩、自らの足で急峻な道のりを進んで行く以外にない。

（佐藤1993：300）

　以上のようにきわめて抽象性のたかい議論がほぼ最終部分にいたるまで展開され[30]、「自己研鑽」なる表現（同上：302）でしめくくられたのでは、大半の読者の虚脱感はいかばかりかとおもう。既存の体育の変革のための方向性さえ、しめされていないのだから。

　かりに、このプラトニックな理想論がただしいとしよう。そうだとしても、「（体育における）「美なるもの」「正なるもの」「善なるもの」の真実を、すでに十分《知》っている」ようにみえる教員に、過去にであった人物は、いかほどだろう。すくなくとも著者のばあい、皆無である。理想的には、たとえば合気道の開祖、植芝盛平のような天才的カリスマなどがイメージできる。しかし、それら「導き」は、天才にのみ継承可能な修行の結果であって、佐藤がのべるような「学校体育」「体育実践」「普通体育」などの理念とは対極にあるはずだ。

　「野口体操」や演劇運動のリーダー竹内敏晴の「からだそだて」論、「自由すぽーつ研究所」が唱道した「トロプス」など、既存の体育実践とは完全に異質な「身体運動」運動をいくつもあげることができよう。しかし、かれらが、賛同者全員の個々の心身状態に即して、「「美なるもの」「正なるもの」「善なるもの」の真実を、すでに十分《知》っている」などと、うそぶいたことがあるだろうか。たとえば、野口三千三（1914-1998）は、体験者自身の深部感覚＝主観こそが最大のてがかりとした、自分（自然たる人間）の探検を唱道し、方法の固定化をきらったから、体系化に不熱心だったといわれる。探検に賛同した参加者たちにとっての「「美なるもの」「正なるもの」「善なるもの」の真実を、すでに十分《知》っている」などと指導者が慢心することなど、原理的にありえなかっただろう。むしろ、そういった慢

心の現代化こそ、たとえばシラバスの精緻化など、教育・学習の本質から逸脱した傲慢ではなかったか[31]。

それはともかく、「被作用者を所与として先在する運動文化に馴致させるだけのものであってはならないはずである」とする既存の体育批判、スポーツ指導批判には、大変なラディカリズムを感じる。しかし、「非運動性にまといつかれた「桎梏としての身体」に陥ってしまう」という、いわば《惰性体》としての大衆の心身をつかまえて、「体育実践は、われわれをそうした境遇から、「力づくによる身体全体ともどもの向け変え」（プラトン）によって、超越させることを目指さなれければならない」といった、唐突な宣言には唖然とさせられる。さまざまな障害をかかえている生徒はもちろん、そもそも運動などがきらいであるとか、むかない児童・生徒たちの個性が完全に無視された、「スパルタ教育」論だからである。

そもそも、かりに「桎梏としての身体」からの解放をめざしていようと、冒頭にひいた、「"強制労働"のために私たちの身体ごと"タイホ"するという体育のもつ本質」という糾弾が、直接あてはまってしまうではないか。実際に労働者に作業を"強制"する経営者等がいるかどうか、労働者に"強制"される具体的な作業の質／量がいかばかりかはともかく、「力づくによる身体全体ともどもの向け変え」なる「スパルタ教育」へと「身体ごと"タイホ"」されてしまうことが予期できるからだ（佐藤臣彦の「身体教育」イメージには、たとえば障害児や慢性疾患をかかえている児童などの存在は、かけらもないのではないか。かれらにとっては、かりに不如意であろうが、自分たちの心身と基本的に終生つきあう宿命があるのだ）。

このような「スパルタ教員」の危険性はあまりに明白である[32]。かりに「非運動性にまといつかれた「桎梏としての身体」」といったそしりをうけようが、「愚行権」等を積極的に行使するほかなかろう[33]。戦略的なサボタージュであり、イバン・イリイチ的にいえば、「プラグをぬくこと（unplugging）」という選択である。

その点で、障害者の身体や竹内敏晴らの身体運動論に着目する体育教員たちの発想はもっと柔軟である。たとえば、高橋浩二（2011）は脊髄腫瘍による身体マヒを契機に変異した人類学者自身の身体観や幼少期に一度失明した人物が後年手術によって視力を回復したことであらたに発生した不安などに言及しているし（高橋2011：34-6）、スポーツ教育と大差ない学校体育とはあきらかに異質な身体教育観

第1章　「身体教育」の本質と「身体教育」論再考

として、竹内敏晴の「体育＝からだそだて」が「保健衛生」をふくめ、「全教育」にして、「全科目の基礎としての児童の理解」であり、「教師たちが身につけるべき、ある考え方」「技術」であるといった（竹内 1988：260-1）認識に着目することになる（高橋 2011：38）。高橋は佐藤臣彦同様、「身体教育を通じた身体観の変容」をリードするのは、もちろん体育教員だと信じてうたがっていないようだが（高橋 2012：6-16）、それでも、「身体観教育の可能性」に着目したことは重要といえよう。高橋自身が「身体観の変容可能性は、無意図的に学習するものが多い」（同上：16）とのべているように、身体運動という学習体験やそれにともなう自省などが、指導者のおもわくをこえて自己展開することは明白だからである。すでにふれたように、野口体操の創始者・野口三千三は、体験者自身の深部感覚＝主観こそが最大のてがかりとし、自分自身の「探検」を唱道していたように、指導者の刺激なしには、ことがはじまらない可能性はたかいが、指導者の意図しない自己展開も当然うまれ、そこで、自己発見のかたちをとった身体観の変容が発生するとかんがえられるからだ。

　さらにいえば、これら身体観の変容は、狭義の身体運動、特に既存の「体育」「クラブ活動」などのかたちをへなければ経験できないものとはかぎらない。すくなくとも、器械体操をふくめた既存の競技スポーツや徒手体操、ダンス等の「運動」ではなく、さまざまなあそびはもちろん、給食や遠足、技術家庭科や芸術系科目群など、さまざまな体験が「身体教育」の時空となる。もちろん、栄養学や性教育、救急法や着衣水泳など、既存の保健体育教育が十全に実践されたなら、まったくことなった学習体験がえられる領域はかなりありそうだ。

　このようにみてきたとき、実は、高橋浩二による「身体教育」論三部作（高橋 2010, 2011, 2012）の副題が、「運動実践」「運動観察」「体つくり運動」「身体運動」などのキーワードに終始している点は、体育教員による「身体観の変容可能性」が、結局は《体育的身体運動なしには、なにもはじまらない》とおもいこまれていることの証拠のひとつにもみえてくる。竹内敏晴らの身体教育観などよりも、視野がせまいのではないかという疑念である。

　もうひとつ、「身体観の変容可能性は、無意図的に学習するものが多い」とする経験則は、いわゆる「かくれたカリキュラム（hidden curriculum）」「潜在的カリキュラム（latent curriculum）」という経験的構造についても着目する必要性を提示す

るものである。つまり、指導者の意図があるなしにかかわらず、公式の表面上かたられてきた教授項目・内容と一緒に、学習者は、陰に陽に、意識的・無意識的にさまざまな情報・態度をつかみとることがしられている。「反面教師」など、よくもわるくもである。広義の身体教育は、指導者による明確な意図とは位相のことなる次元・水準で、広義の身体論的学習をもたらすことになる。「ウソも方便」といった「密教／顕教」のつかいわけのような教授戦略とは別次元でである。そこには、指導者自身の意識の程度にかかわらず、無数のパラ言語・非言語的メッセージ（そのなかには、グレゴリー・ベイトソンが指摘した「ダブル・バインド」などもふくまれる）ほかもともなっているだろう。もちろん、マイケル・ポラニーらが指摘した「暗黙知」の次元にある、習得過程の説明不能性をともなった次元もふくめてである。つまり、メッセージ／パラメッセージや、「方便」のなかにさまざまなかたちでまぎれこむ「密教」のたぐいだけではなく、学習者が葛藤・混乱をひきおこすようなメタメッセージなど、多次元で錯綜したコミュニケーションないしディスコミュニケーションが、現実にくりかえされる。そこには、安冨歩らが指摘した「ハラスメントの生成過程」モデルのように、「学習のフリ」という「学習の停止」がハラッサーによってくりかえされることで、コミュニケーションの反復がなされるはずのコンテキストが破壊されるような現実も、残念ながら無数に付随することになるだろう（安冨・本條2007：17-29）。指導者たちの自覚の程度にかかわらず、そして学習者の自覚の有無にかかわらずである。

　したがって、球技・陸上・水泳・ダンス・武道、書写・書道・美術・技術家庭などの実技指導をとおして、技能系科目に通底するコツ、無力感・挫折感・屈辱感や優越感、男性性・女性性など既存のジェンダー規範と侵犯、性教育にふみこめない教員の不安の看取、保健体育などに対する冷淡な教員の姿勢の看取、苦手な実習では得意な生徒にやらせるといった対処意識……など、実にさまざまで非公式な学習がくりかえされる。たとえば、かりに「指導者らが主張する／信じているらしい「教育」という介入とは、基本的に劣位者に対する支配とそれにともなうサディズムだな」といったかたちでの明晰な言語化ができなくても、直感的に体感されるパラメッセージと、それに対するメタメッセージが対峙している可能性はちいさくない。敏感な指導者は、それをフィードバックするかたちで学習過程に適切な反応をかえせるし、鈍感・無能な指導者はそれに無自覚だったり矮小化したりすることで、

「学習の停止」をくりかえし、ときに無自覚なハラスメントにいたるといった対照的なありようだ。

　もちろん、こういった可視化が困難なプロセスは、いわゆる「身体教育」として明確に認識されている時空にとどまらず、学校・家庭などの学習空間の内外でくりかえされている、広義の学習過程全般にあてはまる構造である。しかし、すでにみたように、体育教育関係者は、なまじ物理的な身体運動を軸に学習支援をしていると信じているがゆえに、可視的な指導／可視的な学習という、いかにも視覚的に（いいかえれば「動画」的に）認識可能な過程としてイメージしてしまいがちらしい。その結果、無数の可視的でない、ないし明確に可視化することが困難な過程を無視・矮小化することで、しばしば悪意の不在のまま、学習者からの微妙な反応（おおくは非言語的な）に対して「学習のフリ」をくりかえしては、悪循環にはまって自覚できないことがおこりうる。

　いや、「体育ぎらい」の児童生徒を現に大量に再生産してきた体育関係者は、大量の「勉強ぎらい」を大量に再生産してきた教育関係者の象徴的存在ともいえるのである[34]。いいかえれば、中学校などで事実上の「暴力装置」として秩序維持をになってきたとか、小中学校で運動会や運動部という、教科教育外の重要な学校教育をささえてきた体育大学出身男性は、学校教育のある意味中核でもあるのだ。かれらのかかえる「身体教育」観のせまさ、それとせなかあわせの体育教育学関係者の視野の限界は、結局は学校教育関係者の教育観のせまさの代表例ともいえるのである。というのも、体育大学出身者以外は、「身体教育」において「専科」教員ではないという自己規定から「身体教育」周辺におよびごしであり、中高年の女性教員を中心に、校庭・体育館などでの指導を非日常的な「おつとめ」とみなしているだろう。20代の男性教員など「うごける」教員を例外として、体育大学出身者教員だけが「身体教育」の主軸をになえるとの認識が共有化されているだろう。狭義の体育指導以外の「身体教育」が視野からはずれている教員集団にとって、「一番身体教育をかんがえている先生たち」の視野の範囲をこえることは、原理的にありえないのである。


　以上のように、佐藤臣彦／高橋浩二らの「身体教育」イメージを中心に、岡崎勝・竹内敏晴らの議論を参考にした批判的検討してみてきた。そして、このような

視野のかたよりは、二名の研究者に特異な知的限界にはみえない[35]。まえに紹介した論文をふくめ、佐藤らの「身体教育」イメージ自体をきびしく批判した議論は、みあたらないからだ（釜崎2007，梅野ほか2012，佐々木2014）。

　以上のような知的限界は、おそらく体育教員の大半が、学校ないしスポーツ関連組織においてエリート層、ないしそれに準ずる「身体論的優等生」としてキャリアの前半をすごしたという成育歴の産物ではないかと想像される。障害者スポーツ[36]やボランティアなど、例外的な経験をへた層以外は、運動神経ないし体力（もちろん、おおくはその双方）にめぐまれ、スポーツ体験など学校内外での「快感」体験を基調として10代をすごし、20代で「現役」生活をおえたにしても、10代の育成という、スポーツ関連事業での活動を是とする体験しか経験せずにすんでしまったからではないか。このような若年世代をすごした層が、スポーツないしダンス等のアスレチック空間でキャリアをつなげば、スポーツなど既存の身体運動に批判的な第三者的視線をやしなうことは困難だろう。当然、「運動オンチ」とよばれるようなスポーツに対してにがて意識をもつ層は、視野のそとにあり、かりに現役をしりぞいたスポーツ・エリートが指導層にはいることになっても、「苦手意識を払拭し《スポーツずき》にさせる」といった方向性での姿勢しか強化されないだろう。それは、大学をふくめて、教員となった人物が、勉強がきらいでなく、まえむきであるがゆえに、学校空間にキャリアをもとめ、ポストをえているのと同形の構造である。体育関連のポストについた人間で、《スポーツぎらい》がもし実在するとしたら、「運動オンチでスポーツは苦手だけど、人員不足なので、未経験の部活動も指導を拒否できなかった」といった層だけなのではないか。

　かくして、「身体教育」業界周辺には、「スポーツを万人にしたしませることなど、ムリなのではないか」といった疑念をもつ層は例外的となり、かりにそういった現実主義的感覚をもちあわせていても、「運動オンチは、この際無視」といった偽善・欺瞞が、近年では抑圧されあからさまに露呈はしないものの、潜在していくことになるのではないか。

　もし、学習指導要領をはじめとして、文科省周辺での体育行政の立案等が、以上のような人材・風潮のなかでだけすすめられるならば、第三者的な冷静な議論がもちこまれることは、半永久的にないかもしれない。哲学・史学、社会学・人類学など、体育学の周縁に位置する基礎科学が、スポーツ現象自体を批判的に検討しても、

体育教育学自体が内在的批判を介して「身体教育」観を自浄作用的に変革するようにはみえない。あまりかんがえたくないことだが、スポーツ界が深刻な不祥事をひきおこして、内外からのはげしい批判をうけることで、しぶしぶ改革をうけいれてきたのと同様の契機がないとすすまないかもしれない。

　実際、柔道指導における安全性確保の講習であるとか、運動会等での組体操の原則とりやめなど、近年の動向のほとんどは、体育・スポーツ指導者たちによる自浄作用ではない。それらは、「柔道事故」など学校スポーツ批判を展開してきた内田良ら学校教育現場の外部からの批判を契機にしており、メディア関係者の着目によるキャンペーンに文科省や文教族議員などが呼応しなければ、改善がみこめなかったようにみえるからである（内田2015, 2017, 2019）。

# 註

9 もちろん、筆者は、戦時中の勤労動員や軍慰安婦などをふくめた、広義の動員に、「国民」「臣民」のなのもとでの強制力がはたらいていた現実を肯定する意図はない。たとえば1940年代の日本軍勢力下で、朝鮮系・台湾系日本人や中国人・フィリピン人・オランダ人などが、戦場・慰安所・工場などで過酷な労働環境・搾取状況にあったことを広義の戦争犯罪だとうけとめているし、これらを近代国家における「必要悪」などとニヒリスティックに位置づけるつもりもない。しかし、ほんの70数年まえまで旧帝国陸海軍にはそういった体質が濃厚にでていた現実、それと連続性をもった体質がすくなくとも南北朝鮮半島では戦後の冷戦開始・終焉以降もおわっていない現実を指摘したいし、スイス・イスラエルのような徴兵意識も「対岸の火事」視してすむものではないことを確認するばかりである。むしろ、こういった冷徹な軍事学的意識が欠落していた点にこそ、「護憲派」等、反戦平和をもって任ずるリベラル諸派の脆弱性があったとかんがえている。

10 チェス・囲碁など高度な知的ゲームを「マインドスポーツ」と称する動向が、20世紀末に欧米からはじまった（ウィキペディア「マインドスポーツ」, Wikipedia "Mind sport"）。しかし、同様の認識は、すくなくとも、日本のプロ棋士たちやクラブ活動においては潜在していたとかんがえられる。たとえば、囲碁将棋はもちろん、マージャンなど、ツアープロが存在しているゲーム、競技かるた大会やクイズ大会などである。しかも、結果として体力勝負でもあるボードゲーム類などとはことなり、競技かるたやクイズ選手権などは、反射能力や瞬発力といった運動神経を実際に要求してきたのである。だからこそ、競技かるたなどはもちろん吹奏楽部など音楽系のクラブ活動の強豪校などは、あきらかに「運動部」あつかいだった。

11 こういった知的視野狭窄は、たとえば「「体育〈身体教育〉」は，教科としての「保健体育科」もしくは「体育科」だけでなく，「国語科」や「算数科」といったあらゆる教科の中に通底していなければならないし，誕生から死に至るまでの一人ひとりの人生の中心軸として貫かれていなければならない。」「「身体教育」は，あらゆる人のあらゆる生活のなかで，意識的・非意識的に営まれている。こうした教育的行為を意識の俎上に意図的に挙げようとする人たちがいる。体育学者やスポーツ選手だけを指しているわけではない。芸術家も文学者もいる。物づくりに励む職人は，自分の身体との対話を欠かさない。多くの人たちを魅了し，気分を晴らしてくれる芸能人も，どのように立ち振る舞うかについて真剣に考えている」などと主張する研究者たちにあっても，本質的にはかわりがない（梅野ほか2012：338, 356）。

　　事実上「体育」教員としての教育実践しか具体例があがらず、教育論としては抽象的な身体論ばかり展開され，「国語科」や「算数科」といったあらゆる教科との連携を可視化するような議論は皆無だからである。

　　一方、「原理的には体育のためにはスポーツなどやらなくてもかまわないはず」（樋口2005：6）なのに、近代初期に「知育・徳育にならぶ体育という理念すなわち身体教育の思想が、現実化していく具体的な場所の一つ、それも強力な場所をスポーツに見出したということである。」（同：6-7）「現実に照らした論理的整合性から言えば、今の体育は「スポーツ教育」と呼ばれるべきであるという議論がある」（同上）との

第1章　「身体教育」の本質と「身体教育」論再考

指摘さえでている。広義の身体運動文化のうち競技スポーツやダンスなどだけをえらびとって「体育実技」とうそぶいてきた姿勢が、いかに恣意的であるかが逆にうかびあがるであろう。球技・格闘技などの競技スポーツの基礎トレーニングとしてのダッシュや筋力トレーニングのような目的—手段関係とは異質な、日常生活や職務遂行のための身体能力向上にとって不要とおもわれる身体運動が体育では自明視されてきた。

　以上のような構図に、自衛隊や警察などでスポーツ選手や武道家が職員や指導者として採用されてきた経緯をくわえてみれば、未成年の身体育成といった課題にとどまらない含意が浮上するといえよう。つまり、身体能力をたかめて社会人としての職務遂行に資するという教育・訓練目的に、スポーツ・武道が要求する身体技法・トレーニング法が当然のように援用されて、うたがわれることがなかったということだ。

12　これらのメカニズムに対して、敏感な世界は、職人文化圏（たとえば「宮大工」etc.）だけではない。たとえば、伝統芸能や武術などの身体技法の継承集団は、通底する「文化圏」といってさしつかえない。マルセル・モースの身体論やマイケル・ポランニーの暗黙知、ブルデューのハビトゥス論などへの言及がめだつのは、体育教育関係者よりもむしろ、外部からの観察者たちである。たとえば、「わざ言語」という概念モデルを駆使した身体技法のメカニズムや継承過程に着目した、生田（1987）や倉島（2007）など。

13　「吃音」があまり表面化しないもののかなり深刻なことは、作家・重松清の自伝的作品でも確認できる。たとえば、作品集『きよしこ』など（重松2002）。

14　ただし、軍隊的規律を体得させることをねらっているとおもわれる「集合，整頓（せいとん），列の増減などの行動の仕方を身に付け，効率的で安全な集団としての行動ができるようにするための指導については，「A体つくり運動」をはじめとして，各学年の各領域（保健を除く。）において適切に行うこと。」という「学習指導要領」上の規定が、小学校段階から「体育」（http://www.mext.go.jp/a_menu/shotou/new-cs/youryou/syo/tai.htm）の箇所に明示されていることは、これらの訓練が体育を軸にすすめられ、学校行事等でも実践できることが期待されていることはあきらかだ。

15　市民感覚として異常ではないかという疑義は近年かなり浮上するようになってきている。学校特有の特殊な身体規制について、疑問を感じていないのは学校関係者だけではないかとさえおもわれる。たとえば、記者らによる署名記事としては、「地毛証明書」「無言給食」　学校のルールを考える」（峯俊一平，杉原里美，土居新平『朝日新聞』2017/08/21, https://www.asahi.com/articles/ASK815T7FK81UTIL04X.html）。茶色がかった頭髪だとそめていないという証明できる証拠（幼少期の写真等）をだせとか、給食中・清掃中は無言でとおせとか、一般常識からは到底説明がつかないような、異様な統制が学校ではまかりとおる。

16　特に男子の高校野球等で自明視されてきた「坊主がり」については、団体球技のなかでも、その保守性には相当なちがいがあるようだ。中村計「「なんで丸刈りなんですか？」——高校野球は他競技の名将の目にどう映るのか」（Yahoo!ニュース 特集, 2018/07/08, https://news.yahoo.co.jp/feature/1007）というインタビュー記事など、参照。

17 実は、女子生徒の頭髪のながさやまとめかたなどにも規制はなされてきたことは周知の事実だし、ポニーテール禁止といった奇妙な校則も指摘されたほどだ（「「うなじが欲情を煽る」ポニーテール校則禁止、ツイッターで話題に　原宿で聞いた"変な校則"アレコレ」『産経ニュース』2017/8/21）。

18 「同化圧力」というのは、単に「ユニフォーム」という単一組織・価値にアイデンティファイさせるということにとどまらない。たとえば、男子生徒＝ズボン着用、女子生徒＝スカート着用など、基本的には近代欧米社会の性別役割分業を自明視する男女別衣装文化の強要である。それは、近世期までつづいた伝統社会の伝統規範を破壊しただけでなく、欧米社会という地域文化の近代的なジェンダー規範をムリやり摂取するものであった。性的少数者等の不適合問題が近年浮上したのは、その必然的露呈といえる。

19 https://www.asahi.com/articles/DA3S13514274.html
同様の状況は、教育学者による簡便な調査結果でもたしかめられている。

〔……〕民間の学童保育を運営している「キッズベースキャンプ」（東京都世田谷区）の協力を得て、小学1年生から3年生の児童20人のランドセルの重さを量った。子どもたちが実際に背負うときの状況を知るため、教科書や筆記用具などは中に入れたままにし、側面のフックに給食袋や体育着袋がかかっていれば、そのままにした。

〔中略〕

結果は最高で9.7キロ、最も軽くても5.7キロあり、平均は約7.7キロだった。中には、重いランドセルの他に、3.6キロのサブバッグを手にする私立小学校2年生の女の子もいた。調査は下校時だったため、この女の子の弁当箱は空であり、登校時はもっと重かったはずである。

調査した日の天気は晴れだったが、雨が予想される日なら折りたたみの傘などが加わっていただろう。学年が上がるにつれ、笛やハーモニカ、絵の具などを持参する機会が増え、重さはさらに増すと予想される。〔……〕（白土健「重すぎるランドセル、"リスク"も背負う子どもたち」『読売新聞』2017/12/17, https://www.yomiuri.co.jp/fukayomi/ichiran/20171214-OYT8T50015.html）

また、名古屋市では、「市教委によると、市議会6月議会で質問が上がり、7月に抽出で調査を実施。通学時の荷物の重さは、平均で小学校低学年が4.7キロ、中学年が5.9キロ、高学年が6.6キロ、中学1～3年生が10.7～10.8キロだった。小学校の最大値は13.2キロだった」（広がる「置き勉」、通学軽快　負担に配慮、学年ごとにルール　「ランドセル軽くなった」『朝日新聞』2019/1/9）。

20 ちなみに、なお、2018年6月下旬の第196回国会では「教科書の重量化問題に関する質問主意書」（http://www.shugiin.go.jp/internet/itdb_shitsumon.nsf/html/shitsumon/196401.htm）が提出されるなど、保護者らの意向はマスコミ・ネット上にとどまらない状況をむかえた。その結果、ようやくつぎのような通知が発せられるにいたったが、小中学校現場に徹底していくのだろうか。新学期だけではないか。

教科書や教材を入れた子どものランドセルが重いとの意見が出ていることなどを踏まえ、文部科学省は三日、通学時の持ち物負担の軽減に向け、適切に工夫するよう全国の教育委員会に求める方針を決めた。近く通知を出す。〔中略〕文

科省によると、通知では、宿題や予復習で使わない教科書、学用品を学校に置いておくことや、鉢植えなどの大きな荷物を保護者が持ち運ぶといった工夫を例示する方向で調整しているという。〔中略〕文科省は以前からこうしたことを禁じてはいなかったが、新学期に合わせて、大量の教科書などを持ち運ぶケースも多いことが想定されることから、子どもたちの発達状況や通学負担などに応じて、各学校でアイデアを出しながら対応してもらうことにした。(「重すぎるランドセル 軽くして 文科省、持ち物対策通知へ」『東京新聞』2018/9/4, http://www.tokyo-np.co.jp/article/national/list/201809/CK2018090402000126.html)。

21 この「修行」といった美化以外には合理化困難な強制現象は、登下校にかぎられない。2018年の酷暑で話題化したのは、熱中症などのリスクに非常に鈍感だった学校の体質だった。「連日、猛暑日が続く東京都。東京消防庁によると、18日には熱中症の疑いで救急搬送された人が今年最多の317人(速報値)に達している。そんな中、休み時間や昼休みに「外遊び」を強要されている児童たちがいる。都内の公立小学校に息子を通わせるCさん(女性)によると、「天気の良い日」は「風邪などで具合の悪い児童以外」は外で遊ぶよう指導されているというのだ。他のクラスのママ友によるとそのような決まりはなく、室内でお絵書きをしている児童もいるそうで、女性は担任独自の指導だと考えている」といった暴君的な恣意性が報告されている(竹下郁子「水筒もエアコンもプール授業の上着も禁止、外遊び強要…熱中症軽視する小学校の過酷な夏ルール」『BUSSINESS INSIDER JAPAN』2018/7/20))。東京23区のある教育委員会は、「基本的には水道水での水分補給を原則としますが、特別な事情があって水筒の持参を希望される場合は、担任を通して連絡帳にてお知らせください／授業中の水分補給は水道水による水分補給の児童とのかかわりもあるので、授業中いつでも飲めるわけではないことをご了承ください／友達にあげたりもらったりを絶対にしない／登下校中に飲まない、時間を守って飲む／水筒の中身は水にする」といった、意味不明で熱中症リスクに全然配慮しない姿勢をしめしたらしい(錦光山雅子「「子供たちが学校で死にませんように」学校の暑さ対策、心配する保護者たちの声」『ハフポスト日本版』2018/7/20)。

こういった状況は、もちろん中毒や感染症などのリスクを回避しようという善意をベースとした官僚制のなせるわざである。しかし結果として、生理的必要に反したものにおわり、軍隊などで意図的に過酷な状況をあてがって兵士に耐久力をつけさせる訓練と通底するような性格の「指導」「強要」でしかない。とても公教育空間における普通教育にふさわしいとはおもえないし、義務教育の理念(周囲の成人集団による学習権の保障)に反する反教育的制度といえよう。おそろしいのは、こういった反教育的性格を当事者が自覚できずに主観的善意を官僚主義的に正当化し、弱者たる生徒に強要し例外をみとめない硬直性のはらむリスクのおおきさだ。

ちなみに、こういった愚劣というほかない実態をもたらす官僚主義と関係者らの熱中症リスクの矮小化が、近年の問題ではなく、明治期以来の「伝統」らしいことは、パオロ・マッツァリーノの「熱中症時代戦前編」という歴史的検証でもたしかめられる(マッツァリーノ2015)。

22 もちろん、こうした過重負担を学校関係者が問題視していなかったわけではない。たとえば「文科省は9月6日、通学時のランドセルやかばんが重くなり児童生徒の

大きな負担になっていることから、教科書や道具類などの荷物を学校に置いておく、いわゆる「置き勉」を認めるよう、全国の教育委員会などに通知した。児童生徒の負担を軽減するための工夫例を示し、学校側に柔軟な対応を促している」といった、方針転換をはかった（「やっと「置き勉」認め通知 文科省、子供の負担軽減へ」『教育新聞』2018/9/6、https://www.kyobun.co.jp/news/20180906_02/）。しかし、「「置き勉」OK広がる 国通知が追い風に 紛失トラブル警戒、慎重な学校も」『西日本新聞』（2018/10/15）といった記事からもうかがわれるように、前途多難である（https://www.nishinippon.co.jp/nnp/national/article/457533/）。

　しかし、「置き勉」といった語が定着している風潮自体異常であり、問題が矮小化されてきたのは明白だろう。

　　**置き勉**
　　登下校時の荷物を軽くするために、児童・生徒が教科書などを教室に置いて帰ること。「置き勉強道具」の略。小・中学校では「脱ゆとり教育」へ方向転換後の2011年度以降、教科書の大判化やページ数の増加が進んでおり、教科書などの入ったランドセルや通学カバンの重さが子どもの発育や健康に影響を及ぼす可能性があるとして問題視されている。置き勉を校則で禁止している学校は多いが、保護者などの声を受け、置き勉を認める学校が中学校を中心に少しずつ増加している。　　　　　　　　　　　　　（朝日新聞出版「知恵蔵mini」2018/7/3）

23　　……生徒型とは、生徒に学校掃除を行わせている国々のことをいい、日本を初めとするアジアの仏教国、または仏教的伝統をもつ国々がこの類型に属している。これらの諸国では、掃除を開悟の手段、人間修行の重要な方法とみなす仏教的掃除観が、学校掃除の背景をなしている。すなわち、掃除は単に身辺を清潔にするだけでなく、それは心の塵（ちり）や垢（あか）を取り除く「心の掃除」に通じるものをもっている。また、わが国の掃除は穢（けがれ）や不浄を忌む神道の清浄感にも深く根ざしていて、学校掃除の背景には、神道の影響もみられる。
　　なお、学校掃除には、清潔の習慣の育成、公共心の育成、健康の増進、勤労の体験などの教育的効果も認められる。つまり、掃除は人間形成にとってきわめて重要な意義をもつものであり、児童・生徒による学校掃除は日本の教育の伝統的な特色をなしている。［沖原　豊］『沖原豊著『学校掃除』
　　（1965・学事出版）』」（「学校掃除」、『日本大百科全書ニッポニカ』小学館）
　　https://kotobank.jp/word/%E5%AD%A6%E6%A0%A1%E6%8E%83%E9
　　%99%A4-1521851

　　日本会議等、神道系人脈の介在がうかがわれる「便強会」（生徒に、てで便器をじかにみがかせる指導運動）、企業の従業員教育をとりいれた「無言ひざつき清掃」（本庄市本庄東中学校）などの精神主義をベースとした心身への介入が報じられる以上、日本独自の学校文化には警戒的であるべきだろう（杉原2019）。

24　自身の育児体験上、食物アレルギー問題をとおして「食」の問題の重要性にめざめた岡崎勝は、「偏食では丈夫な身体になりませんよ」というエッセイで、学校給食で教員たちが再三くちにしてきた論理の非合理性（後述する牛乳に対する固執etc.）を、徹底的にわらいのめしている（岡崎2018：93-6）。

第1章　「身体教育」の本質と「身体教育」論再考　　035

25　たとえば、鳫咲子『給食費未納──子どもの貧困と食生活格差』の主題・副題が端的にしめすとおり、家庭の経済格差という現実が学校給食に端的に露呈していることがわかる（鳫2016）。

26　同時に、家庭ほかでの食生活の不健康さを昼食1食分にすぎない学校給食がおぎなっている面も否定できない。たとえば、疫学的調査（東京大学大学院医学系研究科公衆衛生学研究室）によって、中学生男子に関するかぎり肥満防止にやくだっている可能性が浮上した。「県レベルの給食実施率が10％増加すると、翌年の過体重の男子の割合は0.37％（95％信頼区間0.18-0.56）、肥満の男子の割合は0.23％（同0.10-0.37）低下」（「日本の給食が「肥満」を減らす　給食実施率の増加で肥満が低下」『保健指導リソースガイド』2018/6/13, http://tokuteikenshin-hokensidou.jp/news/2018/007446.php）。

27　「横浜市の市立中学校の場合、昼食の準備時間に5分、実際の昼食時間に15分ほどが多いようです。昼休み自体は45分程度あったとしても、昼食後の休憩時間に色々な活動をするため、「15分で済ませる」スケジュールとなっていると言います。

　　15分前提だと、ハマ弁〔＝横浜市立中学校用弁当配達システム, https://www.hamaben.jp/─引用者注〕の品数の多さ＝食べにくさ、となってしまいます。色々なおかずにハシを動かすため、ガッとかき込むことができないからです。

　　この点、もう一つの選択肢となっている「業者弁当」は、食べやすいと聞きます。確かに業者弁当のメニューを見ると、「カレー」や「丼」などがあります。一方、ハマ弁を15分で食べるのは、職業柄早食いが多いとされる新聞記者の私が黙々と食べ、ギリギリという時間です。」（「「ハマ弁」食べたら箸折れた　横浜の配達弁当が利用されない理由とは」『withnews』2019/2/15）

「横浜市立中学校の一部で、15分程度が多い昼食時間を延長しようとする動きが出ていることが19日、分かった。市教育委員会からの要請を受け、青葉、磯子、金沢の3区の学校が20分にすることを検討している。保護者らからは「弁当が食べきれない」といった指摘が多く上がっており、追随する学校が今後、出てきそうだ。」「市教委は5日の校長会で、各校に昼食時間の延長を要請。結果、3区の学校が検討しており、新年度から実施するとみられる。」「市立中の希望者向け配達弁当「ハマ弁」を利用する場合、5分の準備時間で所定の場所に取りに行き、15分間で食事しなければならない。」「教育長はこうした現状も踏まえ、「食育の観点からもゆとりある食事時間を確保することは大切」と指摘。「ハマ弁の喫食率が今後上がっていくと、現在の準備時間では足りなくなる。昼食時間全体の在り方を学校と協議する」と述べた。」（「横浜市立中学、昼食時間延長へ動く　「ゆとりを確保」」『神奈川新聞』2019/2/19）

28　その「状況証拠」的な例としては、日本体育・スポーツ哲学会の論文誌『体育・スポーツ哲学研究』所収の論文（佐々木2014）が、友添秀則『体育の人間形成論』（2009）を批判的に検討する際に、その副題をわざわざ「佐藤臣彦著『身体教育を哲学する』を方法論とすることの問題性」としていることをあげることができよう。つまり、2014年時点で20年以上まえの文献が、5年まえもまだ基本文献として位置づけられていたことを意味するからだ。さらには、おなじく『体育・スポーツ哲学研究』所収の論文（阿部2017）でも、佐藤（1993）が注記1に参照されているなど、現在も影響力がおちていないことがうかがわれる。

29 「矮小化」という判断に難色をしめす体育教育関係者はすくなくないであろう。実際、佐藤臣彦自身は、関係概念としての「体育（A）」と教科名としての「体育科」における実体概念としての「体育（B)」とを峻別する必要性をといている（佐藤1993：226-30）。関係概念としての「体育（A）」は、三育（知育／徳育／体育）のなかの1領域、本来媒体項の文化的素材に即して「スポーツ科」「ダンス科」などと細分化すべきところを便宜的に総称しただけの教科名としての「体育（B)」が混同されているというのである。しかし、そもそも細分化された「スポーツ科」「ダンス科」などの各領域の総体が「体育科」を形成し、「保健科」などと分業するといった佐藤の認識わくぐみ（同上：229）自体に、佐藤ら体育学関係者における「身体教育」観の視野狭窄＝知的貧困ぶりが端的に露呈しているとおもわれる。「栄養学」「健康科学」「生理学」「救急法」「性教育」（佐藤は具体的にあげていないが）等が、なぜ当然のように「保健科」にふくまれるのかである。これらが関係概念としての「体育（A)」に包含されているのだから、広義の「身体教育」として認識していると自己弁護するのは妥当でない。なぜ「身体運動」自体を素材とする教科だけが「体育科」なのか、という疑念にこたえていないからである。さらにいえば、「栄養学」「健康科学」「生理学」「救急法」「性教育」等が「保健科」という教科名としてカバーできるとして、それらがなぜ関係概念上の「知育（知的教育）」ではなく、当然のように「体育（身体教育)」に分類できるかという批判にも、佐藤はこたえられないはずだからだ。知性／感性／身体性すべてを同時的に育成できるような統一的方法が目下のところみつかっていないので、人間を総体として育成するにあたって、それぞれ3領域ことなった方法をとるほかないという佐藤の教育観の妥当性（同上：194-5）はともかくとして、「保健科」という教科名としてカバーできる領域の対象が、関係概念としての「身体教育」であって「知育」「徳育」ではないといった理解は、あまりに図式的にすぎるであろう。すくなくとも広義の「性教育」は「知育」「徳育」でもなければ、きわめて狭量で危険な教育環境になりかねない。たとえば、性感染症やデイトレイプなどのリスク群／自衛策を女性学・男性学の知見等もまじえて講じない指導などナンセンスであろう。

30 形式的には、このあとに「結章　まとめに代えて」という、あとがきめいた部分がつづくが、読者をおいてきぼりにしている点では、まったく「まとめ」にかわるものではない。

31 シラバス等で「目標」を教授者がうたうこと自体はもちろん「反則」ではない。しかし、あくまで「目標への過程に対する希望的観測」にすぎず、「現在地」（学習者の実情）と「目的地」（教授者の目標）の距離・難易度の推定、ガイド（教授法）の適切さが充分である保証などないことは、いうまでもあるまい。

32 なお、岡崎勝は、学校体育の本質をつぎのように酷評している。

　　　学校体育は、学校における調教として、最もすぐれたものである。つまり、身体の服従によって全面的奴隷にしたてあげる制度である。これは、身体を対象にするがゆえに、すぐれた調教になっていると言うことができる。なぜなら、社会に生きる人間、この場合は子どもであるが、彼らの最も根源的な物質的基礎は身体であるからだ。よって学校体育における調教は根源的支配に不可欠になっている。

学校体育が単なる身体への支配のみを画策しているのではないということは
　言うまでもない。学校体育の最終的目標は、自発的な服従－支配関係の完成で
　あり、単なる身体の抑え込みだけではない。身体－精神まるごとの支配、奴
　隷化である。　　　　　　　　　　　　　　　　　　　　　　（岡崎1987：12-3）
　　また、影山健は、「批判的体育学」という提言のなかで、「調教体育」という表現で
既存の体育実践の抑圧的イデオロギーと、かくれたカリキュラムを批判している（影
山2017：147-79）。
　　佐藤ら合理的「身体教育」論者は、こういった批判にどう反論するつもりだろう。
佐藤らのような根源的認識ができていないから、現場の体育教員は、あやまった
「目標」にもとづく抑圧的実践をくりかえしてしまうとでも、免罪するのであろうか。
かりにそうだとして、佐藤らの「身体教育」論が末端の体育実践の抑圧性を払拭で
きるのは、いつのことなのだろう。それは、岡崎・影山らの批判が既存の体制にど
の程度影響をあたえうるか＝実現可能性と並行関係にあるが、岡崎・影山らの批判
のマイナーさと、佐藤ら「身体教育」の合理化論の実質的空疎さは、惰性体ともお
もえる既存の公教育現場への距離という点で、皮肉な通底性をみてとってしまうが、
うがちすぎだろうか。

33　　なお、佐藤は、人類の身体能力が、ほかの動物と比較したばあい、圧倒的に多面的
で多様性をかかえていることを、ローレンツやゲーレンなどをひきあいに強調して
いる（佐藤1993：239-43）。佐藤は、人類の文化的存在であるがゆえの柔軟性・可能
性に着目し、それを体育教員が開花させうると確信しているのであろう。それ自体は、
まちがっていない。しかし同時に、たとえば陸上十種競技や器械体操や各種武道の
ような「多芸」をよりすぐれた存在（身体性）ときめつけるイデオロギーのとりこ
ともいえる。あるスポーツや武道をきわめること＝特化することで、多様性・柔軟
性をうしない「順応性」をへらしていくことに対する批判はそのとおりだろうが（同
上：280-1）、ある身体運動文化への特化がわるいとするのは、また別方向でのかた
よりをうむだろう。たとえば、各種名人芸・職人技等を否定し、矮小化することに
なるからだ。多彩で柔軟な身体能力をまぎれもない是とする価値観は、欧州スポー
ツのアマチュアリズムなど貴族的イデオロギーとみなすことも可能だろう。そうい
った価値観のおしつけは、パターナリズムであり、完全なお節介である。すくなく
とも、大衆むけの「普通体育」の理念に反する。多様性・柔軟性をほこる身体性とは、
貴族主義的であり、障害者や幼児・中高年をはじめ、運動能力が不足している身体
をおとしめる差別イデオロギーとせなかあわせであることは、障害学などにふれれば、
一目瞭然なのだから。

34　　そもそも、「体育ぎらい」を問題視するのであれば、偏食矯正などと同様、生徒がか
かえる不安や忌避感情など苦痛をおして強要するだけの合理性がないといけないは
ずだ。岡崎勝らは既存の体育教育に批判的な教員をあつめることで「体育嫌（きり
ゃ）あで、なんでいかんの〜？」という特集を雑誌でくんだ（岡崎1997）。
　　特に、「柔道事故」（内田2013）などの学校スポーツ批判にもみられるように、か
なりたかいリスクがともなう体育実技について、文科省は「学校における体育
活動中の事故防止について（報告書）」（http://www.mext.go.jp/a_menu/sports/
jyujitsu/1323968.htm）であるとか、「体育活動中の事故防止に関する調査研究におけ

る海外調査（報告書）」（http://www.mext.go.jp/a_menu/sports/jyujitsu/1323969.htm）
といった情報を発信しているものの、学校現場という教育行政の末端に対して充分
な配慮・責任をおっているとは、到底おもえない。それは、中学で武道を必修化し
たり、近年まで「組体操」が再三の事故にもかかわらず強行されたりしてきた経緯
をみれば、明白だ（内田2015, 2017, 2019）。ケガ・後遺症などのリスクがともなう
のに、「体育実技」を強要できる合理的根拠がしめされたことがあるだろうか。

　　内田良が「学校リスク研究所」（http://www.dadala.net/）、「部活動リスク研究所」
（http://www.rirex.org/）というサイトを運営していることは、公教育がハイリスク空
間であることの象徴といえよう。特に組体操における重大事故が長年にわたって黙
殺・矮小化されてきたことに代表されるように、ハイリスクの強要に鈍感な無自覚
なパワハラ体質は黙認できない。最近でこそ、食品アレルギーによるショック死な
どの懸念から給食での完食の強要などはおさまりつつあるようにおもえるが、「体育
実技」の強要は、あしき学校文化の典型例ではないか。「体育ぎらい」を、なまけも
のあつかいするような感覚自体とわれねばなるまい。

　　「偏食」問題については、前述した岡崎（2018）の議論等参照。

35　もちろん、体育教育関係者の一部は、「身体教育」イメージを体育科のなかにとじこ
めることに批判的な層は存在する。たとえば、つぎのような議論がみられることは
指摘しておこう。ただし、とても「主流」にはみえないことも事実である。

　　　　かくして「身体教育」は、あらゆる人のあらゆる生活のなかで，意識的・非意
　　　識的に営まれている。こうした教育的行為を意識の俎上に意図的に挙げようと
　　　する人たちがいる。体育学者やスポーツ選手だけを指しているわけではない。
　　　芸術家も文学者もいる。物づくりに励む職人は，自分の身体との対話を欠かさ
　　　ない。多くの人たちを魅了し，気分を晴らしてくれる芸能人も，どのように立
　　　ち振る舞うかについて真剣に考えている。病理的な負債を追った人を回復さ
　　　せ，普段と変わらぬ生活社会に復帰させる知〈臨床の知〉の主である医者でさえ，
　　　近頃は「身体教育」を語るようになってきた。このように，「身体教育」に直接
　　　関係する人は多いのである。　　　　　　　　　　　　　　　（梅野ほか2012：356）

36　ちなみに、パラリンピック周辺など障害者スポーツのトップ層は社会的弱者という
よりも、むしろ身体運動文化上のエリートとみなすべきである。かれらをむやみに
美化する「感動ポルノ」化については後述（p.175, 註157）。

第1章　「身体教育」の本質と「身体教育」論再考　　039

第2章 「身体教育」の略称としての「体育」は、なぜ競技スポーツの劣化コピーとなったか？

　体育関係者がどのようにいいつくろおうと、小中高校における「体育」は、児童・生徒に競技スポーツのマネごとをくりかえさせてきたことは否定できまい[37]。付随的に徒手体操やダンス、武道等をまじえてはみたし、近年では「体ほぐしの運動」といった身体運動指導などもくみこまれるようになったし、「保健」という「知育」をそえものにはしてきたが、体育関係者が主軸としてうたがわないのは、結局は競技スポーツの学校版であり、それを「体育」や「部活動」でくりかえすことが「公教育」の不可欠の要素だという理念は不動であった。それは、大学以上の成人教育にあっても、「生涯スポーツ」といった理念としてコピーされている。おそらく、「市民が（マネごとであれ）競技スポーツを実践することで身体能力がたかまり、同時に健康増進も実現され、結果として健康寿命がのびるなど医療・福祉予算の削減につながる」といった発想と連続しているはずだ[38]。

　かりに臨戦態勢にある準戦時国家のタテマエであれ「平和の希求」が国是なら、世界中の国民国家が「国民の健康水準の維持」という共通の目的を追求していることになる。その意味では、露骨に戦場・後方支援目的で「富国強兵」策をとるかとらないかは別として[39]、「経済戦争」や「威信戦争」といった「冷戦」は依然としておわりをつげていないという点で「総力戦体制」という総括は妥当なのかもしれない。つまり、昨今の厚生労働省などが主軸となった「健康増進法」（2002年）をはじめとした各種国策キャンペーンとマーケティングは、政官財あげての「総力戦」モードの必然的産物といえる。いいかえれば、それは「生活習慣病」などに象徴されるように、新自由主義的な自己責任論を基調として、「高齢者になっても国家社会のあしでまといになるな」、「ぴんぴんコロリが理想で、ながわずらい、ねたきり

等にならない（現役世代をおえたら「自主的退場」が前提）」といった風潮をミクロ的にささえる「健康増進」である。学校体育とか「生涯スポーツ」とは、こうした意味での「富国強兵」策の一環であり、「平和主義」のもとでは「経済戦士」確保のために「生活習慣病」を忌避する心身（主体＝臣民）の育成・涵養の基盤なのである[40]。先年からつづく中年男性をターゲットとした「メタボリック症候群」キャンペーンなども、現代日本でめだつとはおもえない肥満体を敵視した風潮として、過度な規制というほかない[41]。

　問題は、かりに「健康増進」＝「富国強兵」策だとしても、スポーツをつづけることが「健康寿命」を維持するカギであり、端的にいえば《アスリートのマネごとをくりかえすことが、将兵の強靭さと同様、労働力としての健全さに直結するのか》という点だ。

　すくなくともボクサー・新体操・フィギュアスケートなどでみられる過酷な減量等、体重管理周辺でアスリートが実は「不健康」である現実は、よくしられている[42]。それにもかかわらず、ダンサー・モデル・俳優を範にとった身体意識に影響された少女たちは、学校体育等の優等生的身体論など完全に拒否している。摂食障害やその予備軍としての10代は、身体醜形障害的な意識[43]にとわられ、社会に共有された「健康」概念から逸脱した身体イメージにそって[44]セルフコントロールにはしり、たとえば、やせすぎのWHO基準（BMI＜18.5）などないかのように必死に摂食制限し、「不健康」をひたはしる。学校の体育関係者や「食育」指導などは、事実上無力なのである。

　オリンピック代表選手をはじめ、アスリートをさかんに動員した健康キャンペーンをうち、医学的権威を動員して「生活習慣病」のなのもとに自助努力を喧伝する日本政府だが、同時に『平成26年度版厚生労働白書』などが「健康寿命国際比較（男女別）」といったかたちで事実上誇示しているとおり男女とも世界一といってよい水準にある等、滑稽さがあふれている。これは、社会における治安の悪化など幻想なのに一層の警備・警戒が必要であると喧伝する警察庁などと同形だ。しかも、前述したように、不必要なメタボリック症候群撲滅キャンペーンをうったり、摂食障害予防のためのキャンペーンでは結局啓発に失敗したり[45]など、ちぐはぐ感がぬぐえないのである。いいかえれば、医療・福祉などにさまざまな課題が山積していながらも、医療水準・健康水準は世界トップクラスにある一方、無用な健康キャン

ペーンと、無策な健康キャンペーンおよび少子化傾向という、厚生労働省と文部科学省の連携のなさ、大衆への啓発政策の無力さ・無意味さがめだつことがわかるだろう。

　厚生労働省がうったキャンペーンのなかで有効だった事例をあげるとすれば、高齢者への運動奨励・栄養学的啓発が功を奏して、加齢による体力低下がかなりおさえられているとか、健康寿命等がのびているといった点だ。しかし、高齢者の体力が以前より向上している一方、小中学生等の体力低下を懸念するのは、いかがなものだろう[46]。それは、文部科学省周辺、特に体育関係者の近年の尽力＝若年層対象のキャンペーンがいまだ有効ではないことが、かえってうきぼりになったという皮肉をも意味するわけだ。1日あたりの平均運動量が60分をこえる層と、したまわる層とを比較して、「体力合計点別分布」などと対照するのも、運動のすききらいや男女差など、ある意味、当然予想される結果が確認できただけで、学校等が音頭をとって、スポーツ等に意識をむけさせるといった姿勢の妥当性を担保できるわけではない現実をうらがきしているといえよう。

　もちろん、こどもが以前より、そとあそびをする量が激減し、児童生徒の身体運動の機会が、学校外ではサッカークラブなど有料サービスを中心にしていることなどから二極化しつつあること（運動時間の家庭環境格差）、いわゆる競技スポーツ等の特定のうごきに特化した筋肉・神経系しか動員しない、かなりかたよった身体経験ばかりになっているのでは、といった懸念は、理解できなくもない。しかし、だったらなおさら、学校内外でスポーツ振興に重点をおくのは、矛盾しているといえよう。小学生が安心してあそべる空間を確保すること、競技スポーツに特化しない多様な運動体験を保障できるよう地域の成人をうまく活用することなど、いわゆる「体力向上」のための振興策は、いろいろくふうができるはずだ。

　また、文科省が一貫して体力測定の基軸としている「新体力テスト」は、「握力／上体起こし／長座体前屈／反復横とび／20mシャトルラン／50m走／ソフトボール投げ」など、岡崎勝が過去の「スポーツテスト」を「平均信仰」と批判した本質がそのまま維持されている（岡崎1987：213）。小学1年生や中学生にやらせる「ソフトボール投げ」「ハンドボール投げ」が、そもそも生徒たちの現状としてまともになげられない状態で測定されているなど、実態を反映していないという批判も同様だ（同上：219-20）。もとより、握力や柔軟性や心肺能力など、陸上十種競技的な

第2章　「身体教育」の略称としての「体育」は、なぜ競技スポーツの劣化コピーとなったか？　043

身体能力のバランスだけをとって「体力」をうんぬんするという発想自体、なんら改善できずにきた文教官僚たち、および背後の体育関係者にひきつがれていることの時代錯誤ぶりは、あきれるばかりだ。こういった「平均信仰」に無関係な身体能力によって、たとえばボルダリングやパルクールなどで超絶技巧を発揮する選手がでそうな気がするし、中長距離走選手や水泳選手なども登場しそうな予感がする。

　そもそも、「新体力テスト」は、前身の「スポーツテスト」時代から、「自衛隊体力測定」との類似性が指摘されてきたし、「ソフトボール投げ」は「手榴弾投擲」の代替物であることは、以前からいわれてきた。つまり、少々乱暴ないいかたをするなら《「新体力テスト」の結果をマクロ的に比較して体力低下等を懸念する文科省とは、旧帝国陸海軍による徴兵制度をすぐにでも復活できるような制度を体育政策として維持しつづけてきたからこそ、「1985年以来体力がのびなやんでいる」といった総括しかできないのだ》といえなくもない。そういった発想がどの程度意識化されているかどうかはともかく、10代の少年たちを、未来に動員可能な兵士予備軍として序列化するために学校が位置づけられているということを含意してしまうことは、しっかり直視しておいた方がよい。

　さらにいうなら、球技や陸上競技も、「新体力テスト」で好成績がでるような、「（兵士として期待される体力水準として）バランス」のとれた身体を育成するための装置と、みなすことも可能だろう[47]。つまり、《武道等いかにも「マーシャルアーツ」的にはうつらない種目でも、競技スポーツで「たのしく」競争しあうかたちで、兵士予備軍をはぐくんでいるのだ》という、うがったみかたは否定できないと。


　それはともかく、なぜ公教育における「身体教育」は競技スポーツの劣化コピーに代表されるかたちに収斂され、疑問をもたれなくなってしまったのだろう。また、なぜ「生涯スポーツ」等、社会教育等における「体力づくり」「健康維持」までもスポーツに還元されてしまったのだろう。この疑問を社会学的に解析する必要がある。

　いわゆる「運動不足」が肥満、筋肉量・骨密度等の減少、高血圧・低血圧や血流量低下をひきおこす生活条件となり、高脂血症など種々の成人病（＝1990年代後半から日野原重明や厚労省関連団体によって「生活習慣病」などの呼称にとってかわられた）とたかい相関をもっていることは明白だ。しかし同時に、肥満者を

BMI25以上と不必要におおくみつもることで中年男性の約3わりが肥満であると喧伝し、肥満者のうち糖尿病・高脂血症・高血圧症などをかかえない人口は2わりにすぎないといったおどし[48]は、人口の大半が結局は「ほぼ健康体」という実態を矮小化し、いたずらに不安をあおる悪質キャンペーンにみえる。そもそも高脂血症や高血圧症といった診断も多分に恣意的で、服薬などは必要ない層が大量に計上されているという批判はたえないからだ。特に「予備軍」とされる層が非常におおくみつもられている点も、「生活習慣病市場」という利権が医療・医薬品業界関係者にとって重要であることがうかがえる。いわば「不安産業[49]」（ましこ2005：67）の典型例といえる[50]。

　そもそも、食餌制限等、管理栄養士や内科医など専門家がくりかえしのべてきたように、身体運動（有酸素運動＋基礎代謝増加をもたらす無酸素運動）ベースでめにみえる減量を達成することなどムリがあり、肥満を解消するためには基礎代謝量を摂取カロリーがこえないようにするしかないとかんがえられる。要するに、必須タンパク質や各種ビタミン・ミネラルなどにおいて栄養失調にならないよう配慮しつつ摂取カロリーをへらし、しかも血糖値急上昇で体内に必要以上に熱量がためこまれないよう食餌療法をおこなうほかないのだ。つまり、こういった肥満解消法においては、基礎代謝量をあげるための筋肉増強や、代謝をふやすための有酸素運動は、食餌療法のサポートにすぎない中長期的習慣なのである。いいかえれば、「生活習慣病」といった、一種の自己責任論＝自業自得論を主張したいなら一層《身体運動をふやすことより、まずは食餌療法（基礎代謝量など消費カロリーをうわまわるカロリー摂取が肥満体をもたらした）》という論法で「患者」をいさめねばなるまい。

　それにもかかわらず、「運動してカロリー消費をふやさねば」「運動して筋肉をふやして基礎代謝量をあげなければ」といった論調は、食餌療法の矮小化をはかることを意味し、「業界団体」関係者による利害追求という疑惑が浮上するといえよう。

　もちろん、「握力低下と健康状態の悪化にはあきらかな相関がある」とか、「歩速と心身の健康状態には相関がある」といった疫学的調査は、よくしられている。しかし、「はやあるきできる老人は一般的に健康である」とか「健康状態の悪化が握力低下としてあらわれた」という相関関係でしかないなら、「はやくあるけるよう努力すれば健康寿命がのびる」とか「ダンベル体操などで握力等をあげると長寿

となれる」といった「因果関係」「運動効果」を一般論としていえるわけではない。たしかに、「歩速があがるよう散歩・速歩等にはげむことで脚力が維持・復活できて健康でいられる」「握力がつくことで、転倒事故などにあうリスクが激減する」といった効果は期待できそうだ。しかし、「運動強化による健康増進」という因果関係は、一概にはいえないはずである。くりかえしになるが、「心身が健康であるがゆえに、はやあるきできる／したくなる」とか、「内臓機能と筋組織などにはたかい相関があり、健康状態には連動がみられる」といった相関関係はいえても、「運動強化→健康増進」という因果関係は、長期にわたる疫学的大量調査でしか確認しようがないだろう。

これらは、いわゆる「ダイエット法」や「健康食」などの喧伝と同形とかんがえられる。長期にわたる疫学的大量調査による確認、追跡調査などがなされないまま「〜でやせた」「〜がきいた」等の、疑似科学的な喧伝が、マスメディアやネット上にながれて、無数の「流行」現象がくりかえされるという大衆的な愚行と同形の「運動」「体操」の宣伝は、科学のなをかたった事実上の詐欺行為といえよう（当人たちには明確な「悪意」などないにしても）。

そもそも「依存症ビジネス」といった告発がなされているように、現代資本主義は、消費者のストレスや不安につけこんで、のめりこんだ長期的大量消費をみこめるよう、商品開発と消費スタイルを洗練化させ、事実流行させてきた（トンプソン2014）。それは、たとえばアルコールや肥満を誘発する飲食物を大量消費させる一方、ダイエット食品やサプリメント、あるいは各種薬物による脂肪代謝など、「マッチ−ポンプ式商法」を業界間で「分業」するかのような、アクロバティックなライバル関係が形成されている。厚労省や経産省・農水省等が管轄する業界団体、消費市場全体はもちろん、医療関係者・スポーツ関係者も、同様に「依存症ビジネス」市場に「参戦」しているという把握が可能なのだ[51]。

ともあれ、「身体教育」の一部として「運動法」が動員され、そのなかに特定の競技スポーツをとおした練習やゲームなどが適当だという可能性は相当あるだろう。しかし、既存の競技スポーツやダンスなどが、あたかも「やって当然」「みんながたのしむ権利をもっている」といった、業界関係者によるパターナリズムが、はたして疫学的な調査によってうらづけられてきたのか、真剣に検討されるべき時期に

きているとおもわれる[52]。

　そしてそれは、美術・書道・音楽等、芸術系科目や、技術家庭などでの実習が、はたして義務教育等、公教育で「当然のカリキュラム」なのかという検討と、並行してとわれるべき課題である。逆にいえば、それらの検討がまったくなされないままに、学習指導要領等が作成され、その内容が、一律に教育現場におろされて、なんら疑問をはさむことなく授業にもちこまれているとすれば、科学のなをかたった、あしきパターナリズムであり、実質的に公権力による権威主義的「おしつけ」とのそしりをまぬがれまい[53]。

　結局のところ、「体育が、なぜ競技スポーツの劣化コピーとなったか？」という疑問は解決しない。しかし、アスリート選抜機能さえ全然はたさない体育実技という現実と、実質的にアスリート選抜機能を相当になってきたし、現に期待をかなりかけられている中学・高校大学の部活動という戦後日本の現実は明白といえる。たしかに、体育学者たちがこぞって、三育の不可欠の軸として「体育科」を合理化＝擁護してきた姿勢が、「悪意」ある欺瞞・偽善ではないだろう。しかし、実際に「運動ぎらい」を大量にうみだしている点で機能不全は明白だし、挫折感・劣等感を醸成してきたことは、他教科と同様、学校教育＝懲役刑という非難を、無下に却下できない現実といえる。ましてや、無料のスポーツクラブと化してきた中学・高校等の運動部が、公立学校教員のボランティアないし強制労働としかいいようのない「シャドウ・ワーク」のもと維持されてきた現実。「自主的な活動」のはずが事実上全員強制であるなどの異様な実態。それらは現に、「ブラック部活動」といった批判さえうみだしたのであって（内田2017）[54]、アスリート選抜機能を相当になってきたことの是非はともかくとして、おおくの点で公教育の暗部というほかない（中澤2017）[55]。ここでは、性急に解決をはかることは断念し、「部活動をふくめた学校体育の相当部分は、事実として競技スポーツの劣化コピーであり、それをやめられずにいる」という現実を確認しておこう[56]。

　そして、この現実が意味するところは、戦後の義務教育が、児童・生徒の学習権を保護者・政府自治体が保障する義務をおうという理念とは、おおきく矛盾するということだ。「身体教育」を「知的教育」「感性教育」などとともに不可欠のはしらとするのが体育教育関係者のはずだ。しかし、もし既存のスポーツ偏重の指導をあらためることなく「体育ぎらい」の生徒をへらす努力をおこたり、同時に「ブラッ

ク部活動」が常態化している現実からめをそらし、状況を擁護することはあれども批判的見解にはまともにこたえずに現状維持をむねとする姿勢をあらためないのであれば、その政治性はどうか。生徒本位の義務教育とは正反対のたちば、労働者としての教員の人権侵害に無頓着なパワハラ体質の学校関係者ということになる。そうなれば、体育教育関係者とは、生徒・教員を「体育教育」理念の手段とみなして、その「身体運動」実態を搾取して、はじない存在ということになるが、どうだろう。

　一方、近年の「保健体育」の教科書のばあい、「運動・スポーツの文化的特徴」（『現代高等保健体育 改訂版』大修館2017）といった単元をおりこむなど、スポーツ史・スポーツ哲学などの記述が登場している。そこには「人間にとって「動く」とは何か」といった、身体運動論やドーピング問題などスポーツ倫理学的な内容もふくまれており、それ自体はわるくない。しかし同時に、「体育」の軸が結局はスポーツ振興のための学校でのイントロ作業であることが露呈する。

　たとえば、「オリンピックと国際理解」「スポーツと経済」など、スポーツを歴史的・経済的に客観視する視座の提供までは、たしかにしているのだが、「競技スポーツにおける競争の意味」などは、あきらかに競技スポーツの合理化をとおして、現代社会の競争原理を正当化するものでしかないし、「オリンピックと国際理解」にしても、政治化や商業主義に言及するだけにとどまる。現代スポーツ自体がはらむイデオロギーや政治経済的・文化論的な矛盾、オリンピニズムやワールドカップなどがそろってかかえるナショナリズムほかさまざまな政治性にふみこむことはさけ、結局は、新聞紙上に登場する程度の議論に終始するのである[57]。

　つまり、かんがえさせるポーズはとりつつ、ふみこんで検討することは回避させようとしているとさえうたがわれる。そして、そもそも競技スポーツになぜ公教育をとおして接し、教員たちの指導のもとで享受することが自明視されるのかについては、いっさいふれようとしない点、そして現代スポーツやその前身たる近代スポーツの勃興と大衆化という歴史的経緯自体、欧米主導の帝国主義的展開やグローバル化の負の側面とせなかあわせである構造に、生徒が決してふれないように慎重に配慮されているとかんがえられる。たとえば、生徒たちは、IOCやFIFAの腐敗を告発した『黒い輪』『FIFA腐敗の全内幕』や、アメリカのMLB界の中南米でのリクルート戦略など暗部にせまった『帝国化するメジャーリーグ』といった議論には、絶対といっていいほど接近できずにおわるだろう（シムソンほか1992, ジェニングス

2015，谷口2004）。

　そもそも、保健体育教科書の編纂にかかわる教員たちは、JOCなど競技スポーツ団体の関係者とふといパイプをもつのが普通である。競技スポーツの暗部に批判的な検討など、学校教育の当事者・関係者の自浄能力に期待する方がまちがっているとみるべきであろう。

# 註

37 冷静な体育教育関係者は、当然ながらスポーツ導入を体育と同一視することの問題
性を充分認識し、批判的に検討してきている。ただ、つぎのサーベイ論文の注記の
ばあい、「義務として課される教科教育」といった、戦後定着したはずの学習権保障
とは異質な、国家権力および教員集団によるおしつけ教育を、事実上自明視してい
る姿勢が露呈しており、別の意味でも興味ぶかい。

> 体育哲学領域では、スポーツと体育はそれぞれ独立した概念であるという認
> 識が定説となっている（……：佐藤臣彦1993）。それゆえスポーツを体育の手
> 段に限定したりすることが問題であるのと同様に、スポーツを体育と同一視す
> ることにも問題がある。この問題は、実践的なレベルでいうと、遊戯としての
> スポーツをありのままに教科体育へつなげようとした「楽しい体育論」の課題
> へと通底している。竹之下休蔵や佐伯年詩雄を中心とした民間体育研究団体の
> 全国体育学習研究会が提唱し、1977年・1978年改訂の学習指導要領に盛り込ま
> れた「楽しい体育論」は、知識偏重や人間疎外の教育の改善を意図して、遊戯
> としてのスポーツを教科体育へ直結させようと、「楽しむこと」を教科体育の目
> 標に掲げた（……）。しかし、義務として課される教科教育の枠組みの中で、遊
> 戯・スポーツ・「楽しむこと」を成立させるには原理的な矛盾を伴い、「楽しい体
> 育論」は、実践レベルで課題を抱え込むことになった（……）。

（中澤2014b：49）

もっとも、中澤篤史自身は、動員論的な国家介入から生徒を保護するために、「選
手中心主義」「必修クラブ活動」の否定など日教組が解放論として〈子どもの自主性〉
保護を位置づけ、それゆえの「戦後運動部活動」にかかわってきた経緯を指摘して
いる（中澤2014a：178-80）。〈子どもの自主性〉をうたう民主主義教育のにないてが、
実際には、官僚制最前線をになう第一線職員（畠山1989）でもあり、校内暴力等に
はしる「非行問題」防止＝更生のための運動部活動といった、ガス抜きをかねたパ
ターナリスティックな管理主義教育（「強制収容所」）という、実にパラドキシカル
な様相をしめしていく（中澤2014a：130-4）。

38 精神科医である斎藤環が指摘するように、健康は身体的側面のみならず精神的にも
維持されるという心身両面での状態＝「両輪」でないといけないし、斎藤が皮肉をこ
めて「『悪』のレジリエンス」と総称したモデルでしめすように、歴史上の「悪人」
たちは心身が強靭だからこそ巨悪がなせた（斎藤2016：69）。「高い健康度がなけれ
ば『悪』は維持できない」のである（同：70）。

逆にいえば、心身両面での「健康」は、しばしば弱者を傲然と迫害できるゆがん
だ感覚と「共存」するという、実に皮肉な事実を斎藤は指摘しているのである。斎
藤は「健康か不健康か」という問題は、道徳的な善悪とは無関係だ」とする（同：
78）。この指摘は単なる「コロンブスのタマゴ」にとどまらず、「『悪』のレジリエン
ス」現象という《心身の健全さ》が倫理的な不健全さとしばしば両立する現実をし
めしてもいる。「悪であるがゆえに高い淘汰圧」をうけつづけるからこそ、宿命的に
困難さに直面しつづける「悪」が、一部ではあるにせよ「平均よりもはるかに高い
レベルで社会に適応」してきたという現実（同：76）。それは、悪人にひかれてしま

う大衆といった皮肉とは別次元で、深刻な問題だろう。

したがって、心身両面での健康はもちろん、精神−身体−倫理3次元での健全が「三位一体」で成立するだろうといった楽観主義にたっているだろう体育・スポーツ関係者の事実認識は、現実からはなはだしく乖離しているとおもわれる。それは、詩人ユウェナリスの皮肉"orandum est, ut sit mens sana in corpore sano（健全な肉体に健全な魂をと祈るべきである）"（『諷喩詩集』）の含意からなにもまなばないナチズムなどの誤読・曲解「健全なる精神は健全なる身体に宿る」と通底する心理なのではないか。スポーツ指導や武道などが精神的成長・成熟をうながすという教育論（いわゆる「ひとづくり」論）は無数にくりかえされてきた。つまり、体育系指導層は、知育・徳育・体育の3本ばしらといいながら、事実上、「徳育は体育をもって相当程度になえる」との自負があると推定される。しかし実際には、「「悪」のレジリエンス」現象＝心身の健全さと倫理的な不健全さとが両立する現実（戦時中のナチスドイツや帝国陸海軍、および戦後の米軍etc.）といった、「文武両道」の美化を反証する実態こそ浮上するのではないか。

そもそも、頻発するスポーツ界・相撲界などでの暴力スキャンダルが端的に中高年指導層の知性・品性に起因している現実がある以上、身体運動による修練が精神をやしなう（＝「体育による徳育」）という理念ほどむなしくひびくものはあるまい。《身体教育界に永住するほど堕落する》という身体的修養による慢心などあしき副作用ばかりがめだつからである。さらに長老支配にいたっては、「絶対的権力は絶対に腐敗する」（ジョン・アクトン）という冷酷な宿命にやぶれている無残な現実。それを関係者がこぞって自覚・直視できず自浄作用がはたらかないなど、凡夫たちの集合体という歴史的現実は皮肉というほかなかろう。

一方、科挙や日仏などのキャリア官僚採用システムは典型的な知力偏重イデオロギーの産物であり、（制服組将兵を例外として）露骨な体力軽視はもちろん、「知的トレーニングが自然と最低限の徳性ははぐくむだろう」といった、プラトニズムにもとづく楽観主義をおびていた。これは広義の「体育」関係者らの無責任な楽観主義と、実は無自覚な対称関係にあるとおもわれる。両者はどちらも、体育ないし知育をもって徳育も最低限なされるはずとか、人格的にも練磨されて倫理的もたかい人物として指導者に適任な状態になるなどと、ありもしない夢想にしがみついてリクルート・人材育成をくりかえしてきたのだから。

39 平時よりもはるかにストレスが蓄積する戦場での栄養補給＝レーションは、兵食（兵営給食）以上に士気にかかわるとされるが、平時の兵食も相当に重視されてきた。日本陸軍が編纂した兵食レシピ『軍隊調理法』にもみられるように、給食の栄養価や志気にあたえる影響力は当局に充分意識されていたのであり、提供される洋食は、ベッド・軍服などをならんで、一般の国民の生活水準をはるかにこえた、ぜいたく品であったとされる（ウィキペディア「軍隊調理法」）。カレー・肉ジャガなど海軍起源の「おふくろの味」も、『軍隊調理法』等を介して普及が促進され、「国民食」として定着したとかんがえられている（同上）。相撲部屋のちゃんこ番などと同様、「肉体が資本」というホモソーシャルな空間だからこそ、「強兵」育成のための管理栄養学的な蓄積がくりかえされたのであり、同時にきわめて先進的な西欧化圧力の空間だったともいえる。現代なら、各種スポーツの日本代表チームに準ずるか。

「1930年代の「健康」ブーム」から歴史的検証を展開する、高岡裕之「戦争と健康」によれば、1940年代に突入する「総力戦体制」といった時代状況に還元することが不可能な、軍事と健康の密接な関係がある（高岡2003：151-84）。厚生労働省の前身たる「厚生省」が陸軍の提案である「衛生省」構想の産物であり、「保健社会省」などの案をへて誕生したものであること、戦後の「スポーツテスト」の前身である「体力章検定」などの創設は徴兵制度の補完装置であったなど（同：167-9）、国民の健康管理を意図する国家意思が明確な戦闘準備・戦線維持のための装置として具体化していたことをしめす。これらの構想がナチスからのうけうりであることは、さまざまな検証から周知の事実である。

　そもそも、ナチズムは、非喫煙者で基本的に菜食主義者であったヒトラーなどに代表される、ストイックで潔癖主義的な健康志向（もちろん優生主義的な）をかかえていた（プロクター2015）。

40　たとえば『体操の近代日本史』と題する体育史の研究書の目次を瞥見すれば、全25章のうち第2章「体操との出会い」の冒頭1節は「軍事に欠かせない体操」と題され、つづく第3章は「富国強兵殖産興業と体操」、4章は「軍隊における体操と剣術の導入と展開」とつづき、7章は「兵式体操と「体育の変貌」」、12章「撃剣体操と剣道」、20章「総力戦前夜の体操」、21章「総力戦下の体操」など、体育政策に濃厚に軍国主義がみてとることができる（木下2015）。すくなくとも、帝国日本の体育は軍事と不可分だったのである。

41　たとえば「図録 太めな国民、スリムな国民（国別BMI）」（http://www2.ttcn.ne.jp/honkawa/2201.html）における、「太めな国民、スリムな国民（2014年、OECD諸国拡大図）」などを参照すれば一目瞭然だが、日本の男性は突出してスリム（BMI＜24）であり、韓国（BMI＜25）を例外としておおむね26以上の欧米諸国、オーストラリア・ニュージーランドなどとは対照的である。政府が音頭をとって減量キャンペーンにはしらねばならぬ必然性は皆無だろう。日本が世界でもトップクラスの長寿国であることもふくめ、厚生労働省のメタボリック症候群撲滅キャンペーンや減塩キャンペーン等は、省益追求の策動というみかたさえ可能である。特に、腹囲≧85cmと、女性の90cm以上という基準よりも極端にきびしく設定したなど、その合理性は当初から疑問視されていた（国際糖尿病連合の基準では、男性90cm以上、女性80cm以上と逆転）。

　愚行権もふくめて、個々人の自由にまかせる個人主義的時代において、万人が体力維持のためにスポーツ等減量にはげむべきだといった発想自体が、時代錯誤だという感覚が欠落しているらしい。

　それは、アメリカのビジネス最前線の成功者たちが、ランニングやスポーツクラブなどを利用して健康・体形維持につとめてきたといった現実で補強できるものでもない。日本では「肥満」あつかいをうけるBMI 25-27.5でさえ、世界調査の結果としてもっとも長寿とされるBMI 22.5-25よりも死亡リスクは7％しかあがらないことがしられているからだ。日本肥満学会を中心に、日本人ではBMIが25をこえると内臓脂肪がふえ、2型糖尿病や循環器疾患のリスクがあがる傾向がみられるから、「肥満」としているというが、日本が健康寿命ランキングで世界一であることをみれば、「肥満」による「生活習慣病」がいかに深刻か、といった不安をあおろうという意図

がすけてみえるだろう。

42　しばしば問題視されている、めぼしい問題だけあげても、月経が停止するまでトレーニングを徹底する陸上競技選手やボディビルダー、摂食障害的水準まで減量をしいる新体操・フィギュアスケート選手たちの存在。同時に、月経開始など女性の生理機能がはじまるころには現役引退においこまれるなどの現実などがある。たとえば「摂食障害―フィギュアスケート界が抱える「知られたくない秘密」」（『AFP』2018/02/26，http://www.afpbb.com/articles/-/3163813?utm）。また、Scott Davis「1日に食パン3枚？フィギュアスケートの選手たちは不健康な食生活に苦しんでいる」では、男子選手アダム・リッポンなどまでスリム化をせまられ過酷な減量をしいられていたことがわかる（『BUSINESSINSIDER JAPAN』2018/02/15，https://www.businessinsider.jp/post-162124）。

　スタミナぎれをさけるためにも一定のカロリー量を確保しなければいけない陸上長距離（競歩）でさえ、しばしば異常な減量意識にとらわれるケースがあることは以下のとおり。

### 母が作った弁当を捨てて…体重38キロ、月経止まった高校時代「病的だった」

「高校時代のレースは3000メートルから長くても1万メートル。体を絞りながら歩きの技術を高めることで記録も伸びました。でも、大学ではレースの距離は20キロ。しっかり食べないとスタミナ切れを起こしてしまうため、食べないわけにはいかなかった。そうしたら、高校時代は止まっていた月経が大学1年生で再開。体重コントロールが難しくなり、体重が一気に10キロも増え、丸みをおびた体型に変わってしまいました」

　高校時代、岡田の体重は38キロだった。1日5回は体重計に乗り、太ることを気にして、母親が作ってくれた弁当も捨ててしまうこともあった。中3から始まった月経は止まり、高校時代は一度もなかった。当時の自分を「病的だった」と振り返る。

「部活の仲間はみんな細かったし、部活の時間に顧問の先生の前で体重を測っていたから体重ばかり気になっていた。月経があり、ふっくらしてしまう子に向かって『なんで太っているんだろうね』という視線を向ける空気でした。だから大学で月経が再開した時も、女性としては自然なことなのに受け止めきれなかった。何もかもが、ぎくしゃくしてしまいました」　　　　　　　　（長島恭子2019）

　オーバートレーニング症候群はもちろん、ボクサーたちの計量まえの減量など、問題は多岐にわたる。スポーツ界での不健康な選手生活と、ブランド化した一流アスリートの健康食品CM等への登場の根源的矛盾については、ましこ（2005）。

43　2015年に解散したNPO法人「ユニークフェイス」が血管腫等、医学的「診断名」をかかえる当事者と家族だけに入会許可をあたえ、身体醜形障害関係者を当事者とみとめていなかったように、物理的な「普通」さは実体化できそうにみえるが（「見た目問題」）、知的障害や精神障害と同様、「普通」であるかそうでないかの境界線はあいまいであり、セルフイメージのいかんはグラデーションをなしている。美容整形や歯科矯正などがそれに対応してきたが、韓国の女性などのばあい美容整形は常識化している。こういった社会意識の地域差・時代変動は、「普通」概念をゆさぶることはいうまでもない。現代の日韓の女性たちの「普通」意識を調査したものとして、

第2章　「身体教育」の略称としての「体育」は、なぜ競技スポーツの劣化コピーとなったか？　　053

『美容整形と〈普通のわたし〉』という文化人類学的美容整形論がでたことは、その端的なあらわれといえよう（川添2013）。

44　すでにふれたとおり、実は「健康」概念自体、単純ではない（註38, 41）。そもそも「病気の除去」をめざしてきた西洋医学の正当性がおおきくゆらぎ、たとえば「客観的健康」（客観的な数値データが全部「正常」）であっても、主観的に健康であるとの実感がえられないなら「主観的健康」をみたしていないなど、医療関係者における「健康」観自体が変化してきているのである（斎藤2016：23-6）。

45　http://www.mhlw.go.jp/kokoro/speciality/detail_eat.html
　　　再三紹介してきたが「やせ過ぎ女性比率の国際比較」（http://www2.ttcn.ne.jp/honkawa/2205.html）などをみればわかるように、日本では女性が第三世界なみにスリム化している。ひとりあたりのGDPが充分にたかい富裕国に位置するにもかかわらず、シンガポール／アラブ首長国連邦などと同様、人口の10％以上がBMI＜18.5となっており、10代後半〜20代にかけて、戦後一貫したスリム傾向がみられる（「日本人の体格の変化（BMIの推移）」, http://www2.ttcn.ne.jp/honkawa/2200.html）。20歳代で21.5％、30歳代で17.6％が18.5未満という統計もあり（http://www2.ttcn.ne.jp/honkawa/2202.html）。「健康日本21（第二次）」でうたわれた「20歳代女性のやせの者の減少の目標値」としてかかげられた20％以下、15％以下といった数値がむなしくひびくのは、実現困難だからではない。かりに目標が達成されたところで「合計特殊出生率」上昇などにはむかわないだろうというイメージはきえず、あらがえない人口減少傾向とかぶってみえるだろう。わかい女性を中心とした、やせ志向の社会心理学的な実証的解析としては鈴木（2017）。

46　たとえばスポーツ庁（2018年）は「平成29年度全国体力・運動能力、運動習慣等調査結果について」で、つぎのようになげく。単に、バブル経済期に統計値が最高を記録したことを回復しようと（http://www.mext.go.jp/prev_sports/comp/b_menu/other/__icsFiles/afieldfile/2018/03/06/1401889_1.pdf）。
　　　　昭和60年度の平均値以上の児童生徒の割合を調査したところ、小学校5年生の反復横とび及び中学校2年生男子の50m走を除き、児童生徒の半数以上が昭和60年度の平均値を下回っている（表1）。
　　　○ 特に、ボール投げについては、特に小学5年生の割合が低く、また、平成22年度以降においても、小学校5年生、中学校2年生のいずれも低下傾向（表1）。
　　　※1 昭和39年度から実施している「体力・運動能力調査」では、児童生徒の各テスト項目の平均値は、昭和60年度頃の水準がピークとなっている。
　　　（スポーツ基本計画においては、施策目標の一つとして「子供の体力水準を昭和60年頃の水準まで引き上げることを目指す」ことを掲げている。）
　　　文科省の学校体育をとおした体力振興策については、「スポーツ　子どもの体力向上」（http://www.mext.go.jp/a_menu/05_c.htm）参照。

47　バランスのとれた（陸上十種競技を理想とするような）身体という理念がかりに成立するとしても、たとえば、ソフトボールやハンドボールのような、児童のおおくが充分にはにぎれないボールをとおくになげるという能力が、実生活上意味のある筋力なのかは非常に微妙だろう。それは、「手榴弾投げ」といった軍事教練的な意味あいを除外した「運動神経」としてみたときに、単純に奇異で不自然な要求である

（たとえば、河岸から投石する「水切り」など単なる遊戯としてならともかく）。野球・ハンドボール・水球など特定の団体球技以外で不要な（暴動などでの投石行為など非日常的な「実用目的」ならともかく）汎用性にとぼしい身体能力なのである。また、きわめてミソジニー度のたかいセレモニーとして、不器用な女性アイドルなどにわざわざピッチングをさせる「始球式」などをあげておこう。（名誉職たる長老はともかく）わかい女性タレントをえらぶのは、結局かのじょらの「幼児化」なのだから。そういった演出がホモソーシャルな空間でおもしろがられるのは、女性の大半が送球動作をみにつけられないからである。しかし、送球動作は、野球・ハンドボールなどの団体球技が不人気な地域では、女性にかぎらず発生する「にがて」のはずだ。ためしに、アメリカンフットボールのパスのような非常に特殊な技能をかんがえればよい。日本人男性の大半は、きれいな送球などできないはずだ。

　ちなみに、十種競技にかかせない投擲種目である「砲丸投／円盤投／やり投」は、いずれも枠内におさまれば標的にあてる必要など全然なく、ただ遠方に投ずるという「ちから自慢」ゲームである。屋外では到底実用性がない「棒高跳」などと同様、わざと非実用的なゲームにしたのだろうとしか解釈不能な、不自然な技能競争といえる。こういった種目の、苦手がすくないことをほこりあうという「バランス感覚」は、とても「身体教育」を目的にしているとはおもえない。スポーツの本質は非実用性にあり、ゲームとしておもしろければそれでよいわけだが、普通教育における「体育」周辺で当然視されるとすれば問題だろう。そして、この投擲競技と同様、「ソフトボール投げ／ハンドボール投げ」は標的無用の体力自慢なのだ。こうした方向性で「体力」をはぐくむ教育学的意義を説明する責務がある。特に義務教育内では不可避だ。

48　たとえば、厚生労働省生活習慣病対策室「生活習慣病対策室」（https://www.kantei.go.jp/jp/singi/kenkou/bunka3/dai1/siryou2-2-1.pdf）

49　以前〈切実な問題〉のときに登場する「先生」は、大体「不安産業業者」だよ」と、「トラブルや不安とかを「メシのタネ」にしている層」が生業としている業界全体を「不安産業」と茶化しておいた（ましこ2005）。

50　このような製薬業界をはじめとした、あきらかな利権構造がすけてみえるものとして、高血圧などの「過剰診断」問題がある（名郷2014：89-138）。そして、これら早期発見・早期治療キャンペーンによる利権は、「生活習慣」とは関係ないとかんがえられる、乳がん・認知症などについてもみうけられる（同：139-75）。

51　「不安産業」（ましこ2005）としての「ヘルスプロモーション」業界については後述（6-1）。

52　ちなみに、各校舎にかなり普及した屋外プールによる水泳指導は、老朽化した施設の再建予算などもからんで、「学校プール全廃の自治体も。スイミングスクールや市民プールでの授業が広まる」（『ハフポスト日本』2018/7/12）といった報道もなされている。

　　　すでに、小中学校のプールを全廃している自治体もある。その先駆けが、神奈川県海老名市だ。2011年度でまでに順次、市立小中学校のプールを全廃し、代わりに市内に3カ所ある公共屋内プールを使っている。プールの大半は取り壊されたが、杉本小学校のプールは地域住民の要望で釣り堀として再利用されている。

2011年、海老名市長あての手紙で、公共プールでの授業が「体育の授業というより遊びの時間になっている」という批判もあったが、市は公式サイト（当時）で次のように説明している。

=====
・天候に左右されず、計画通りに実施できること。
・施設管理、安全管理上の負担が軽減されること。
・補助指導員、安全監視委員が配置されていること

——などのメリットがあり、生徒の安全を第一に考えている。

老朽化したプールを更新する場合、プール1カ所の工事費が約1.5億円。ほかに水道法で定められた受水槽の清掃や簡易水道の検査などの維持管理費がかかる。
=====

「危険なスポーツなのに専門性の高い職員の配置まで手が回らなかった問題を克服するチャンス」

中村文夫・教育行財政研究所代表は次のように語っている。

「学校のプール廃止の背景には、道路や橋、建物など、自治体が高度成長期に整備してきた様々な施設が老朽化を迎えているという事情がある。高度成長期、施設を各校にそろえるべきだという考え方が主流だったが、維持管理の費用が重くのしかかっている今、行き詰まりを迎えている」

「学校施設の耐震化にめどがつき、文部科学省も老朽化対策の手引きを作るなど、重点が老朽化対策に移ってきた。そんななか、代替施設として、学校外の施設を活用するのは当然の流れ……」

「コスト面で言えば、例えば、屋内型の市民プールがある場合、スケジュールの調整や交通の手段がめどがつけば、1年中使える。自前のプールを維持するより遥かに安い」

「指導面でも利点がある。水泳指導の最大の問題点は、危険性が高いことだ。新聞報道によると、日本スポーツ振興センターの統計で、2015年度までの18年間でプールの飛び込みが原因とされる事故が31件発生しているという」

「リスクを減らすには、専門性の高いインストラクターが必要だが、その配置まで手が回らなかった。施設の外部化は、この問題を克服するチャンスでもある。そもそも、いざというときに溺れないための水泳がしっかりできることが公教育の役割であり、自前の施設まで用意してオリンピック選手を育成する役割は学校にはない」

「茨城県牛久市立ひたち野うしく小学校は、学校施設の端に屋内プールを作り、NPOがプールの管理や指導をしている。授業以外は市民にも開放しており、理にかなっている公共施設の利用方法の一つだと思う」

　この専門家の分析自体は問題ないようにみえる。しかし、冷静にかんがえれば、建設・維持コストに教育効果がみこめるのかといった財政上の費用対効果以前に、専門性を維持できない現場教員が危険な指導を何十年にもわたってつづけるという無責任きわまりない教育行政の問題、水泳指導というのはそもそも溺死防止という目的をもってはじめられたとは到底いえない点、オリンピック代表選手の育成・選抜といった、およそ普通教育の目的とはかけはなれた水泳競技の導入という無定見

などが、なぜこれまで問題化しなかったのかという現実自体、深刻な問題ではないか。施設の老朽化対策の財源がたりない。市民や識者からのリスク問題での批判の浮上。こういった疑義がまとまってでるまで、不問にふされてきた現実の矛盾はおおきい。そして、このことは、武道・舞踊の必修化など、体育教育全般にもいえそうである。

53 もちろん、こういった技能系科目にまとわりつくパターナリズム問題は、「よむ・きく・かく・はなす」といった「四技能」を前提にした国語科・英語科などのとりくみ、そもそも日本語や英語を必修として課す正当性問題につきあたるし、同様のことは、社会科系科目群、数学・理科などの数理・自然科学系のカリキュラムの正当性問題とも無縁ではない。アスリートやアーティストになる人物など生徒100人にひとりもいないだろうに、スポーツやダンス、美術等を実践させる公教育というシステムの合理性・正当性など、イバン・イリイチらの学校化社会批判（産業社会における「シャドウ・ワーク」批判）とは別個に、教育哲学・教育社会学的課題だ。学術論文のマネごとをあえてさせてきた、大学の卒業論文指導をはじめとしたアカデミック・ライティング等についても、その教育学的位置づけが自明でないことは、いうまでもない。

54 内田良は公立校教員とともに、賃金ふばらいのうえ、しかも事実上際限ない長時間労働をしいてきた「給特法」という究極の搾取システムを指弾する（内田・斉藤2018）。そのなかでも、「コラム 教育現場の声③部活は職務？　CASE4部活顧問、勤務時間外は「自主的活動」」（pp.90-3）、「（同）CASE 5講師の辛さ」（pp.94-6）には、部活動指導が単なる搾取と化している労働実態がしめされている。特に、1年ごとの更新で身分保障がない「常勤講師」のよわみにつけこむのは、卑劣というほかない。
　　内田は、これら時間外の不ばらい労働の遍在など教員への労働強要をふくめ、教員各層は構造的ハラスメントの被害者であると同時に加害者でもあるとみなしている（内田2019）。

55 友添秀則は「運動部活動の「影」の部分」も実在することにふれ、「現在の運動部は多くの問題や課題を抱えている」とのべ（友添2016：v）、編著で「「影」の部分」にひかりをあてる論者を配しているが、同時につぎのようにのべて、問題を矮小化する印象操作ともうけとれる。事故・体罰・過労死水準等は、例外的な逸脱現象ではなくて構造問題であり、事件化は、労働災害における「ハインリッヒの法則」的な現実として発生してきたというのが実態だろう。

　　　ネットでは「ブラック部活問題」として、教師、生徒、保護者のそれぞれの立
　　　場から、運動部活動の負の側面が語られ、運動部活動のネガティブな部分がと
　　　きにデフォルメされて、メディアでも取り上げられることが多くなった。

（同上：vi）

56 文教官僚としてスポーツ振興にたずさわりつづけた研究者のひとりは、「学校にはなぜ体育の時間があるのか？」という表題の問題提起をしたが、本書で提起した「「身体教育」の略称としての「体育」は、なぜ競技スポーツの劣化コピーとなったか？」という疑念には、いっさいこたえていない（白旗2013）。それはおそらく、日本の文教官僚が、「スポーツは、世界共通の人類の文化である」とうたってうたがうことのない「スポーツ基本法」（2011年）や、「生涯にわたって豊かなスポーツライフを継続する資質や能力」といった理念を自明視する「学習指導要領」などの知的背景をう

たがっていないこと（背景にはユネスコなど教育関係者に共有されたイデオロギー）を相対化すべきといった必然性を感じないせいだろう。

57　　ちなみに、和唐ほか（2017）の「ドーピングとスポーツ倫理」では、競技スポーツの最前線では、名声・賞金などが誘因となって禁止薬物使用がやまなかったこと、検査体制の強化とイタチごっこになってきた現実＝ヤミが指摘され、遺伝子ドーピングのような事態もおこりうるといった懸念も記述されている（pp.132-3）。しかし、こういった批判的姿勢は、「資本主義には、格差拡大や犯罪は結局つきもの」といった、ひらきなおり（アノミー現象に対するニヒリスティックな諦観＝宿命観にもとづく事実上の黙認）と通底する姿勢とはいえないか。「本来フェアであるべきスポーツ精神に反する卑劣な行為」（同上：132）というぐあいに、一見優等生的にみえるものの、違反者を単に例外的逸脱者として非難する点では、広義の社会学（犯罪学・刑事学）からすれば、偽善的姿勢でしかない。社会学的にといをたてるなら、「サイバー犯罪同様、規制措置とイタチごっこを演ずる競技関係者の勝利至上主義には、なぜはどめがきかないのか」「なぜ競技関係者は、マッドサイエンティストを動員するまで狂奔してしまうのか」「危険薬物など、ぬけがけ戦術にはしる競技関係者がたえないのに、フェアプレイ精神を称揚し選手をめぐる総力戦体制を美談化するメディアやスポンサーたちの偽善・欺瞞は、なぜ批判されないのか」といった、問題群として提出されねばなるまい。

# 第3章 「食育」運動の本質とゆくえ

## 3.1. 日本社会の象徴とされる学校給食と食育

　つぎの記事は、いかにも一般的な日本人読者がよろこぶことを期待した、欧米人による日本礼賛記事の翻訳である。

> 「ただの昼食ではない！」外国人記者が驚く日本の給食制度
>
> BUSINESS INSIDER JAPAN 2017/4/8
>
> **日本の学校給食は「教育」の時間**
>
> 　日本の学校給食は、ただの昼食ではなく、子どもの教育に欠かせない、「食事と栄養の教育」の役割も担っている。幼いころから「食育」を始めることで、子供たちは体に入れたもの（食べ物）が1日の思考や体調において非常に重要だということを学ぶ。そして、長期的にはそれが人生にも影響するということも。学校給食は重要なのだ。
>
> 　家庭が2.5ドル（約280円）の食費を負担できない場合、給食費を減免する制度や、食品ロスを減らすための取り組みも行っている。
>
> 　「日本では、学校給食は教育の一環であり、休息の時間ではありません」と、2013年、文部科学省スポーツ・青少年局学校健康教育課課長の大路正浩氏はワシントン・ポストに語った。
>
> 〔中略〕

日本の小学校の給食時間はどこか「神聖」だ。落ち着いて食べられる十分な時間が与えられる。

　支え合いの文化を築くために子どもたちが自ら配膳。多くの学校では、清掃員はいない。子どもたち自身で後片付けや清掃を学ぶのだ。

　今日のような学校給食は1970年代まではなかった。

　給食には大体、主菜になるおかずとご飯、スープが付く。この日のメニューは味噌汁、小魚、牛乳、ご飯、豚肉と野菜の炒め物。麻婆豆腐のメニューもある。秋田県の笹子小学校のこの日の給食はチキンの主菜、ご飯、わかめの味噌汁、サラダ、牛乳、みかん。

　カレーライスが出る日もある。多くの学校では、少なくとも週に1回、韓国料理やイタリア料理がメニューに加わる。

　ある中学校の給食。豚肉と卵の炒め物、レモンヨーグルト、豆腐とわかめのスープ、牛乳を提供。

　結果として、生徒は満足するだけでなく、責任感や健康的な食生活を学ぶ。日本の平均寿命は世界で最も長く、肥満の割合は世界平均を大きく下回っている。

　おいしい食事の後のお昼寝は欠かせない。

source：ワシントン・ポスト

［原文：Japan's mouthwatering school lunch program is a model for the rest of the world］（翻訳：梅本了平）

　一読して相当な取材不足がみてとれる記事であり[58]、まともな取材はもちろん、歴史的検証が可能な英文データなども皆無なまま作成されたことは明白だ。各種資料[59]でも明白なように、「今日のような学校給食は1970年代まではなかった」という記述自体、どういった水準で、質／量を評価しているのか微妙である[60]。そもそも、戦後日本の急速な長寿化は、基本的に周産期死亡率・乳児死亡率の急速な低下、そして高齢者の長寿化という総合的な平均余命の結果である。それら死亡率低下傾向は、すくなくとも1970年代以降の学校給食の急速な改善に還元できるようなものではないことだけは確実である。

　しかし、それでも、世界各地の学校給食と比較したばあいに、質・量の平均値・最頻値的水準が、非常にたかいらしいこと（おそらくOECD諸国と比較しても）、

日本の学校給食が福祉政策による財源からではなく、教育政策の一環として設計され、しかも教育過程として位置づけられているという見解自体に、まちがいはない。

　明治政権成立以来、欧米人との体位格差が一貫した課題であり、身長・体重等の統計はもちろん、国民をあげての劣等感の産物だった。オリンピック等、スポーツの国際大会などで、ときに好成績をあげた選手が異様な顕彰をうけたことなども、結局は栄養状態に端的にあらわれた食生活の貧困という課題をなかなか克服できずにいたという国策・経済状態の積年の課題だったのである。つまり、日本人の食生活における劣等感の払拭が達成され、むしろ「食の欧米化」などがいましめられるようになったのは、高度経済成長期をへて「自由主義世界GNP第2位」といった「経済大国」化を達成しただいぶあと、つまり、「Japan as No.1」等、戦後版「黄禍論」としての日本脅威論が欧米社会からふきだしたころからといえよう。「欧米に経済水準でおいついたのに、人生の質はおとっているのではないか」といった、主観的幸福度が問題化するような段階に達してはじめて、「自文化」「伝統的食文化」といった、ふりかえりがなされるようになったということだ。

　冒頭に紹介した、日本礼賛記事は、1970年代以降の給食で日本人が長寿化できたかのような事実誤認におちいっている点で、本来、日本人がうぬぼれるような性格の内容ではない。しかし、それを、欧米人が日本文化をほめそやしているかのようにうけとる日本人。つまり、うぬぼれを共有するための装置として、この種の記事がたえない現実は重要だ。

　それはともかく、「欧米においつき、おいこせ」論はスポーツ等については依然としてかわらないのと対照的に、食文化に関しては、「すぐれた日本食」イデオロギーが、学校給食にまであてはめられていることは着目してよい。いいかえれば「体力的にまけていることは事実だが、生活の質はよいので、ながいきできる」というのが、現代日本人の身体イメージ＝自負心といってもさしつかえない。このスポーツ等における劣等感と、平均寿命や健康寿命における「世界一」をほこる優越感が、せなかあわせであること、軍事的・経済的にアメリカ等に劣位性を意識させられる一方、治安をふくめた生活の安全性で優位にあるとの意識がせなかあわせである点は、非常に興味ぶかい。「スポーツや戦争ではよわそうだけど、国内は安全」といった「自画像」をかいているということだ。「つよさより、安全安心第一」という姿勢からして、俗流イメージをあえて援用するなら、「女性的」な価値観が支

配的ということになる。「非武装中立」「平和主義」の象徴である「第9条」を軸と
した日本国憲法、「戦闘地域に派遣されないことになっている自衛軍」といったイ
メージとかさなりあう。

　ただ、これら自画自賛系の「日本文化」論の勃興は、バブル経済崩壊後＝「日本
的経営の挫折」の結果である可能性がたかそうだ。いいかえれば「とどかなかった
アメリカなみの経済力」といった方向ではなく、「相対的に低下したひとりあたり
GDP」「景気低迷から結局脱出できず、アメリカのみならず中国の経済動向にも一
喜一憂するほかない経済的地位の低下」「人口減少と高齢化で衰退する日没社会」「保
守政治暴走による私物化・腐敗の横行」といった挫折感の産物。これらはみな、お
そらくうすぐらさがます列島の近未来がもたらした知的「反動」なのである。日本
アニメの人気などにわく「クールジャパン」イメージ、世界のオタクの巡礼地とし
て観光地がわくのと同様、「食文化」など一種のガラパゴス文化が称揚されるのも、
日本社会の「最頻値」層の自信喪失の「反動」とかんがえられる。

　さて、問題は、こういった知的反動の是非ではなく、本書の課題である「身体教
育」の典型的現実としての「食育」運動の本質と社会的機能といえる。

# 3.2. 食育を主導する農水省ほか関係省庁のかかえる体質・政治性

　まず、「食育」運動の独自性は、ほかの「身体教育」とはことなり、起点となり
主軸となった組織がことなる。「教育行政」の本丸たる文部科学省での「給食」政
策から内発的に発生した運動ではなく、農林水産省および農水族議員たちが起点・
主軸となってきたのである。もちろん、文科省・厚労省・経産省など、「食育」関
連の事業を管轄する官庁群があいのりするかたちにはなったが、省益等、うごきの
主軸は、「食材」調達、特に国内産農水産物の製造もと・流通関連企業の意向をう
けた政官財が主流となりつづけてきた。

　たとえば、「食育」でGoogle検索をかけると、農水省の、つぎのようなページが
検索結果最上位に登場する。

## 食育の推進

　食育は、生きる上での基本であって、知育・徳育・体育の基礎となるものであり、様々な経験を通じて「食」に関する知識と「食」を選択する力を習得し、健全な食生活を実現することができる人間を育てることです。

　農林水産省は、健康で文化的な国民の生活と豊かで活力のある社会の実現に寄与することを目的として、食育の推進に関する施策の総合的かつ計画的な実施を担う官庁として、関係各省と連携・協力して、積極的に取り組んでまいります。

（http://www.maff.go.jp/j/syokuiku/）

　政府広報オンラインでの「「食べる力」＝「生きる力」を育む　食育　実践の環（わ）を広げよう」（https://www.gov-online.go.jp/useful/article/201605/3.html）でも、厚労省・消費者庁・文科省等は、もうしわけ程度にリンクがかかげられているが、あきらかに農水省主導のページであることがわかる[61]。

・農林水産省「めざましごはん」
・厚生労働省「食事バランスガイド」について
・農林水産省「食事バランスガイド」について
・農林水産省「日本型食生活」のススメ
・農林水産省「農林漁業体験の推進」
・農林水産省「全国工場見学・市場見学一覧」
・農林水産省「農林漁業体験の推進」
・農林水産省「全国工場見学・市場見学一覧」
・農林水産省「食品ロスの削減・食品廃棄物の発生抑制」
・消費者庁　　「食べもののムダをなくそうプロジェクト」
・内閣府　　　「食育ガイド」
・農林水産省「食育の推進」
・文部科学省「学校における食育推進の推進・学校給食の充実」
・農林水産省「食育の推進」（食育施策（1）食育基本法・食育推進基本計画等）
・農林水産省「食育月間」
・農林水産省「平成28年度食育白書」

・農林水産省「食育の推進」
・文部科学省「学校における食育推進の推進・学校給食の充実」

　この農水省主導のキャンペーンであるという事実は、意外に重要だ。なぜなら「食育」と、あきらかに「教育」事業の一環であるというとりくみでありながら、どうみても生産者がわの監督官庁が前面にでているからだ[62]。さらには、2005年成立の「食育基本法」をおおきくおしすすめたとおもわれる、自民党政務調査会に設置された「食育調査会」(2002年) が、産地偽装等、食の安全問題を機にしていたことから、「消費者庁」や「厚生労働省」などが主軸になってもおかしくない性格だったのに、あきらかに農水族議員が駆動力となっているらしい点も、業界団体（利害組織）の存在をうかがわせる。そもそも、12の省庁がくわわっているとされる食育基本法の基本理念には「国民の心身の健康の増進と豊かな人間形成」がうたわれているのだから、厚労省／文科省などが主軸となってしかるべきであろう[63]。基本理念は「食に関する感謝の念と理解」、「食育推進運動の展開」、「子どもの食育における保護者、教育関係者等の役割」、「食に関する体験活動と食育推進活動の実践」、「伝統的な食文化、環境と調和した生産等への配意及び農山漁村の活性化と食料自給率の向上への貢献」及び「食品の安全性の確保等における食育の役割」などあわせて、さらに6項目あがっているが、結局あいのりした各省の「省益」からみちびきだされた「理念」にすぎないだろうし、そのなかでなぜ農水省主導なのかは、あらためて検討するにあたいする疑問といえよう[64]。

　また、前文での食をめぐる問題認識として、「栄養の偏り」、「不規則な食事」、「肥満や生活習慣病の増加」、「過度の痩身志向」、「安全上の問題」、「海外への依存の問題」等の問題が生じているとされ、さらに「「食」に関する情報が社会に氾濫」していること、「地域の多様性と豊かな味覚や文化の香りあふれる日本の「食」が失われる危機にある」ことが指摘されているという、いわばリスク対策的な法制であることも、うえにあげた農水省主導という体制の不可解さをましているといえよう。これらの大半は、厚労省や経産省・消費者庁などの課題だからである。

　結局、これら不可解な立法と管轄官庁の主導権あらそいの背景をうがってみるなら、30年以上まえに社会学者が指摘したつぎのような構図を想起するほかなかろう。

……公的・準公的機関は、主要には受益に焦点をあわせて設定された受益調整機
　　関である場合が多く、被害・受苦に対しては相対的により鈍感な構造をもってい
　　る。……たとえば、通産省、運輸省、建設省等のほとんどの省庁は、主要には受
　　益を基軸にして運営されている。いいかえれば、受益の集約的代弁者は存在する
　　が、受苦の集約的代弁者が存在するということは極めて稀なのである。環境庁は、
　　少なくともタテマエのうえでは、受苦の集約的代弁者として設定されていたはず
　　であったが、そのような存在として十分機能しているとはいいがたく、……住民
　　運動にとってむしろ攻撃目標の一つとなっているのは、周知の事実である。

（梶田1988：11）

　この一節は、公害問題等で環境庁（現：環境省）でさえも、受苦圏住民の苦痛に
よりそうよりは、公害原因企業やそれに同情的な行政よりの姿勢に終始し、住民運
動等の阻害要因になるような体質があるとの批判である[65]。この社会学者の「公的・
準公的機関」批判がそのままあてはまるとすれば、「食育」がおもに10代および低
年齢層からはじまる「身体教育」をいかに充実させるかは、あくまで「タテマエ」
にすぎず、「ホンネ」の次元では、生産・流通業者、およびそれを擁護する自治体等
の姿勢（「受益」）を既得権としてまもる法制ではないかという疑念が生ずる。実際、
厚労省の前身である厚生省がしばしば公害・薬害を放置するような姿勢をとってき
た経緯をみれば、監督の趣旨が保護者や労働者のためというより、企業や自治体の
姿勢を擁護するなどしてきたのは歴史的現実だ。医薬品メーカーや医療団体の利害
調整には奔走しても、患者家族ら本位の姿勢でなかったことなどは、公害・薬害問
題などで、明白だろう。「食育」を主導する農水省が、そもそも消費者本位、児童・
保護者本位ではないのではないかという疑念が発生して当然なのだ。食品メーカー
や飲食サービス業界を規制・統括する経産省・厚労省にしても同様である。

## 3.3. 食育の一環と自明視される学校給食をめぐるリスク

　だからこそ、消費者団体のリーダーたちは、食品添加物の急増などについて警戒的になる。食材にムリをさせて不自然にながもちさせたり、短時間で調理できるようにしたり、さらに一定の品質を大量生産・大量輸送するためにも添加物が動員されることになるし、放射線照射食品も軍用に開発されたと（富山2008：40-4）。かんがえてみれば、スーパー／コンビニにならぶゼリー／ジャンクフードのたぐいも、ファストフード店で提供されるマクドナルド化された食品も、基礎技術は軍事科学を起点としており、基本的に、資本主義のなかで翻弄される兵士（ミヒャエル・エンデ風にいえば、「時間どろぼう」にとりつかれた労働者）たちのための「レーション（野戦食）」なのかもしれない。将校たちはともかくとして、末端の兵士たちに滋養充分な上質な食事を提供しつづけられるはずもなく、実際、昼食等に1時間前後の食事時間を確保することなど到底のぞめないような「戦場」をいきぬく産業戦士たちにとって、「ファストフード」とは、「野戦食」にほかならない現実があるだろうから。

　たとえば、上質な食事とは対極にあるとブランディングとしては圧倒的に不利な位置づけから自由になろうとして、ファストフード企業が学校給食などに「食育」事業として参入するといった、かなり破廉恥な発想にもなるわけだ[66]。どんなに、いいつくろおうとも、マニュアルで運営・育成される「マックジョブ」だのみのファストフード・チェーンに、良質な食事は維持しえない。「良質な食事」の条件のひとつに「スローフード」がある以上は。それは、学校給食を放棄して弁当を持参させることはしても15分しか昼食時間をさかない自治体（横浜市etc.）において、「良質な昼食」が原理的になりたたないのとおなじで、ファストフード企業のどんな物理的努力もムダなのである。そもそも「スローなファストフード」は形容矛盾であり、実際、ランチタイムに回転率があがらないチェーン展開は敗北を意味するなど、自明だろう。これらの策動は、結局市場開拓や「すりこみ」キャンペーンだと揶揄されたわけだが、むしろ、企業がわの発案を受諾した自治体・学校、それを容認した文科省等の体質自体が、きわめて破廉恥というほかなかろう[67]。

一方、広義の「食の質」として、安全性問題は、加工食品業界や野菜農家などにもあてはまる。たとえば、しばしばくりかえされてきた農水省や厚労省などの「安全宣言」は、パニック抑止のためにさけられないとはいえ、基本的に安易な「ひけし」行為である。典型例は、大臣が騒動となっている食材を実食してみせるというパフォーマンス。政府・自治体当局ないし大学・研究所等が、「風評被害」を根拠なしと全否定するのも、科学性のいかんはともかく、実効性にとぼしい。すくなくとも疫学的解釈を大衆が冷静に理解することはありえないし、そもそも行政当局の権威主義など、マスメディアや社会不安におののくウェブ上の「口コミ」ネットワークのヒステリックな情報発信のうねりのまえには無力だからだ（たとえば、O157騒動＝1996年の堺市学童集団下痢症事件の際の菅直人厚生大臣によるカイワレ大根実食は、風評にくるしんだ業者の自殺をくいとめられなかった）。食品添加物・放射能汚染をふくめた食材の安全性（発がん性etc.）も同様だ[68]。

　もちろん、「風評被害」をもたらすような大衆的不安は、「ひとのうわさも75日」的な風化作用をともなっている。実際の化学的リスク低減などと無関係に関心が急低下することもあるし、実際、福島第一原発事故ののちも、「福島県産」食材への忌避感情がのこるものの、日本国内でのヒステリックな不安噴出はきえさった。それは、リスクを矮小化するために動員される、いわゆる「御用学者」「御用メディア」の策動だけではなく、そもそも権威主義的に思考・行動することしか困難な大衆の無知・無関心の構造的産物ともいえよう。

# 3.4. 本来めざされるべきとかんがえられる食育周辺の実態

　このようにかんがえてきたとき、本来めざされるべき「食育」とは、食材とその加工・調理技術がはらむリスクを冷静にうけとめ、「適度に警戒する」「リスク分散やバランスによる緩和など適切な自衛策がとれる」といった態度の涵養のはずである。つまり、単に富国強兵策における体位・体力向上とか、資本主義市場における労働商品としての最大のマーケティング戦術といった「ホモ・エコノミクス」的選択ではなく、自律的な主体として自身・関係者の健康を冷静にモニタリングで

第3章　「食育」運動の本質とゆくえ　067

きる能力の一環として、食材と加工／調理・流通に関するリスクを具体的にイメージ・位置づけ、選択できる情報、摂食障害ほかハイリスクな食生活をさけられることはもちろん、食事時間をたのしめる資質を獲得することが目的となる。農水省・消費者庁周辺が「食品ロス」削減を、食育にふくめていることは、このましい姿勢だし[69]、その延長に、安易なグローバル化に依存した「フードマイレージ」急増[70]、「仮想水」搾取、「飢餓輸出」といった、市場原理の矛盾にまで意識がむくのであれば、非常にのぞましいといえる。要するに、市民による食文化に対するリスク・マネージメントとは、単に、自分たち家族・知人の利己的な繁栄、国力増強といった排他的な知的・倫理的貧困をさけることも含意するわけで、「被害者になるリスク」のみならず「加害者になるリスク」もあわせてモニタリングできるような意識・姿勢を意味する[71]。もちろんそれは、欧米的な企業が基調としている、「企業イメージの改善」「訴訟リスクの回避」といった、所詮は利己的な精神とは異質な、「自分がきずつかないだけではなく、他者もきずつけない」ですむ、という自他共存の倫理である。広義の「身体教育」にふくまれるとかんがえられる「食育」は、かくして、当然「知育」「徳育」もあわせもった、それこそ「全人教育」にほかならないということになる。

　しかし、食育に直結する2教科というべき、「家庭」や「保健体育」の教科書等から、以上のような社会科学的センスや倫理性はあまり感じとれない。たとえば『家庭基礎──豊かな生活をともにつくる』『家庭総合──豊かな生活をともにつくる』（いずれも大修館2013）、『現代高等保健体育 改訂版』『現代高等保健体育 改訂版 学習書』（いずれも大修館2017）をみるかぎり、「環境に配慮した食生活」とか「食文化を考えよう」、「食品衛生活動のしくみと働き」といった内容がもりこまれているものの、量的比重はきわめて限定されているし内容的にも貧弱というほかない。アリバイ的にそえたとしかおもえない質／量である。家庭科でいえば調理師・栄養士系の知識、保健体育でいえば内科的な知識に終始し、社会疫学が提起するような、民族性や地域性、経済階級、ジェンダー、年齢など、社会的要因がどのように食生活や健康水準など「生活機会」を規定しているのかへの言及は皆無といってよい。食文化論も、おざなりに歴史地理学的素描をわずかに記述してことたれりとしている。保健体育が、性感染症や性暴力などについてアリバイ的に最小限の記述しかおこなわず、あきらかに「およびごし」の編集姿勢であることで、生徒たちは、実際のリ

スクにはほとんど具体的対策をとれないだろうことと同様、現行の「家庭」や「保健体育」を履修したところで、現代日本における食生活リスクに対する自衛行動にはほとんど実効性がない教科内容なのである。一例をあげれば、拒食症をはじめとする摂食障害への言及がせいぜいアリバイ的にしかないのが象徴的である。現代的社会病理が個人的症状として食生活上発生するという現実から、学校教育は事実上逃避しているのである。

# 3.5. 学校給食と食育にからまるパターナリズムとナショナリズム

そもそも、健康な食生活への日常生活の改善という方向性でいえば、たとえば「日本食は健康的」といったナショナリスティックな姿勢、栄養学・生理学など動員して内科医・小児科医などが、いわゆる「伝統食」を称揚するような近年の風潮にも警戒的でなければなるまい。それは、日本アニメ、日本文学などを称揚するガラパゴス文化圏の擁護という、うちむきの姿勢とかさなるものだ。

たとえば、国会では、米飯給食が導入されながら不足しているとか、「無国籍な雑食給食」を生徒にしいているといった非難が展開されたことがある。食の欧米化を批判し、伝統的な和食が健康的なのだという持論を議員がとなえている（中村敦夫議員＝当時による発言）。

　……アメリカなんかででも、昔はそんなにみんな太っていなかったのにどんどんどんどん太り出したんですよ。そして、ある時期、大変な、もうアメリカ人の健康がおかしいということで、大統領候補になったマクバガンさんという人がいて、議員だったんですけれども、マクバガン委員会というのがそれを徹底的になぜだということを追求していった。そして最終的に、アメリカ人の健康という膨大な報告書を作ったわけですけれども、この中で、結局アメリカ人の食生活は駄目だと、それで何が理想的かというと、日本食が理想的なんだということをここで報告して、それから日本食ブームがアメリカでばあっと広がっていったということがありますよね。

第3章　「食育」運動の本質とゆくえ　069

現代人の健康で最も大きな問題というのは、油っこい食事が多いために、がん、肥満、糖尿病、高血圧、生活習慣病、こうしたものが蔓延しているというのが現状ですよね。

　〔……〕配付したこの食糧庁の資料、「からだと健康ゼミナール」というところの最後のページでも、非常に科学的に分析して、どれほど日本食の方が健康的にいいかということを食糧庁自身ここでちゃんと書いてあるわけですよ。なぜそれを子供にちゃんとやっていかないのかと。要するに、味覚が形成される大事な時期ですね、少年時代。そこにおいて御飯とみそ汁を中心にした食生活というその習慣を身に付けてもらわないと、それが大人になっていくわけですから、大変な要するに習慣的な食生活の状況というのが生まれてきてしまうわけですね。

　そうなりますと、私はやっぱり、今家庭でもなかなか和食作らないと。つまり、もう洋食で育っちゃったようなお母さん、お父さんたちがいて家庭でも和食食えない。もし食べる機会があるとすると学校給食だけなんですよ。そういうような状況まで追い込まれてきたので、これは政策としては週五日間の完全米飯給食というのが望ましいというふうに私は考えるんですね。〔……〕

　ここにお配りした実際の学校給食の献立表というのがあるんですね。〔中略〕六月九日の献立というのをちなみに見ていただきたい。ロールパン、タンメン、ウインナーのパセリ風味揚げ、牛乳。十九日はロールパン、きつねうどん、春巻、果物、牛乳。御飯にみそ汁という普通の和食の組合せというのは二十七日の分しかないんです、これね。しかし、これは野菜が出ていなくて、野菜ジュースが御飯とみそ汁に付いているという。これ何ですか。これ、洋食でもないですよ。和食でもない。雑食ですよ、これ。えさです。こうやって脈絡のないものを子供に食わせていってどんな食育ができるのか、どんな大人になってしまうのかということを具体的にこれ見ると分かるんですね。

　要するに、成長期の六年間というのを、教育の名の下に、今こうした無国籍な雑食給食を食べさせられ、そうした子供たちが日本の風土に合った和食中心の食生活なんかに慣れるわけないわけですよね。むしろ、この今やっている学校給食というのは米離れ養成所なんです。あるいはファストフード予備校、あるいは輸入食品普及所。全く米の消費拡大とかなんとかという大きな目的と逆行したこと

が実態的に行われているというのが現状です。

　現在、全国平均で二・八回の米飯給食実施率があると言っていますけれども、これはあくまで平均でしょう。それで、五日間完全に食べているところは九百の小中学校がありますよ。だけれども、ほとんどはもう、逆に言えば週二回程度あるいはそれ以下というようなところがあるわけですね。

「第156回国会農林水産委員会第18号」2003.06.26

（http://kokkai.ndl.go.jp/SENTAKU/sangiin/156/0010/15606260010018c.html）

　ここで問題視しないといけないのは、ハイリスクな食生活をさけるよう学校給食という日常的機会をとおして徹底していく、家庭教育の不足分を学校制度が補完していく、といったパターナリズムとナショナリズムが癒着している危険性である。

　数点、この議員の無自覚なナショナリズムの矛盾をあげれば、このての、もっともらしげな食文化論が、かなり視野がせまいがゆえになりたつイデオロギッシュな俗論であることが、すぐみてとれるだろう[72]。

(1) 伝統食というが、そもそも第二次世界大戦前の日本列島自体すでにかなりグローバル化し、近代化した市場から食材が調達されていたし、調理法自体も「伝統食」とはいいがたくなっていた。たとえば、近世期すでに廻船によって北海道産コンブが日本海がわにコンブロードを形成していたが、それがのちに陸上交通に転換されながら、太平洋がわにも普及するといった、全国化がすすんでいた。白米を庶民が日常食として消費する食文化の定着は、台湾・朝鮮の植民地化による「外米」調達の結果だった。「肉じゃが」など、いわゆる「おばあちゃんの味」系の「和食」メニューのおおくも、明治期以降の発案・普及の産物であり、食材・調理法とも典型的な「伝統の創造」の例といえる。

(2) 「これ、洋食でもないですよ。和食でもない。雑食ですよ、これ。えさです」といった侮辱の根拠は、食文化としての完結性・一貫性によっているようだが、和食の称揚を目的にしている以上、おそらく「カレーライス」「オムライス」など、近代日本社会の発案である「洋食」でさえも邪道に感じるのであろう。前項でのべたように、「和食」のおおくが「伝統の創造」であり、伝統

食など高級料亭・禅寺などにしかないはずだ。アメリカなどの肥満大国化は、欧州文化の新大陸での変質の産物であって、地中海食のバランスなどについての不見識がないかぎり、こういった暴論はだせないはず。新大陸などにおける20世紀後半以降の食文化のバランス崩壊を例にとることにより、洋食でも和食でもない「無国籍」だという、無意味な誹謗中傷となった。

(3) そもそも、学校給食が、戦後さかのぼればさかのぼるほど、非「和食」的であったことの経緯、いいかえれば、日本の食文化の破壊をこころみたアメリカ政府がらみの穀物戦略[73]、肉食化構想への批判をすべきなのに、歴史的検証が欠落している。

(4) フードマイレージ増大回避、仮想水輸入回避のためにも食材の「地産地消」「旬産旬消」は理想であり、学校給食でもそれはのぞましいだろうが[74]、「御飯にみそ汁」といったメニュー自体、「地産地消」ができているか、検証されなければならない。さらにいえば、白米を大都市以外の庶民が日常食として消費する食文化の定着は、台湾・朝鮮の植民地化ほか、「外米」調達の結果だった。そもそもビタミンB1不足（脚気）が「江戸患い」と俗称されたように、「白米」食自体が都市民的な食文化であって、多様な主菜・副菜を摂取しないかぎり栄養失調をきたすような欠陥食であることは、コムギにおける精白精製がやはりハイリスク食品であるのと通底している。まったく「地産地消」でなどない輸送・流通を直視せず、健康食ともいえない「白米」の美化に終始する論法は、典型的な「伝統の創造」＝神話化にすぎない。栄養面をふくめた食文化のバランス論として、あまりに貧困だし、大豆・小麦等の素材の自給率が絶望的にひくいことも周知の事実のはず。

　このようにかんがえてきたとき、「食育」を「学校給食」制度などとからめて議論するには、いわゆる農水族の「コメ」イデオロギー、「牛乳」神話[75]などから解放され、自律的に思考する姿勢を確保しなければならない。その意味で、農水省主導＝農業・漁業関係者の利害から自由になりようがない議論は、そもそも不適当なのである[76]。

　当然、栄養士人材を「食育」推進の教育スタッフとして動員しようとする文科省の「栄養教諭」[77]といった制度設計だけでは不充分であることは、すぐにみてとれ

るであろう。

> 食はそれぞれの国や地域の風土や伝統に根ざした，優れて文化的な営みであり，
> また，団欒（らん）などを通じた社会との接点としての側面も有している点を忘
> れてはならない。食に関する指導においては，「食文化」の継承や多様性の尊重，
> 社会性の涵（かん）養といった効果も期待できる。
>
> （中央教育審議会「食に関する指導体制の整備について（答申）」
> http://www.mext.go.jp/b_menu/shingi/chukyo/chukyo0/toushin/04011502.htm）

　中教審の指導方針が基本的に妥当にみえようと，栄養学の応用が本務の栄養士が
少々教育学関連科目を履修し，研修等をうけても，現状の養護教諭の大半が「保健
科」をおしえられるまでになるのには時間がかかるのと同様の混乱をきたしそうだ
（現状の「体育科」専科教員よりは水準がたかいかもしれないが）。そして、なにより懸念されるのは、社会科学をはじめとして、栄養学以外の素養を蓄積してこなかっただろう栄養士周辺の人材が、うえにあげたような歴史的、経済地理学的な知見をもとに、生徒たちに有効な刺激を提供できるかである。もちろん、既存の体育専科教員より上質な「食育」指導ができそうな期待はあるが、すくなくとも、中教審がうたうような方向性での充実が自動的に作動しはじめるとは到底おもえない。それは、後述するように、社会科学的素養を欠落させているのが標準だろう既存の体育専科教員には、現状以上の性教育等が事実上困難であるのと同様である。生徒たちが学校・家庭で摂取する飲食物の歴史的・経済地理学的背景を、たとえば生活科学部とか農学部などであたりまえに学習する保証が残念ながら大学にはないからだ。たとえば、農学部で農業経済学などを履修するとか、カリキュラム体制と学生としての問題意識がなければ、「食育」は、化学的・生理学的な問題関心からはなれられない非常にせまい視野に限定された指導になりかねない[78]。

　おそらく、中教審やその背後にひかえる農水族・文教族議員たちが、食文化をうんぬんするというのは、「日本食」イデオロギーなど、「伝統の創造」問題を度外視した、幻想上の継承文化である。「肉じゃが」を伝統的和食の直系であるとうたがわないとか、そういったたぐいの知的水準による、歴史・文化なのである。そして、それにまとわりつくのは、グローバル化が激化した国際経済と市場原理におい

て、選挙区周辺の地域経済と給食との利害調整だ。そういった、なまぐさい利害関係をひきずった議員たちに、大所高所にたった冷静な「食育」論など期待する方がまちがっているだろう。

もうひとつ、「食育」がかかわるのは、すでにのべた「生権力」としての「身体教育」として、生徒をとりまく生活文化、生徒がのがれられない家庭の事情など、プライバシーにふみこんだ介入と、きりはなせない点だ。たとえば、小学校の体育教員でもあったスポーツ社会学者、岡崎勝は、編集責任者として100号以上をつみかさねてきた教育雑誌『おそい・はやい・ひくい・たかい』の39号の特集として、「体力、気力、学力アップだ!? 早寝、早起き、朝ごはん」という企画をうちだしている (2007)。いうまでもないことだが、「食育」運動推進議員たちのほとんどは、(すくなくともタテマエ上)「朝型遵守・朝食必須」といった生活スタイルを自明視しているはずだ。企業経営者・工場管理者などはもちろん、教員自体が、こういった「優等生」文化を前提としている以上、当時小学校の担任としてベテランの域にあった岡崎が、こういった企画をうつこと自体、各教育委員会はもちろん、文部官僚も、にがにがしくおもっていたはずである。

以下、特集の目次みだしを列挙しておこう。

- 夜起きて働いている人が、世の中にはたくさんいる──「朝型」生活のほうがぼくにとっては不健康
- 大人たちの自己満足運動が始まった──子どもたちの置かれた現実を無視してません？
- 生活リズムはリセットできるけど──大切なのは一人ひとりの子どもにあった眠りです
- 国が鳴らす早起きの鐘にご注意を！──人にはさまざまな時計があるのだ
- できない親はダメダメなのか？──成果を見せつけられると弱いけど……
- 朝ごはん運動を利用したい人々──「子どもの生活リズム向上プロジェクト」から見えてくること
- 特集1のまとめ──人間は多様ですから

生活リズムがみだれた、だらしない集団のふきだまりだ、と、いきりたつ層が大

量にでそうだ。しかし冷静にかんがえさえすれば、個人・属性による多様性は現実だ。したがって、「《標準的・最頻値的モデルに全員があわせるのが公教育》というのは、パターナリズムとして暴走であり、時代錯誤的な管理主義」という結論はむしろ穏当であり、極端でもなんでもない現実主義ということになる。たとえば、水商売や居酒屋、学習塾などにつとめる、あるいはコンビニ経営者、こういった保護者が22時以降に帰宅するのは当然だろう。マンガ家や作家ほか、特殊な自営業者も同様だ。かれら保護者、特に母子家庭など単親世帯も児童に「早寝、早起き、朝ごはん」を遵守させて当然というのは、家庭の事情への過度な介入というほかない。いいかえれば、「標準的な生活リズムをおくれない世帯は保護者として不適切なので、こどもそだてる資格がない」といった極論にさえたどりつきかねない。「早寝、早起き、朝ごはん」遵守運動の守護者たちは、そういった配慮ができない、こまった優等生たちというべきであろう。

　ちなみに、『食育白書』をはじめとして、朝食と学業成績の相関のたかさが喧伝されてきたが、単純に家庭環境（保護者の学歴と提供できる生活水準）と学業成績（学力）の相関を誤読しただけの疑似相関の可能性がたかい。かりに朝食がぬけることで生徒の午前中の学習効率がさがることが生理学的に立証できたにせよ、それは朝食がとれるよう家庭の生活水準をあげるといった貧困対策を労働市場・自治体が現実にうてるかということ、あるいは、貧困児童等のために、学校周辺で朝食給食を提供できるかどうかといった対策の次元に属する問題であって、家庭に責任転嫁したり、いたずらに叱咤するようなすじあいにはないことといえよう[79]。

　実は、この号の特集のもうひとつは「食育指導、栄養教諭誕生、調理の業者委託……子どもたちの給食がこんなに変わるよ」という主題・副題だった。

　これも同様に、目次をならべておく。

・「おいしい！」と食べてくれる子どもの顔を見るだけで幸せ——栄養士・祖父江延枝さんに聞きました
・栄養よりも食育よりも大事な「給食」の意味
・栄養教諭の誕生で、給食はどう変わるの？　学校給食の現在と食育の問題
・ココが心配。——自校式と業者委託の大きなちがい
・栄養士、そして栄養教諭に課せられた急務——科学的に「食」を伝えることの

第3章　「食育」運動の本質とゆくえ

大切さ

　みだしをみただけで、政官財がこぞって推進しようとしてきた「食育」キャンペーンとは、方向性はもちろん、内実もまったく異質なことがわかるだろう[80]。つまり、前述の外国人記者らの不充分な取材による礼賛記事ではなく、現実に数十年にわたる各地のとりくみの蓄積によって洗練されてきた学校給食、特に「自校式」とよばれる給食サービスが非常に良質な食事を提供しえてきただけではなく、その実践自体が「食育」推進運動でもあった現実の反映なのである[81]。

　岡崎らによる、学校にもちこまれた生活改善運動としての「食育」キャンペーン批判は、生徒本位・保護者本位ではなく、国家や自治体、生産者団体等のつごう（端的にいえば、政治経済的利害）に地域住民を動員する策動という疑念、きわめて管理主義的で反動的なパターナリズムという疑惑を浮上させる。極端なはなし、政官財による「食育」キャンペーンなど、現場で機能不全をきたし空洞化した方が生徒・保護者のためかもしれない、といった皮肉もいいたくなるような性格がうかがえるのである[82]。

　「健康増進のための体育」といった大義名分同様、「食育」といった運動には、おもてだった批判がしづらい。実際、「食育は、生きる上での基本であって、知育・徳育・体育の基礎となるものであり、様々な経験を通じて「食」に関する知識と「食」を選択する力を習得し、健全な食生活を実現することができる人間を育てること」といった論法に反論するには、相当な準備・覚悟がいるだろう。おおくは、批判するすべをしらないだけでなく、そもそも問題の所在にさえ気づけまい。いや、批判の余地などそもそもない完全無欠な「大義」と信じた議員はすくなくないだろうし、いまも「体育」関係者、「教育」関係者の大半は信じているのではないか。端的にいえば、新左翼、アナーキスト、リバタリアンなど、通常「極端なひとびと」と市民から警戒されたり、無視されたりする意見のもちぬしでもないかぎり、「食育」イデオロギーに対して公然たる抵抗は困難なのである[83]。

　しかし、在沖米軍基地確保を無理矢理合法化した「特別措置法」可決に際して、長老議員が翼賛体制的で危険とクギをさしたのと同様、「圧倒的多数」で、ほとんど異議なくとおってしまう「大義」こそ、実は大変危険である。異論がでないほどの完全無欠さがそなわっているから反対論がでないのではなく、到底反論などだせ

ないような、問答無用の「正論」と多数派が信じてうたがわない方向性のあやうさなのだ。

# 3.6. 食育周辺に動員される知の疑似科学性

　教科教育としての「食育」の中軸となるべきものとして家庭科と保健体育があるが、どちらのテキストも質／量ともに貧弱であると批判しておいた。もちろん、『家庭総合』（大修館2013）の「食品の衛生と安全」には「食品添加物」などの記述があり、代表的な物質についても言及がある（p.123）。しかし、「微量毒物」をはじめ、安全・安心な空間といわれている現代日本であっても、食品関連のリスクは多数あって、学校教材はそれらを全然カバーする気がない。たとえば、里見宏『食育!? いちばんヤバイのはこども、なんだぞ』には、安全だとしてごく普通に大量消費されている添加物等が多数指摘されている（里見2005）。企業はもちろん、生産・流通を管轄する官庁にしろ、めだたないように種々のリスク黙認をくりかえしていることがわかる。このように現状を批判的に認識する研究者たちの知見・蓄積をみるにつけ、既存の「家庭科」などにおける「食品添加物」は、政府などの規制で充分安全なのだという権威主義的洗脳に加担しているようにみえる。過去の社会科教材が、原子力発電が構造的にはらむリスクをあたかもないかのように記述してはじなかったのと同様にである。もし、「食育」が生徒本位のリスク対策教育であるとするなら、「政府もしばしば欺瞞・偽善をくりかえしてきた存在として警戒せよ」というメッセージをこめるほかないのであるが、現状をみるかぎり、自浄作用など期待できそうにない。学校関係者自身がこえをあげ、それをメディアや保護者がサポートするかたちでないかぎり、改善はのぞめないのである。

　「食育」とは、食材・添加物・調理法・加工過程・流通過程への客観的な知見をえることで、現実の食文化（かう／つくる／たべる／すてる……）を時間・空間上両面で相対化・客観視することをとおしてリスクを回避し、健康水準をあげ人生をゆたかに充実させることをめざすものだろう[84]。当然、食品メーカー・医薬品メーカー・各種団体などが、リスクをカムフラージュする可能性、効能を過大評価しがちな傾向などに警戒的な賢明な消費者・生産者を育成することが肝要なのである。

そのなかには、かくれた「御用学者」の詐欺行為にひっかからないという、ネガティブな意味でのリテラシーも当然ふくまれねばなるまい。食現象の社会学を展開してきた柄本三代子が「「科学的ただしさイデオロギー」言説がますます精度を上げながら私たちを包囲するのなら、私たちがそれらのことについてよりクリティカルに思考することの重要性もさらに高まってくる。つまり私たちは「科学的正しさ」だけではなく、「科学的正しさ」を自明視し、視点を矮小化させる「言説的精度」の問題を対象化しなければならないのだ」（柄本2016：148）と指摘するような、実に厄介な次元においてである。それは、経済学者ジョーン・ロビンソンが、「経済学を学ぶ目的は、経済問題に対する出来合いの対処法を得るためではなく、そのようなものを受け売りして経済を語る者にだまされないようにするためである」[85]と、疑似科学的悪用をいましめた警句と本質的に通底するものといえるからだ。民間エコノミストばかりか経済学者までが、背景に伏在する利害によって見解を調整する御用学者を演じてきたように、そして放射線学や地震学の専門家たちが、それこそ政府・電力会社の利害を代表したり、医学者がタバコメーカーのためにデータを捏造したりしてきたような現実がある。非専門家である市民が自衛する困難さは、すぐに想像がつくだろう。

　権力におもねらず、市民、とりわけ社会的弱者の権利擁護のためにも困難をおして科学的客観性を追求しようとする専門家をいかにみいだすか。広義の御用学者にまどわされず、その隠蔽された偽善性をいかに感知するか。この、微細なリスクセンサーたる能力＝自衛力を市民にあたえる基礎教育（サイエンス・リテラシーの涵養）こそ、真の「食育」といえよう。

　そして、ある種の食材や添加物等が平均寿命に正負の影響をおよぼすといった報告を逐一まにうけ動揺するのは危険すぎる（「フードファディズム」）ということも明白だ。残念だが、ジョーン・ロビンソンの警句は、食品の安全性についても、あてはまるのだ。一般市民の自衛策としては、専門家の新説はもちろん通説もうのみにせず、リスク分散を徹底する（かたよった食材・調理法を「必勝法」と信じこまない）ということにつきるだろう。

　章をとじるにあたって、ジョーン・ロビンソンの警句の普遍性をかみしめるために適当な記事がみつかったので、長文だが紹介しておく。われわれは「専門家」と称される人士の言動につねに警戒的でなければならないのだ。

**「科学論文にご用心、大半は誤り 専門家が警鐘」【AFP＝時事】**(2018/7/13)

　数年前、2人の研究者が、あるクッキングブックの中で最も使用されている50種類の材料を取り上げ、がんのリスクや予防に関連付けられているものがいくつあるかを科学雑誌に掲載されたさまざまな論文を基に研究した。その結果は、塩や小麦粉、パセリ、砂糖など、50種類中40種類に及んだ。

　「私たちが食べるものはすべて、がんに関係しているのではないか？」。研究者たちは2013年、自分たちの発見に基づく論文を発表し、そう疑問を呈した。

　彼らの調査は、科学界において認識されてはいるものの依然、起こり続けている問題に触れていた。それは、一般化された結論を支持するのに十分な量の試料を収集して行われた研究があまりに少ないということだ。

　だが研究者らへのプレッシャーや学術誌間の競争、革新的な発見を告げる新たな論文をメディアが常に渇望していることなどが原因で、こうした記事は掲載され続けている。

　科学研究に関する専門家で米スタンフォード大学（Stanford University）医学部のジョン・イオアニディス（John Ioannidis）教授は「発表される論文の大半は、たとえ真面目な雑誌に掲載されたものであっても、かなりずさんだ」と語った。

　質の悪い論文に手厳しい同氏は、2005年に書籍「Why Most Published Research Findings Are False（なぜ発表された研究結果の大半は誤りなのか）」を出版し、大きな話題となった。だが以降、改善は限定的にしか見られていないと同氏は話す。

■再現研究で同じ結果はまれ

　一部の雑誌は現在、論文の執筆者らに対し研究計画書（プロトコル）の事前登録と未加工データの提供を求めており、これによってある結論に到達するために研究者らが結果を不正操作することがより困難になったと主張している。こうした方法を取ることで、論文を著者以外の人々が検証したり再現したりすることも可能になる。

　というのも、研究を再現した場合に同じ結果が得られることはまれだからだ。2015年に実施された大規模な試験では、心理学の3大専門誌に掲載された100件の論文のうち再現に成功したのはわずか3分の1だった。

　イオアニディス氏は、「生物医科学全体やその他の分野でも、統計学や方法学に

関する十分な訓練を科学者らは受けていない」と指摘。中でも、「ダイエットは生物医学研究の中で最もひどい分野の一つだ」と述べ、さまざまな食品産業との利害衝突だけが原因ではないと説明した。この分野では、研究者らが出発点となる仮説すら立てずに、巨大なデータベースの中で相関性をやみくもに探していることもあるという。

　最も権威ある医学誌「ニューイングランド医学ジャーナル（New England Journal of Medicine）」は6月、2013年に話題となった心疾患に対する地中海式ダイエットの有効性に関する論文の撤回を余儀なくされた。理由は、すべての被験者が無作為に選択されたわけではなく、結果が下方修正されたためだ。

〔中略〕

　イオアニディス氏は、次のような問いかけを推奨している。結果が得られたのは1回のみの研究か、あるいは複数回か？　研究規模は小さいか大きいか？　無作為実験か？　出資者は？　研究者らに透明性はあるか？

　こうした警戒心は、質の悪い研究論文が、まったく効果がなかったり有害であったりさえする治療法の採用につながってきた医療分野では必須だ。

　科学論文の撤回を監視するブログ「リトラクション・ウオッチ（Retraction Watch）」の共同創設者イバン・オランスキー（Ivan Oransky）氏によると、こうした問題はメディア側からも生じている。メディアには、科学研究に内在する不確かさをより詳しく説明し、扇情主義にくみしない姿勢が求められるという。

　AFPの取材に応じたオランスキー氏は「私たちが特に話題にしているのは、コーヒーやチョコレート、赤ワインに関する途絶えることのないずさんな論文の数々だ」「なぜわれわれは、今もああいう論文を書き続けているのか？　もう終わりにしなければならない」と語った。

# 註

58 たとえば、幼稚園・保育園での午睡は制度化されているが、小中高校での導入はごく例外的な事例のはずだ。実際の導入事例に対しても、ネット上をふくめ賛否がわかれているほどだ。

59 「図録 学校給食の変遷（年代別モデル献立）」
（http://www2.ttcn.ne.jp/honkawa/0327.html）
「年代別モデル献立資料」
（https://www.jpnsport.go.jp/anzen/anzen_school/tabid/1127/Default.aspx）

60 あくまで、著者の記憶・印象や成人後の周囲の記憶との照合の結果にすぎないが、給食メニューの質的変遷には、時代差だけではなく、地域差（つまりは各自治体の財源や食文化の差異）があったとかんがえられる。提供メニューの質的改善が、全国で均質的に進行したとはおもえない。引用した原文英文の記事が、そういった詳細な検証などには到底たえられない、あまりに杜撰な取材であることは、論をまたない。

　なお、時代変遷による給食実態の変容は、「給食史」を標榜する、藤原（2018）の記述における戦後日本史にかぎっただけでも、劇的展開があったことを確認できる。

61 〈取材協力：農林水産省　文責：政府広報オンライン〉とあるのだから、省益上、当然だろうが。

62 もちろん、関係業界の利害が浮上したのは各省庁による「食育キャンペーン」がはじめてではない。学校給食に関しては、つぎのような指摘がなされていることからも、そもそも学校教育は公共事業や軍需などと同様、教材・被服・各種用具など、各業界の利害が錯綜する空間という宿命をかかえているのだ（雨宮ほか1997：271-5，嶋野・佐藤2006）。「取引先としてあまり妙味がない」（荷見・根岸1993：21）といった憶測は、すくなくとも納入業者等にとっては、まとはずれであろう。

　　雨宮正子氏は、昭和45年保健体育審議会答申「学校給食改善充実方策について」による統一献立・一括購入方式によって、学校給食用指定物資供給を一手に担い、巨大な利権構造を作り上げた学校給食会のあり方に分析を加えている。

　　現在は、日本教育・学校健康センターが、都道府県学校給食会に君臨し、文部科学大臣の脱脂粉乳、小麦および小麦製品、米および米加工食品、牛肉および牛肉製品の4品目（その中心はアメリカ産）と文部科学大臣が認可する承認物資チーズ、油脂類（ショートニング、大豆サラダ油）、砂糖類、缶詰類（桜桃、スイートコーン、鯖、ウズラの卵）、干しぶどう、調味料類などが半ば義務付けられている。それ以外の食材には大手メーカーや商社が参入し、例えば千葉県の場合、大手110社で623品目を扱い、その多くが輸入冷凍加工食品であることも明らかにされている。
　　　　　　　　　　　　　　　　　　　　　　　　　　（嶋野・佐藤2006：152）

63 「食育基本法」（2005年）の成立までの経緯については、上岡（2016）や、上岡が典拠としている森田（2004）などが、高度経済成長終焉をうけて経済がおちつきをみせつつもさまざまな問題が浮上した1980年代から現在につながる「食育」概念が定着していくとしているし、そこに厚生省（当時）・文部省（当時）・農林水産省が提携して政策が推進されていったと総括されている。しかし、なぜ、これら省庁横断

第3章　「食育」運動の本質とゆくえ　081

的な総合的プロジェクトが農水省主導となっていく必然性をかかえていたのか、説得力のある説明はなされない。

64 藤原辰史は「食育基本法」（2005年）公布と、それに対応して改正された「学校給食法」（2008年）を「給食史の一つの到達点」と一定の評価をしつつも、本質的には「自己責任論」にそった「官製運動」としての「新自由主義的政策」であるとし、食品メーカーが「スナック菓子の間食としての意義を説明したり」、ファストフード企業が「朝食券を配ったりするなどして学校での食育運動」にかかわるようなありさまだと、ひややかな位置づけもわすれていない（藤原2018：235-6）。その藤原は、「2016年に、厚生労働省、農林水産省、文部科学省三省の連携体制で営まれてきた食育基本法下の食育は、農林省〔ママ〕単独の運営へと縮減」されたと指摘している（同上：236）。前項同様、その経緯は課題となるはずだ。

65 ちなみに、梶田孝道はこれにつづけて「また実際問題として、公的・準公的機関のみならず、工学や経済学等の学問の編成のされ方自体が、受益中心の傾向をおびている。たとえば工学部において多くの学科は、生産（物）に主眼をおいて設立されているが、廃棄（物）に主眼をおいて設立されている学科はほとんどない」とする（梶田1988：12）。つまり、業界団体の利害のために官庁があるだけでなく、そもそも寄付講座をふくめて大学人自体が「御用学者」的に育成されるし、業界団体を援護する知的権威として発達してきた。発生しうる公害や事故のリスクに万全の体制でのぞむ気がそもそもない体質といえる。原発や実験炉等が事故をしばしばくりかえし、なかにはほとんど稼働せずに廃炉においこまれたものさえあったように、巨大技術をささえる科学はリスクに最大限の配慮をしめしてきたとはいいがたい。たとえば重大事故対策や廃炉計画などを中心に育成された研究者など例外的少数のはずだ。それが、東日本大震災により東電施設周辺で露呈してしまった。しかし、ことは原発業界だけの問題ではなく、そもそも工学技術周辺が生産者など事業主の開発・生産・営業などに資するようくまれ、オペレーションリサーチほか生産計画・ロジスティクス関連の数理科学も発達してきた。それは軍事科学の民間転用であったし、そもそも民間企業や官庁が、軍隊の官僚制組織をコピーするかたちで展開し競争をくりひろげてきたのだから、産業全般がかかえる病理ともいえるのだ。つまり、深刻な重大事故や公害・薬害などが露呈して社会問題化したあとで、ようやく緊急の対策がくまれるようにかわるが、しばしば、おそきに失する傾向がたかいということだ。

66 「食育の時間－日本マクドナルドホールディングス」（http://www.mcd-holdings.co.jp/news/2015/csr/csr0618a.html）、「食育支援 | 社会とのつながり | McDonald's Japan －マクドナルド」（http://www.mcdonalds.co.jp/company/community/ne_mc_support/）

なお、朝食給食を導入する自治体の姿勢について、「協賛企業のマーケティングに利用される」と危惧する指摘もある（「【朝食を食べても学力は伸びない】広島県の小学校で無料朝食開始"学力向上が狙い"【統計を理解していない】」『nutr.net』2018/11/15, https://nutr.net/archives/5482）。ファストフード業界にかぎらず、食品メーカー・薬品メーカーなど広義の業界が参入をねらうはずだ（註64参照）。

67 ここまで露骨ではないにしろ、タバコ会社などのヒモつき研究と通底した印象をもたせるのは、企業の研究所がらみの食育関連論文である。たとえば、二宮・谷編『情

動と食　適切な食育のあり方』には、小学校教員や料亭の料理人などまでが寄稿している ユニークな企画だが、論集に散見される「うま味」を強調する論稿の大半は、株式会社の「味の素」関係者である（二宮・谷編2017）。科学的なよそおいをもたせながらも、結局は「うま味調味料」も前提とした日本食文化の称揚といった色彩が否定できない。これら合成された「うま味」をはじめとして、自然界には存在しない次元での「気持ちよさ」が創出され、食文化を支配しはじめている構造（遠藤2006）については、当然産業界がリードしていることもみのがせない。

　もちろん、食育の政治性は、これら企業および管轄官庁の策動と自治体の癒着だけではかたりきれない。たとえば、「弁当の日」といったキャンペーンにより、おやに弁当をつくらせようと育児介入をこころみ、給食制度にたよる保護者を非難する保守政治家がすくなからず存在する（杉原2019：111-9）。かれらが唱道する家族の復権が旧民法的性別役割分業にもとづく家族愛イデオロギー＝反動であることは明白だ。政治勢力による食生活（学校・家庭）への介入が食育のなのもとになされることは、みのがせない。

68　ハム・ソーセージ・ベーコン等の発色剤として欧州でも伝統的に常用されてきた亜硝酸ナトリウムについて発がん性が指摘されてから、その安全性を強調する議論は、多数主張されてきた。①そもそも欧州では、発色剤というより、ボツリヌス菌の抑止や獣肉臭の緩和などを目的としてきた伝統なのであって、発がんリスクは問題にしないでよい。②そもそも野菜等、おおくの食材に硝酸塩がふくまれていて、口内で亜硝酸塩と化して、発がん物質ニトロソアミンを生成しているが、それは問題視されたことがないではないか。③ビタミンＣと一緒に摂取すれば亜硝酸塩の発がん性はおさえられるから心配ない。……ざっと、こういった「安全」論が代表といえよう。もっともらしくはみえるが、そもそも、色彩がこく、エグ味のある野菜や加工肉の過食には発がんリスクがあるのだろう。加工肉や赤身について、WHOが発がんリスクを指摘したのは疫学上基本的には妥当だったのに、消費者と業界団体双方が過剰反応したのであろう。

　したがって、農水省などが必死に亜硝酸塩安全宣言したところで、リスク自体は消失しない（農水省「野菜等の硝酸塩に関する情報」，http://www.maff.go.jp/j/syouan/seisaku/risk_analysis/priority/syosanen/）。結局、（1）リスク分散のためにも偏食しない（2）ともかくたべすぎない。（3）ビタミンＣなど「解毒」物質を摂取する、という方向でしかリスク低減できないと。農水省・厚労省等が「安全宣言」するのは、福島第一原発事故後の放射能パニックのときと同様、結局は、よくもわるくも生産者本位になるほかないのだ。したがって、無責任でヒステリックな風評被害は実在するが、同時に無責任な安全神話の吹聴ともせなかわせということになる。幼児・高齢者むけはともかく、ミンチにする必要がないかたちで肉類を調理できるなら、その方がいいにきまっているし、赤身肉が発がんリスクをともなうことも事実だろう。かりにハンバーグ等がすきなら、リスク覚悟で「美食」するという、フグ食などと通底する愚行権行使といえよう。公権力や研究者などが、リスクの矮小化を業界団体のために積極的にキャンペーンをはるとなれば、それは科学的検証が充分でない健康食品の喧伝同様、無責任で破廉恥な行為といえるだろう。

69　「食育における食品の無駄を減らすための取組について」（農林水産省2008, http://

www.maff.go.jp/j/study/syoku_loss/04/pdf/data1.pdf）、
「食品ロス削減に向けた食育に関する取組 第3次食育推進基本計画」（農林水産省，
2018, https://www.caa.go.jp/policies/policy/consumer_policy/information/food_loss/
conference/conference_007/pdf/conference_007_180927_0003.pdf）

70　食育空間に「フードマイレージ」概念をもちこみ社会的意識を活性化させるとりく
みについては、中田（2018）など。

71　関係者がこの点で危機感をもっていないわけではない。たとえば、石田浩基「一般
家庭における食品ロス削減に寄与する食育についての一考察」などをあげることが
できよう（石田2013）。

72　農水族議員やJAなど利害関係者にとどまらず、伝統＝安全という安易な神話化にも
とづいた議論はすくなくない。たとえば、米飯給食さえ実施すれば問題が雲散霧消
するとの、安易な楽観論にたったシンポジウムをまとめた論集としては、学校給食
と子どもの健康を考える会 編（2000）など。

73　アメリカ政府による日本列島の食文化生活の洋食化（肉料理＋スープないしミルク
＋パン）、いわゆる「小麦戦略」の経緯については、以前からたびたび指摘がある
（高嶋1979，鈴木猛夫2003ほか）。
　　藤原辰史は、「伊藤淳史が指摘したように、「アメリカに従属する日本」という型に
給食の歴史をすべて流し込んでしまうと、見落とす問題がある」と慎重な姿勢を維
持し、給食関係者の営為努力などの主体性にひかりをあてる。しかし同時に「世界
の食をコントロールするアメリカにとってみれば、日本はその先駆的な「お得意様」
であった。そこに、カーギルなどの寡占の大手アグリビジネスが活躍する場所が生
まれていく」とも指摘している（藤原2018：258-9）。

74　たとえば、沖縄県で長年管理栄養士として学校給食にたずさわった研究者のひとりは、
地域文化にねざした地産地消促進を、学校給食をとおしてもすすめることを食育論
として提案している（森山2015）。なお、前出の藤原（2018）も、沖縄南城市の給
食献立に端的にうちだされている地域性や、盛岡市などでの岩手県産の活用の状況
などを紹介・称揚している（藤原2018：237-8）。

75　たとえば、日本列島での牛乳消費の大衆化過程は、西欧化の典型例として歴史的に
相対化すべき事象のはずであるが、たとえば武田尚子『ミルクと日本人──近代社
会の「元気の源」』などには、「元気の源」という位置づけに距離をおこうといった姿
勢は感じられない（武田2017）。

76　そもそも、藤原辰史も指摘するように、米飯給食は、大豊作→コメ消費の減退→余
剰米といった状況などをうけた自民党農林族議員と農林省からの圧力なしには、洋
食系給食にわってはいることはなかった。パン業界などの反発を意識するなど、要
は食材の納入業者間の競合関係なのである。栄養のバランスなどをもちだす論者が
客観的データを比較対照して主張できていたわけではなかった（藤原2018：205-7）。

77　「栄養教諭制度の概要」（http://www.mext.go.jp/a_menu/shotou/eiyou/04111101/003.
htm）

78　栄養学関係者が軸となった食育論集として、川戸喜美枝編著『栄養教諭は何をすべ
きか』（2005）、同『子どもの心と体を育む食教育の進め方』（2013）などをあげる
ことができる。編者はもと文部官僚で「体育局学校健康教育課学校給食調査官」と

いう過去のポスト名をかたっているが、編者自身が担当した「各教科の学習で知り、給食時間で確かめ、家庭や地域の生活に生かす食育の実践」には具体的教科として「国語／社会科／算数・数学／理科／音楽／家庭科／保健／道徳」があげられている。それなりに、もっともにみえる教科内容があげられているが、これらが現場で充分実践されるとは、到底おもえない（川戸編著2005：52-140）。おなじことは、共著者が担当した「各教科等における実践例」にもあてはまる（川戸編著2013：98-190）。そもそも、これら各教科を統括すべき位置に栄養教諭がすえられるとはかんがえられないのである。つまり「食育」という具体的方向性にそって各教科を動員する可能性は提示されているが、現場が具体的に教科教育として実践するかどうか、それらを栄養教諭が総合的理解へと小中学生をみちびくべく、複数の教科を横断的に統合するリーダーとなれるかは別問題だ。川戸らのプランは一部の意欲的な教師集団の理想が、学校現場にとっては机上の空論として暴走しそうな気がする。そもそも栄養教諭が、これら横断的な統括を実践できるような素養を大学の学部教育や教育委員会主催の研修等でかちえるともおもえない。

　同様の問題は、金田編著（2017）など類書にも共通してみられるが、これらは、たとえば「各教科その他の教育活動全体の中で，適切かつ効果的な国語の教育が行われる必要がある。……国語の教育を学校教育の中核に据えて，全教育課程を編成することが重要である」（文部科学省「国語力を身に付けるための国語教育の在り方」）といった論理とにているといえよう。学校にかぎらず塾関係者なども「国語力は全教科の基礎」などと喧伝してきたが、国語科担当者がイメージするような「学力」向上のために、他教科担当者がまともにつきあう意思・姿勢を維持するはずがないのである。食育となれば、なおさらだ。

　地産地消をからめた給食・食育の経済史的検討としては佐藤幸也（2005, 2015）および千葉（2015）、教育史学的検討として堀田（2005）、土屋・佐藤（2012）、佐藤知菜（2018）など参照。

79　不登校問題周辺の調査をしてきた教育社会学者・酒井朗も、疑似相関よばわりはさけているが、学業不振層に対する「朝ごはん」推奨の啓発活動はまとはずれだと批判している。親が病気で朝食がつくれない、ネグレクトの対象である、など複雑な家庭の事情をかかえる児童が、朝食ぬきのごくごく少数者の相当部分をしめることがわかるからだ（酒井2013：262）。酒井は「大多数の子どもは良好な生活習慣を営んでいる」＝「ごく一部の子どもたちに問題が偏在している」実態を度外視した朝食推進キャンペーンだというのだ（同上：261）。もしそうだとすると、「早寝、早起き、朝ごはん」遵守運動とは、社会的弱者＝少数者としての児童・保護者を倫理的に断罪して自己満足におちいっているだけという総括さえできるのではないか。それは、「きちんとした生活」をしいる優等生的健全志向文化（ヘルシズム）であると同時に、弱者の窮状をくまずに、ただなじるだけの視野がせまく非寛容かつ非倫理的な運動にもみえてくる。そして、酒井のコラムが掲載された論集が基本的に「早寝、早起き、朝ごはん」遵守運動とかさなる点をかんがえると、ヘルシズムの支配的風潮のいきぐるしさ＝現代日本の別の暗部をみるおもいがする。

　なお、朝食をたべないことにより発生する生活上・教育上のリスクを喧伝する「早寝、早起き、朝ごはん」運動が科学的根拠をもたない妄言のたぐいだと論証したも

のとして、森本芳生『「食育」批判序説』がある（森本2009）。同書は、「「朝ごはん」
運動の虚妄──飢餓の世紀、ケトン体の復権のため」と題する第1章を冒頭におい
ているが、「朝食」促進運動にかぎらず、「食育」周辺の疑似科学的論調の全面的批判
を展開している。「体温と学力調査の相関、脳のぶどう糖濃度と学力調査の相関、な
どの根拠（エビデンス）」などないといわれている（「【朝食を食べても学力は伸びな
い】広島県の小学校で無料朝食開始"学力向上が狙い"【統計を理解していない】」
『nutr.net』2018/11/15, https://nutr.net/archives/5482)。一方、これら食習慣と学力等
の疑似相関について、まったく無自覚に無邪気な「食育」論を展開している文献と
しては、『学力は「食育」でつくられる。』といったタイトルをあげておこう（池上
2015）。

80　ちなみに、岡崎らは、この雑誌の初期（11号）で「知らぬがホトケ? 学校給食」と
いう特集をうっている（2001年）。特集の紹介コピーは以下のとおり。

　　　ごはんでもウドンでも毎度の牛乳? 安全な食材や食器を求めれば「予算」の
　　　壁。向かう先はセンター方式、民間委託? なんとかならぬか、大量の残飯、い
　　　きすぎの給食指導。そもそも「食教育」ってなんなの?

　ちなみに、くだんのナショナリスティックな中村議員は（国旗国歌法反対など保
守派ではない）、「十九日はロールパン、きつねうどん、春巻、果物、牛乳」と、そ
の珍妙なとりあわせについて「こうやって脈絡のないものを子供に食わせていって
どんな食育ができるのか」とかみついた。「御飯とみそ汁」という定番と比較すれば、
「ロールパン、きつねうどん、春巻、……牛乳」というとりあわせは、たしかに無国
籍風で不自然だ。しかし、中村にたりないのは、（酪農関連の全農関係者と族議員へ
の忖度だろうか）どんな主食であろうが「牛乳」が不可欠とされてきた学校給食現
場の不自然さに対する無自覚である。米飯給食との不調和という批判をうけた牛乳
提供の歴史的再検討については、中澤弥子（2012）など。

　「学校給食用牛乳供給事業の推進について」（文部省体育局長通達、1982年）や農
林水産省畜産局・牛乳乳製品課長→（依頼文）→文部省・体育局学校給食課長あて
「学校給食用牛乳消費定着促進事業の実施について（通知）」（各都道府県教育委員会
学校給食主管課長あて、1985年）など、旧農林省との露骨な連携＝牛乳消費拡大論
が旧文部省時代からひきつがれ現在にいたっているとかんがえられる。形式的に各
自治体の判断で牛乳を毎給食からはずすことができるようになったのは、「学校給食
における食事内容について」（文部科学省スポーツ・青少年局長通達、2003年）以降
だったようだ（佐藤2011）。佐藤章夫ら反牛乳論者のあげる批判（牛乳有害論）の科
学性はともかくとして（オスキー2010, 佐藤章夫2011, 2015）、文科省が旧文部省時
代から酪農業界の利害を積極的にくむことを農林省（現・農水省）と連携してきた
事実、厚労省などとの協力体制などについては、否定しようがない事実といえよう。
さまざまな健康キャンペーンで連携がとれていない各省庁の実態と比較すると、異
様な連携プレイにうつる。

81　すでに紹介したように、肥満防止にやくだっている可能性が示唆されているし、す
くなくとも貧困世帯の児童にとっては、平日給食1食ずつでも相当な栄養源となって
いる可能性がたかい。なお、戦後日本の学校給食の経緯・功罪を簡潔に素描してく
れているものとしては、関（2013）があるが、学校教育としての給食指導という側

面での解析は貧弱である。同論文による史的変遷とあわせて、岡崎らの特集を参考にすると、教員・栄養士らによる指導のあるべき方向性と現状の問題がみえてくるだろう。

　なお、食育にとどまらない包括的な給食史としては、既出の藤原（2018）が網羅的で充実している。また田中延子は、学校給食法（1954年）の第2条（学校給食の目的）の条文（「一　日常生活の食事について、正しい理解と望ましい習慣を養うこと」「三　食生活の合理化，栄養の改善及び健康の増進を図ること」「四　食糧の生産、配分及び消費について，正しい理解に導くこと」）や当時の文部大臣の答弁（「児童がみずからの体験を通して，望ましい日常の食生活の営みを学びとること」）自体に、すでに「食育」の本旨がもりこまれていることに着目している（田中2016：159）。

82　こういった策動のあやしさは、たとえば消費者庁による「特保（特定保健用食品）」など健康増進にやくだつ「健康食品」といった認定であるとか、児童・生徒以外の成人を市場として確保しようという、うごきなどと並行しているといえよう。「自分のカラダに気をつかっている」という自制意識を、主体的判断ではなく、権威主義に洗脳されたようなかたちで各種サービス・管理システムを甘受する方向にむける策動（いわば「かたにはめる」）＝官製市場化である。メディアにおどり、しばしば「流行」する健康法・減量法などと同様、科学的根拠があやしい疑似科学的な情報がまきちらされてきた。前述した、メタボリック症候群撲滅キャンペーンなども、その典型例といえる。

83　たとえば、すでに紹介した森本（2009）の「食育」批判は、「朝ごはん」運動などを「虚妄」と一刀両断している点で、一般には奇矯な議論を展開する偏屈で極端な研究者として敬遠されるだろう。しかし、論難されている著名人たちの立論の難点を同書にそって検討するかぎり、当人たちがどう反論できるのか皆目わからないのが現実である。科学のなのもとに国策として「食育」運動は推進されようとしたが、本質は所詮疑似科学にもとづいたフードファディズムでしかなく、新自由主義にそった画策の一種としてのキャンペーンなのだから、論者たちが論破されるのは必然とおもわれる。同様な印象は、好意的な書評によっても確認できる（石原2011）。

84　さらに、社会科学的な見地からすれば、「食育」は本来的な意味での「生活科学」（既存の家政学ではなく）を素養として提供するものでなければなるまい。たとえば女性社会学者たちは「食とジェンダー・アイデンティティ」という問題提起をしている。肉などハイカロリーの食事を軸とすることは男性的で、女性はベジタリアン的であるといったジェンダーバイアスのかかったイメージ、あるいは女性が食事を用意することが自明視されるといった傾向・イメージなどのフェミニズム系の重要な指摘である。レストランシェフは男性が圧倒的におおいが、料理にかかわりつつも、家庭内の男女の境界線は維持できるなどのメカニズムにも言及している（グプティルほか2016：41-6）。食文化現象を社会学的に解析するだけで、ひとびとが無自覚にくりかえしている政治性が浮上する。その一部を提供することも、食育の重要な要素・意義となるはずだ。たとえば、家庭科男女共修が定着して男子生徒も調理実践をこなしてみる、といったことだけで、ジェンダーバイアスが是正するかのような安易な楽観主義からは、解放されねばなるまい。

85　"The purpose of studying economics is not to acquire a set of ready-made answers

to economic questions, but to learn how to avoid being deceived by economists."
[Contributions to Modern Economics,1978]

| 第4章 | # 「身体教育」空間としての学校の本質再考 |

## 4.1. ネットで炎上したテレビCMが露呈させた学校空間の本質

いわゆる、「体育」や「食育」などをめぐる議論を検討し、現状とつきあわせることで再検討してきたわけだが、もはや明治期以来の「富国強兵」策とか戦時中の「総力戦体制」など、軍事や経済戦争を直接に想起させる広義の「動員」論を否定できないことは、明白だろう。

岡崎勝らはI. イリイチらの産業社会批判にそって、学校におけるスポーツ教育や身体管理のイデオロギー性、それに対して無自覚な関係者が共有する「神話」を暴露してきた。しかし、そもそも「学校」という空間自体は、客観視したばあい、どのように素描できるだろうか。

たとえば、学校という閉鎖空間を不気味なSF作品としてえがいた話題作、カズオ・イシグロ『わたしを離さないで』のパロディーかとおもわせるようなテレビCMが海外で話題化し、ネット上で炎上したことがある。

**1年前に公開されたブレンディのCMがなぜ今、大炎上しているのか？**

「日刊SPA！」2015/10/2

AGF（味の素ゼネラルフーヅ）が昨年11月26日に公開したコーヒーブランド・ブレンディのWEB限定ムービー「挽きたてカフェオレ『旅立ち』篇」が、海外からの逆輸入で「差別的表現を含む」として日本で大炎上している。

Richard-Smart

*海外で物議を醸したことをきっかけに、逆輸入のかたちで日本でも批判が殺到している（Richard Smart氏のツイッターより）*


　同ムービーの中では、高校生として擬人化された牛たちの卒業式を描いている。卒業式では、校長から生徒に卒業後の進路が言い渡されるが、主人公の親友"ハナ子"は動物園へ、続く生徒もロデオパークへの明るい進路が告げられる。そんななか、ある男子生徒は闘牛場へ送られ、またある男子生徒は食肉加工場だと告げられ号泣する。そして最後に主人公である女子高生"ウシ子"の、あからさまに大きな胸を強調して走る映像が流れ、校長から「濃い牛乳を出し続けるんだよ」という言葉とともにブレンディへの進路が通達されて笑顔で幕を閉じるという内容だ。

　問題となったCMが大炎上した経緯を追ってみよう。今年9月にシンガポールで開催された広告大賞「スパイクス アジア 2015」のフィルム部門で銅賞を獲得した。WEB限定ムービーだけに公開当時は特設サイトでしか視聴できず大きな反響はなかったが、スパイクスアジアへのエントリーにともない英語字幕版が公開されることに。その動画が海外で瞬く間に拡散され話題となり、逆輸入するかたちで国内では「女性差別を助長する」などといった声が殺到しているのだ。

　同社のニュースリリースでは「"牛"達の卒業式を描いた超感動作」と謳われ、決して差別的な表現を意図していたものではないと受け取れる。しかし、日本を拠点に活動するライターのRichard Smart氏による、動画のリンクが貼られた"Japan has a creepy new ad out. I don't even…"（※ぞっとする広告）というツイートは3000RTを超えて拡散され、公開から1年が経つ現在になって物議を醸しているようだ。「特濃牛乳100%」を表現したプロモーションの一環として公開された動画が、今となって批判の的となってしまうとは……。

　たとえ今は何の問題がなかったとしても、ふとしたキッカケによって企業は「過去のコンテンツであっても炎上する」というリスクを負っていることを示す一例だろう。日本で1年前には話題にならなかったCMが、海外からの逆輸入という形で批判が殺到してしまうという現象には考えさせられるものがある。

（http://nikkan-spa.jp/951619）

このなぜ「炎上」したかの本質を完全にはずした（理由は後述）紹介記事とことなり、一般市民とおもわれるネットユーザーの批評の方が的確に表現しているので、非常にながいが、重要な指摘を引用する（〔……〕も引用者による割愛箇所）。

### 炎上したブレンディのCMを冷静に分析する（2015/10/3）

〔中略〕

2015年10月1日、突如としてTwitterのトレンドに「ブレンディのCM」というワードが現れました。

海外の方が「日本の気持ち悪いCM」としてツイートしたものを、ある日本人Twitterユーザーが引用したことで広まったようです。

〔中略〕

このCM、そもそも1年前に作られたもので、それが外国人の方に「発掘」され、それが日本人に「発掘」されたということのようです。

で、このCM……非常に、興味深い。

「強烈な嫌悪感」を催す人がいて、それをよくわからないという人がいて。ホラーという人がいて。

でも、詳細に一つ一つ分析している人はあまりいらっしゃらないようなので。

僕がやります。やりましょう！

ある程度丁寧にこのCMを読み解いて、「風刺ってなんだ？」「表現の自由ってなんだ？」っていう問題にも軽く踏み込んでみましょう。

〔中略〕

不快になりましたか？

不可解でしたか？

結論を言えば、このCMは「作品として見れば」非常に「優秀」な「構造」です。

ですが同時に「いびつ」です。

その「いびつさ」を生み出しているのは、たったひとつの要素です。

その要素に関しても含めて、全て分析します。

まず、1分20秒までを仮に「世界観説明パート」とします。

で、「製作者を考慮しなかった場合」、この「世界観説明パート」の出来は本当に高い。

〔中略〕

さて、このCM、早速ながら「異様な光景」です。

「ごく普通の卒業式」のような、マジメな雰囲気……に見せかけて、全員が鼻輪をつけています。

名前ではなく、「番号」で呼ばれる生徒たち。

1分も見れば、『「卒業生」たちが「進路」をここで定められている』という世界観に気付くでしょう。

〔中略〕

で、このCMの言葉で言えば

「自分の望み通りの道を歩めない者もいる」わけで。

その代表格が、「食肉加工場に送られちゃう」この子。

〔中略〕

さて……ここまでの流れの何が「凄い」か。


まず、1分20秒程度で、説明も何もしていないのに世界観が分かります。この世界の「ヤバさ」も分かります。

また、この作品のテーマの多重性にも気づきます。

ここまでで分かるテーマを、思いつく限り列挙してみましょう。


・管理社会の恐ろしさ

　→誰もがこれを想像するでしょう。番号で管理され、管理者の一任によって定められる世界の恐ろしさ。ジョージ・オーウェル以降あらゆる作品で語られてきた「ディストピア」がここでも描かれています。

〔中略〕

・教育の歪み

　→上で書いたテーマとも重なっていますが、ある絶対者（校長先生）によって番号で管理されている生徒たち。管理者の一任によって定められる人生。

学歴社会への批判とも取れます。もちろん、このテーマは語られすぎてて浅い
ものもたくさんあり、難しいものなのですが。

　この動画に関して言えば、「生徒を家畜として描写する」という一種の「暴力」
が極めてマジメに描写されており、良い感じの不気味さを醸し出しています。
ホラーとして純粋に良いですね。


・努力型社会構造の歪み
　→最初に書いた「管理社会の恐ろしさ」とはまた別の「社会構造」を描き出し
　ています。
　「努力しないと死ぬ」という、おぞましい社会。……もちろん、現在我々が過
　ごす世界は「努力しない者」にダイレクトに「死」が訪れるわけではありませ
　ん。
　ですが、この動画の世界では非常にダイレクトに「死」が、それも極めてグロ
　テスクな形で暗示されます。
ベタといえばベタ、露骨といえば露骨なのですが、「卒業式」という本来感動す
るシチュエーション、柔らかい空気の中で「間接的とはいえ非常に輪郭の明確な
死」と、「死を突き付けられた『生徒』の慟哭」が表れるこのシーン、凄まじいま
でのクオリティだと思います。
よく出来た映画でもそうそうここまで「グロテスク」なシーンは見られない。
本来我々が認識している「卒業式」のイメージを転化させる効果があるのもポイ
ントが高いです。


感動の別れ、旅立ち……それが「出荷」「死」というイメージと重ねられる。
もしかすると、旅立ちというポジティブな意味合いを連想させる「卒業式」は
「残虐な社会への出荷」なのではないか？……典型的な「異化効果」ですね。こ
のシーンを10回も見れば卒業証書授与のシーンに暗いイメージを重ねずにいられ
なくなること請け合いです。


さて、ここまでが屈指の出来の「世界観説明パート」です。
……さて。問題の後半パート。

第4章　「身体教育」空間としての学校の本質再考

焦点が「おっぱいが大きい女の子」に当てられる場面です。

〔中略〕

「おっぱいパート」では女の子の「努力」、「煩悶」、「懊悩」そういったものが描かれています。

「努力すれば目的通りのモノが得られる」セカイの中で。

「努力しなければ死ぬ」セカイの中で。

「結局は牛の」セカイの中で。

「要するに出荷」のセカイの中で。


女の子の苦悩が描かれているのです。

……バカバカしく見えますよね。

〔以下略〕

(http://mistclast.hatenablog.com/entry/2015/10/03/163446)


　この解析で、くだんのテレビCMの概要と問題は理解できるはずだ。つまり、問題の本質は《わかい女性（ヒロイン）が、「擬人化」ならぬ「擬牛化」されることで、いたずらにエロティック・キャピタルを強調される》といったミソジニー表現ではすまない。この批評者がえぐっているとおり、学校が透明な「人材輩出」装置というより、労働市場への「選別・出荷」目的で制度化された、「肥育」装置として機能している、という本質がこのCMでは露骨に表現されているのだ。カズオ・イシグロの作品は、学校という空間の残酷かつグロテスクな本質を、ロマンティックなおとぎばなしとして美化したにすぎないという対照さえ可能だ（芸術作品としての価値はなくならないにせよ）。

　逆にいえば、AGFという巨大企業にこうして戯画化された学校空間は、労働市場の恣意的な人材動員に対してほぼ無批判・無抵抗に協力している「産業」＝「共犯者」ということになる。公権力から非営利法人として免税されていようが、労働者の人権など微塵もかんがえていないらしい「ブラック企業」もふくめ、「出荷」できる「商品」を「生産」しつづけているのだから。これは、つまみぐいなどされない、世界で活躍できる高度人材とか天才、といった人材育成機関とて、本質はかわりがない。経営者や雇用者たちの背後には投資家という本質的な資本家（それが

「法人」という共同経営であれ）が実在して、それら人材による「利潤」をステークホルダーとして利用しつくすからだ。つまり、「食肉加工場」で食材化されようが、濃厚な原乳や優秀な子牛を産出する優秀な牝牛としてあつかわれようが、資本主義市場や軍隊などの「戦場」空間にとっては、どんどん補充される資源でしかないのである。

　以上のような学校観・教育観は、当然のことながら猛烈な反感・反発をひきおこすだろう。あたかも学校＝牧場、教員＝牧人、生徒＝綿羊としてえがく寓話のようであり、それは歴史的素養がある読者なら、おぞましい本質を想起するにちがいないからだ。たとえばそれは、脂肪を原料とする石鹸を製造したナチスと通底するものであり、かつ、実際、収容者が自分自身の死後の人体処理の準備をさせられていたアウシュビッツ等強制収容所を「マクドナルド化」の前身のひとつとしてジョージ・リッツァ自身が例示していたといった歴史的事実などである（リッツァ1999）。しかし、すくなくとも、理念型としての「動員」論から擬人論的な国家意思なるメタファーをもちだすなら、国民はもとより外国人労働者や各種素材をふくめた諸要素は経済学的な「希少財」として「動員」されるものだろう。政治学者畠山弘文にならうなら、「動員」体制に適合的な心身で構成される「よい子」とは、軍隊・警察・企業など官僚組織をふくめた「学校」的教育機関をとおして再生産される「人材」を意味することになる[86]。まさに、ミシェル・フーコーが「生－政治」として提起した支配メカニズムの本質であり、「動員史観」とからめるなら、臣民としての主体（sujet; subject）の育成・選抜・配置といった「リクルート」（原義としての「新兵補充」と同義）の中核的初等教育装置として小中学校は位置づけられてきたし、そう機能しているのだ。

　したがって、たとえば近代的な規律訓練的身体を国家的に養成する政策を明確に意識して制度化した森有礼（1847-1889）の存在であるとか、「兵式体操」や「ラジオ体操」に代表される身体教育、それと連動した陸軍省や厚生省（内務省体力局の分離）のうごき＝総力戦体制的パターナリズムなど[87]を、特殊戦前日本特有の現実とみてはいけないだろう。鉄道網を整然と運行させるダイヤグラムの摂取だけでなく、勤勉に適応しようとする乗降客の心身が「定刻発車」（三戸2005）を可能としたといわれるように、「過剰矯正」（hyper correction）としての欧米化をうたがわず邁進してきた近代日本の体質は、GHQによる非軍事化政策をへようと本質的にか

第4章　「身体教育」空間としての学校の本質再考

わらない。一例をあげるなら、戦前から「健康優良児」顕彰というメディア・イベントを主導しつづけた「朝日新聞」は、欧米人に身体的劣等感をいだきつづけた日本人を「人種改良」をもって対抗させようという政府周辺の意向と完全に並行関係にあったし、顕彰制度は、障害者のノーマライゼーション運動などとの矛盾のほか、さまざまな経緯もあいまって20世紀末に終焉をむかえるまで、戦中をはさんで60年以上児童に対する「体育」的装置でありつづけた（高井・古賀2008）。めぐまれた体位のみならず、スポーツ万能で学業成績優秀など、指導者・保護者たちにとっての理想像たる「健康優良児」やその育苗とみなされた「健康優良学校」の顕彰事業。そこには、知育・徳育・体育の理想がみてとれるだろうし、あらゆる意味での「不健全」さを排除しようという純化主義の追求（同上：72-183）という点で、まさに劣等感の克服−隠蔽運動そのものであった。

　これらは「日本」にとどまらず、北米の一流大学の人口比占有率上、突出してきたとされるユダヤ系に準ずるのが東アジアにルーツをもつ学生だといわれる[88]点（アジア人優秀論≒屈折した現代版「黄禍論」）などをみても、近代欧州的理念への過剰な適応現象だったとかんがえるのが自然だ。経済小説の先駆者とよばれる城山三郎の長編小説のタイトルのひとつが『素直な戦士たち』(1978) であり、それが当時社会問題化した「受験戦争」をテーマとしていたのは偶然ではない[89]。「受験戦争」は、隣国の中韓台湾等で、とても戯画化できるような水準になくグロテスクというべき次元で進行中だ。しかもそれが、留学生間での激烈な競争というかたちで米国の一流大学に流入しているときく現実には、「動員」体制が単なる国内競争にとどまるものではないこと。合成の誤謬とでもいうべきミクロな行動選択（アメリカンドリーム＝「個人的努力による経済的成功＝富貴」の追求）の集積がグローバルな様相（「難民・殖民の天国」たる北米）をしめすこと。これら諸現象において、「総力戦」体制をもくろむ国家エリートの夢想と、越境化するエリートのグローバル化とは位相がズレるし、管理主義的トレーニングが選良の計画的育成として開花する保証などないのだが、各国の国力・国威競争の激化は、「人材」の争奪戦というかたちへと変貌をとげて、グローバル化を意図せざるかたちで加速化しているといえよう。

　ともあれ、以上のようにかんがえてきたとき、知育・徳育・体育の中核としての「体育」であるとか、知育・徳育・体育の基礎である「食育」であるといった、広

義の教育擁護論は、基本的に偽善・欺瞞であり、本質をかくしたカムフラージュと
いってさしつかえないことがわかるだろう。「学校体育」の本質＝「身体−精神まる
ごとの支配、奴隷化」（岡崎1987：13）というのは、左派的な陰謀論によるうがった
見解でなどないことを意味する。

　当然、「桎梏としての身体」の超越、といった一見高邁にきこえる「身体教育」
の「目的」自体、にわかにうたがわしいものに変容してみえるだろう。個々人にと
って、あるいは指導者からみて「超越」を実感できようと、「学校」という公教育
自体が資本主義市場への「出荷」装置として機能するのだから。

　「出荷」される「商品」としては、「食肉加工場いき」のような境遇へとおいこま
れないよう追跡者・捕獲者からひたすらにげまわり（たとえば「種牛」）、ときにか
くれるといった、基本的に無慈悲といってよい社会ダーウィニズム的空間でいきの
びるほかない。「番号で管理され、管理者の一任によって定められる」といった出
荷状況からのがれ、可能なら固有名でよばれるような、かけがえのない地位をかち
とる。「擬人化」された家畜たちは、そのあわれさをもって戯画化された資本主義
市場に翻弄される「10代」なのである。AGFのテレビCMのグロテスクさは、制
作者たちが資本主義市場や学校教育をパロディー化したつもりでありながら、皮肉
にも無自覚にリアルなトレースを実践してしまっている点にある。そこに露呈する
ミソジニーのグロテスクさはもちろん、生徒たち全員が「ドナドナ」状態にあると
いう現実[90]、それに教員たちが疑念をもっておらず善意にみちている点など、不気
味なリアリティーでえがかれたディストピアなのである。

# 4.2. モラルハラスメント空間としての学校に対する教育社会学的解析

　岡崎勝らの「批判的スポーツ社会学」「批判的体育学」「非体育」といった問題提
起は、一種の現代版「奴隷解放」論といえよう。すでに、かれらの問題提起が事実
上黙殺され、まるまる一世代をへたとか、岡崎らの批判のマイナーさと、佐藤臣彦
ら「身体教育」の合理化論の実質的空疎さは、惰性体ともおもえる既存の公教育現
場への距離という点で、皮肉な通底性をみてとってしまうといった悲観的なコメン

第4章　「身体教育」空間としての学校の本質再考　097

トをした。しかし、事実を直視し、学習者本位の教育論を提起したいなら、岡崎らの方向性を具現化していくほかなかろう。

このことは、学校などで頻発してきたモラルハラスメントに対する、社会学者による強烈な批判と対応するものである。少々ながいが、重要な指摘だけ引用する。

最も根幹的な問題は、「学校とはなにか」ということであり、そこからいじめの蔓延とエスカレートも生じる。

わたしたちが「あたりまえ」に受け入れてきた学校とはなんだろうか。いじめは、学校という独特の生活環境のなかで、どこまでも、どこまでもエスカレートする。

先ほど例にあげた横浜のいじめが、数年間も「あたりまえ」に続いたのも、学校が外の市民社会とは別の特別な場所だからだ。社会であたりまえでないことが学校で「あたりまえ」になる。

学校とはどのようなところか。最後にその概略をしめそう。

日本の学校は、あらゆる生活（人が生きることすべて）を囲いこんで学校のものにしようとする。学校は水も漏らさぬ細かさで集団生活を押しつけて、人間という素材から「生徒らしい生徒」をつくりだそうとする。

これは、常軌を逸したといってもよいほど、しつこい。生徒が「生徒らしく」なければ、「学校らしい」学校がこわれてしまうからだ。

たとえば、生徒の髪が長い、スカートが短い、化粧をしている、色のついた靴下をはいているといったありさまを目にすると、センセイたちは被害感でいっぱいになる。

「わたしたちの学校らしい学校がこわされる」

「おまえが思いどおりにならないおかげで、わたしたちの世界がこわれてしまうではないか。どうしてくれるんだ」

というわけだ。

そして、生徒を立たせて頭のてっぺんからつま先までジロジロ監視し、スカートを引っ張ってものさしで測り、いやがらせで相手を意のままに「生徒らしく」するといった、激烈な指導反応が引き起こされる。

この「わたしたちの世界」を守ることにくらべて、一人一人の人間は重要では

ない。人間は日々「生徒らしい」生徒にされることで、「学校らしい」学校を明らかにする素材にすぎない。

多くのセンセイたちは、身だしなみ指導や挨拶運動、学校行事や部活動など、人を「生徒」に変えて「学校らしさ」を明徴（めいちょう）するためであれば、長時間労働をいとわない。

その同じ熱心なセンセイたちが、いじめ（センセイが加害者の場合も含む）で生徒が苦しんでいても面倒くさがり、しぶしぶ応対し、ときに見て見ぬふりをする。私たちはそれをよく目にする。

ある中学校では、目の前で生徒がいじめられているのを見て見ぬふりしていたセンセイたちが、学校の廊下に小さな飴の包み紙が落ちているのを発見したら、大事件発生とばかりに学年集会を開いたという（見て見ぬふりをされた本人（現在大学生）の回想より）。こういったことが、典型的に日本の学校らしいできごとだ。

こういった集団生活のなかで起きていることを深く、深く、どこまでも深く掘りさげる必要がある。

さらにそれが日本社会に及ぼす影響を考える必要がある。学校の分析を手がかりにして、人類がある条件のもとでそうなってしまう、群れたバッタのようなありかたについて考える必要がある。

学校で集団生活をしていると、まるで群れたバッタが、別の色、体のかたちになって飛び回るように、生きている根本気分が変わる。何があたりまえであるかも変わる。こうして若い市民が兵隊のように「生徒らしく」なり、学習支援サービスを提供する営業所が「学校らしい」特別の場所になる。

この「生徒らしさ」「学校らしさ」は、私たちにとって、あまりにもあたりまえのことになっている。だから、人をがらりと変えながら、社会の中に別の残酷な小社会をつくりだす仕組みに、私たちはなかなか気づくことができない。

しかし学校を、外の広い社会と比較して考えてみると、数え切れないほどの「おかしい」、「よく考えてみたらひどいことではないか？」という箇所が見えてくる。

市民の社会では自由なことが、学校では許されないことが多い。

たとえば、どんな服を着るかの自由がない。制服を着なければならないだけで

なく、靴下や下着やアクセサリー、鞄、スカートの長さや髪のかたちまで、細かく強制される。どこでだれと何を、どのようなしぐさで食べるかということも、細かく強制される（給食指導）[91]。社会であたりまえに許されることが、学校ではあたりまえに許されない。

　逆に社会では名誉毀損、侮辱、暴行、傷害、脅迫、強要、軟禁監禁、軍隊のまねごととされることが、学校ではあたりまえに通用する。センセイや学校組織が行う場合、それらは教育である、指導であるとして正当化される。

　正当化するのがちょっと苦しい場合は、「教育熱心」のあまりの「いきすぎた指導」として責任からのがれることができる。生徒が加害者の場合、犯罪であっても「いじめ」という名前をつけて教育の問題にする。

　こうして、社会であたりまえに許されないことが、学校ではあたりまえに許されるようになる。〔……〕

(内藤2017)

　学校での、いわゆる「イジメ」問題の第一人者といってよい教育社会学者、内藤朝雄のこの議論が、かたよった見地からきりとった異様な極論とうつるなら、その反感はおそらく現代日本の学校教育現場を極度に美化したイメージにそって解釈してきたからだろう。無数にふきだす「イジメ」事件とその収拾に失敗する学校関係者（校長や教育委員会）の醜態を冷静に観察するなら、当然内藤のきびしい視線をうけいれ、現実を直視・改善にむかわねばならないことは明白だからだ。

　そして、内藤の議論で重要な点は、安冨歩らが指摘した「ハラスメントの生成過程」がモデルどおり学校空間でくりかえされてきた現実、しかもそれは、生徒の身体管理という、まさに生権力という支配力学ぬきには説明つかない現実だということだ。つまり、たとえば「校則」といった各校での独自の規制にそった「生徒指導」が、「身体管理」であると同時に、まさに「身体教育」というなの支配であることを意味し[92]、生徒がやめられない「イジメ」に対し、しばしば隠蔽工作にはしり、ときにイジメに加担しさえするなど、被害者に二重のくるしみをあたえる教員組織がなくならない現実こそ直視されなければなるまい。しかもそれは、スポーツ界でくりかえされる不祥事、企業や官庁等でくりかえされてきたパワハラ・セクハラなどと同様、例外的少数ではなくて、ごく普通に頻発する現実、組織体といった本質的問題なのだ（内藤2009）。

岡崎・内藤、そしてさきに紹介した内田良（p.57, 註54参照）らによる体育批判／学校批判の標的は、少数の例外的な機能不全ではない。むしろ、以上のような意味で、広義の「身体教育」の本質的欠陥とみなすべきである。いいかえれば、当人たちの意識の程度、悪意の有無を介してではなく、一種の潜在的カリキュラムとして生徒を規定するものであり、教員によるパターナリスティックな管理・支配[93]、生徒たち自身にハラッサーとして弱者の心身への暴力をくりかえさせるような力学なのである。単なる「体育」の実態、体育担当教員の意識・姿勢にとどまらず、学校、ないし学校的論理をかかえる閉鎖空間が自明のものとしてくりかえす「教育」「学習」に対して冷徹な観察・解析が不可欠なのは、そのためだ[94]。

　一般に「体罰」と称されてきた現象についても、最低限ふれておこう。教員は保護者同様、必要最小限の懲戒権をもっているとされる。と同時に、明治期から公式には「体罰」など物理的暴力が禁止されてきた。この点は、同様に学校的空間である軍隊・刑務所等でもかわらない。要するに、反乱・暴動等を極とした上位者への物理的暴力などの直接的危険性がないかぎり、いいかえれば正当防衛的状況が発生しないかぎり、上位者は物理的暴力をふるう権限をあたえられたことがなかった。しかし、こういった公式見解とはことなり、現実的に物理的暴力が、「体罰」として教育的懲戒の具体的発動にもちいられてきたことは、周知の事実である[95]。もちろん近年では、物理的暴力は正当防衛的状況以外では正当化されなくなり、「体罰」をふるったとなれば、教員等に懲戒がくだされることになった。マスメディア等による批判も一般化した。しかし、実際に「体罰」がなくなっていないこと、「指導死」などの現実が少数ではあれ、たえないことも事実である（大貫2013）[96]。なかには、生徒による暴力が、体罰禁止によって頻発し、きわめて危険な状況になっていると慨嘆する教育関係者さえでる始末だ。しかし、内藤らによる学校空間批判をかんがえるなら、そもそも暴行罪や傷害罪などを構成する現実が遍在するはずなのである。そもそも、それら暴力的現実を警察ざたにせず、「学校は教育愛の空間だから」といった美化（親族間でのいざこざに警察が消極的な「民事不介入」原則と同形で）によって、積極的に密室化してきたのは教員層であった。皮肉ないいかたをすれば、粗暴な生徒による暴力等の発生が警察ざたになることを指導力不足としてはじ、その露見を必死にさけようとする教員集団の自業自得ともいえる現実だ。その意味では、内藤による「社会では名誉毀損、侮辱、暴行、傷害、脅迫、強要、軟

禁監禁、軍隊のまねごととされることが、学校ではあたりまえに通用する。センセイや学校組織が行う場合、それらは教育である、指導であるとして正当化される」（内藤2017）という指摘は、おそるべきものである。それらの事実が直視されずに矮小化され黙殺されてきた現実こそ問題にしなければならない。つまり、学校的空間とは、外部からの監視がいきとどかない密室であることがもたらす物理的暴力も辞さない点で、本質的に「身体教育」空間なのである[97]。軍隊・兵舎・精神病院など、ときにグロテスクな暴力的空間と化すのは、学校的力学の産物なのだ。

みのがせないのは、暴力の正当化が上位者としての加害者のがわでだけ発生するわけではない点だ。生徒・選手等、客観的には被害者にほかならない層、そして、保護者や指導者など、かれらに対して保護管理責任をもつ層が、暴力を必要悪視し、ときに「体罰＝教育的懲戒」として積極的に支持しさえする構造がある。2018年8月に問題化した器械体操の女子選手に対する暴力行為の処分の際にも露呈したように、被害者は指導者からの暴力を教育愛として完全に受容していた。被害者による暴力の積極的受容は一種のマゾヒズムと解釈されるが、そうした現実もあって父母など保護者やスポーツ団体幹部など保護管理責任者たちによる擁護論がなくならないのである。そこには、動物行動学的な「すりこみ」プロセス[98]などもあいまった暴力受容が苦痛へのマヒ＝耐性増大や、成果至上主義のもと「成功体験」による苦痛の合理化・正当化[99]がくりかえされてきたとみられる。すでにふれた「指導死」現象も、単に密室による暴力のエスカレートという構図だけではなく、被害者および関係者の抑圧・感覚鈍麻が背景としてあったとかんがえるべきであろう。

くどいようだが、ここでこれら「体罰」というなの暴力の正当化・隠蔽／抑圧構造の本質を一般化するなら「教育の自己目的化（競技参加における勝利至上主義etc.）と癒着する調教（DV的打擲）イデオロギー」とまとめることができるかとおもう[100]。以下、各当事者の防衛機制的心理メカニズムを素描する。

【指導者心理】
・スパルタ教育（疑似科学的学習理論）イデオロギーによる「アメとムチ」論→暴力の合理化・正当化（「鞭撻」イメージ）→「鞭撻」の過酷化に対する感覚マヒ→「教育愛」神話による「体罰」の暴走としての「指導死」や過酷事故
・目標未達成（勝利至上主義等、方針の失敗）→指導者としての無能さの無自覚

→無能さの否認→被指導者への責任転嫁→逆ギレ

【被虐待者心理】
・「すりこみ」による虐待の合理化（甘受）→DV的共依存
・「ストックホルム症候群」による虐待の合理化（トラウマからの逃避による体験抑圧）[101]
・「ご鞭撻」イメージの学習による暴力性の正当化とマゾヒズムのコピー→指導者への「昇格」時の暴力の連鎖（「ドラキュラ物語的な悪循環」[102]）

【保護者・支援者心理】
・「勝利至上主義」の受容による暴力性・暴走の正当化→「熱血指導」イメージによる暴力事例の免責・擁護

「熱血指導による結果追求が生徒・選手の人格も陶冶する」といった神話的思考[103]がうたがわれない当事者間で、たとえば「勝利至上主義」など自己目的化が一旦成立してしまえば、暴力性（物理的暴力をふくめた人格攻撃）への冷静な感覚は消失する。ペットや警察犬・盲導犬、動物園等での調教をイメージすれば明白だ[104]。「いけない子に対する懲戒としての打擲をためらうのは、まちがった養育」となるのだから（「きびしい指導おねがいいたします」etc.）。特に三者間での「合意」が成立してしまえば、共犯関係・共依存が破綻することはまずおきない。密室空間のばあい自浄作用がはたらかないのはむしろ当然だろう。暴力にうったえることは指導者としての未熟さ・無能さの露呈であり卑怯な責任転嫁にすぎないのだが、そういった「指導の失敗」という現実から関係者が全員めをそらすことになるのだ[105]。

さて、学校的空間の物理的規制の意義を具体的にイメージしてもらうために、ここでは企業空間もとりあげておこう。たとえば、大学生や専門学校生が就職活動をするばあい、ホワイトカラー志望なら「リクルートスーツ」と俗称される一連のファッションにみをつつみ、たとえばそめた茶髪を脱色したり、黒髪にそめたりして求職活動におもむく。就職後も、男性ならスーツか、外食産業や公共交通機関などふくめた接客業・輸送業、あるいは工場や現場であれば、企業が指定する制服を着

用することになる。「あたりまえではないか」と、自分の認識にひそむ自明視を客観視できないなら、それは洗脳の産物である。組織内での属性を一目瞭然にあらわす「制服」は、英語圏で"uniform"と称されるように、画一化されていることを意味する。囚人や将兵、交通機関の現場、団体スポーツ選手など以外は、基本的に着用しない「制服」があたりまえなのが、企業空間だ。そして、男性を中心に、非・制服組が着用することを自明視されてきたのが、近代欧米社会由来の「スーツ」である。これらの自明性を客観視するためには、制服やスーツを着用しないことがあたりまえの種々の職種をおもいうかべればよい。無数の職場があるはずだ。そして、男性がスーツ着用を自明視されている職場の女性職員が私服であるケースもごく普通にあることもわかるだろう。これらは明文化されていないが、「身体教育」の産物である。

# 4.3. 学校的ハラスメント空間としての企業社会

　同様に、企業等での研修もあげておこう。研修では、実務の遂行のために必要な基本的知識や姿勢などを講義や実地訓練として経験させられるだろう。たとえば識別性をたかめ誤読をさけるために定型化された「銀行数字」は、肉筆でアラビア数字をあつかうときに行員に身体化させる点で「身体教育」の典型例といえる。新入社員や管理職の研修目的で、自衛隊に体験入隊させて訓練経験をつませるとか禅寺で修行させるといった、スパルタ教育などもその一例だろう。

　現業関連の職場では、あさ一番にラジオ体操をルーティン化している空間がすくなくない。なかの・まきが、日本の民間企業等で自明視されている「ビジネスマナー」がことこまかに身体性に介入していることを紹介した（2017b）ように、広義の「身体教育」が介在しない職場というのは、むしろ少数かもしれない。そもそも「人事」という官僚組織の一部門が、昇進降格などをふくめた配置転換や給与・賞与ほか労働条件の管理にとどまらず、研修をふくめた人材育成をカバーしてきた。企業や官庁・自治体組織など一定規模以上の組織はもちろん、中小の企業体・NPOなどでも、リクルート後の育成過程において、構成員の身体への介入はごくあたりまえにくみこまれてきた。それは、軍隊や警察、交通機関の現場などにかぎらず、組

織に適応できる心身の構築、不適応をおこさないような管理といった観点から、組織の再生産の不可欠の機能としてかかえこまれてきたのである。だからこそ、わかてを中心に「学習」空間を保障し、そのサポートのための教育訓練係が確保されてきたし、必要とかんがえられた水準で、身体性への介入がくりかえされてきたのだ。したがって、企業をはじめとして各職場では「学校」的時空が無数に展開してきたし、それにともなって、広義の「身体教育」もくりかえされるのは、必然だった。

　もちろん、そのなかには「研修」という名目で、懲罰的な作業とか、軟禁状態なども発生してきたのが民間企業の暗部であった。社員の能力向上にはまったく合目的的ではない、いやむしろ非教育的で単なる精神的拷問のような時空があえて設計され、恣意的に適用されることで、ときに「報復人事」的な実態さえくりかえされてきたのである[106]。以前に「教育－支配労働」「犯罪労働」という理念型で解析した現実の一種といえよう（ましこ2018）。

　そして、この学校と企業の「兄弟」関係のような相似性は、おそらく偶然ではない。たとえば窪田順生「日本人の働き方が変わらない、本当の原因は「大縄跳び競走」にある」（ITmedia, 2018/7/3）では、つぎのような解析がある。

## 「気をつけ」「休め」を徹底させる

　実は今でこそ日本の小学生の一糸乱れぬ整列や人間ピラミッドなど統率のとれた集団行動が「外国人観光客からも絶賛！」みたいな話になっているが、戦後間もないころは「集団行動が大の苦手」だった。敗戦の反動で、戦前教育を全否定していたからだ。

　例えば1963年、神宮第二球場で催された「スポーツの日」というイベントに出てきた子どもたちの行進を見て、瀬尾弘吉文部大臣は「だらしないな……」とつぶやいたという。新聞にもこんな感じで冷やかされる始末だ。

　「校庭に集まるのも三々五々。なにをやらしてもダラダラ、バラバラ、戦後の子供に集団性と規律がないというのは定評のあるところだ」（読売新聞1963年7月1日）

　そこで戦前の子どものように、シャキシャキ団体行動ができるようにしよう、ということでこの時期に「集団主義教育」の普及を目的とした「全国生活指導研究協議会」が、東大教授の宮坂哲文氏を中心として結成された。当初は2～300

人程度だったこの会は瞬く間に会員を伸ばし、1963年には2000人にのぼったという。

この風潮がその後の日本の教育を決めたといってもいい。分かりやすいのが、日本人ならば誰もが学校でやらされた「気をつけ」と「休め」だ。

これは軍隊にルーツがあることは言うまでもなく、戦後は中止されていたが、1963年11月に文部省が設けた集団行動指導の手引き指導委員会が「復活」を検討した後、「集団行動の統一スタイル」(読売新聞1964年5月25日)として全国の小学校に徹底させたのである。

ほかにも、クラスを班に分けて、班長のようにリーダーをつくって、クラスや班で起きた問題についても、各自が責任をもって意見を言い、「みんなで解決をする」といういまの小学校にもつながるスタイルはすべてこの時代に生まれた。

つまり、全員強制参加の大縄跳び教育は、このような集団主義教育の一環として生まれたのである。

## 日本企業の陰湿なカルチャー

このような「新しい戦後教育」を受けた子どもたちが社会人となった時代、日本には「みんな」のための脇目もふらず働き、帰宅するのは週1回という「モーレツ社員」や「企業戦士」があふれかえった。そして80年代になると、その反動のように過労死や社内いじめ、自殺が徐々に顕在化していく。

この2つの間になにかしらの因果関係があるのは、集団主義教育が始まった直後の副作用ともいうべき問題を見ても分かる。集団主義教育の「実験校」とされた江戸川区の小学校で、「きびしい励まし合いのなかで脱落する子がでた」(読売新聞1963年7月1日)というのだ。

いくらいっても遅刻癖の直らない問題児を、班長がサジを投げた。グループの統率がとれないと責任を問われてしまう他の班長も面倒はごめんだとその問題児の受け入れを拒否。結局、「この子が休んだ日、学級全体会議で"追放"ときまってしまった」(同紙)という。

「みんな」に貢献することのない「お荷物社員」を各部署で押し付けあった後、「追い出し部屋」のようなところへ送り込んで追放させる日本企業の陰湿なカルチャーの片鱗が見えないか。

いずれにせよ、我々日本人はこのような「集団主義教育」を50年間続けていた。ちょうど第一世代がいまの60代で、現在さまざまな組織でリーダー的な立場についている。「みんなのために反則しろ」と言わんばかりの指示をした、日大アメリカンフットボール部の内田正人前監督などはまさにその世代だ。

　おそらく、これは偶然の一致から抽出されてしまった本質主義的世代論にすぎないだろう。「集団主義教育」の普及を目的とした「全国生活指導研究協議会」（全生研）という左派的運動体の問題提起が日本全域に伝播し退潮せずに半世紀もつづくという、ありえない事態・構造を仮定しないかぎり、窪田の立論は成立不可能なのである。60年代以前にも同様な教育空間はたくさんあったとおもわれるし、そもそも中国の文化大革命などで多用されただろう、討論のなの言語的リンチ的な姿勢が、新左翼運動の破綻と社会民主主義勢力の一貫した退潮という趨勢のなかでなお学校教員文化として維持されたはずがないからだ。「集団主義」的な同調圧力と、逸脱者に対する狂気をはらんだ排除・暴力という集団ヒステリー状態は、一教育思想団体の運動に還元できないし、さらには、それをもって企業社会ほか、日本の社会全域が同様なカルト集団的風潮に毒されているといった「疫学的診断」は、あきらかに暴走である。

　しかし同時に、窪田がそういいたくなるような組織病理が現代日本に頻発している現実は明白で、かの左派集団「全国生活指導研究協議会」の所属メンバーたちが、まったくの善意から生徒たちの意識・姿勢を改善したいとかんがえていたことも明白だろう。たしかに、（窪田が冗談めかしながら、実はかなり本気ではないかとうたがわれる）「大縄跳び競走に象徴される集団主義教育を学校でやめさえすれば、企業で過労死等も激減するはず」といった認識はまちがっている。しかし同時に、そういった因果関係を信じたくなるような、異様な集団主義が学校教育でいまだ支配的だというのも明白なのだ。かの「組体操」や「ブラック部活」などは、生徒や担当教員に拒否・逃避をゆるさないような、ソフトなファシズムというほかないし、専業主婦を前提にしているらしい既存のPTAの「総動員」体制なども、「ぬけがけをゆるさない」という、相互監視の産物なのだ。

　つまり、家庭とならんで強力な教育装置として作動するはずの学校空間、特に10歳前後の思春期前期までをになう義務教育が、日本独自の優等生的な同化圧力（そ

第4章　「身体教育」空間としての学校の本質再考

れは、ヒットラーユーゲントや紅衛兵、戦時中の「小国民」など社会主義的で逸脱をゆるさない風潮）を再来させて、そのいきぐるしさに教員や保護者が鈍感だとしたら、社会人の大半のうけざらとなる民間企業の体質が無縁だという方が不自然だろう。

それにつけても、なぜこうも優等生的な規範主義的空間は、社会主義的なにおいのする同調圧力が作用するのだろう。また、「キビキビ団体行動できるようにしよう」といった指導方針は、なぜ体育会的＝準軍隊的空間をもたらすのだろう。さきに、岡崎勝による「学校体育の最終的目標は、自発的な服従－支配関係の完成であり、単なる身体の抑え込みだけではない。身体－精神まるごとの支配、奴隷化である」（岡崎1987：13）との指摘を紹介した。もしこの命題が妥当なら、全人格的な支配・奴隷化をもってしてでも貫徹すべき聖なる空間として小中高校等が位置づけられているということ。教科担当者や担任が生徒を従順なヒツジとしてコントロールすることを一任された牧人とみなされてうたがわれていないことを意味する。

これは、おどろくべき仮定である。なぜなら、各家庭での養育は親権者の愚行権を黙認することが現実主義としてみとめられてきたがゆえに、虐待以外は「しかたがない」こととして受容されてきたのに対して、学校という聖なる空間では、完全無欠な牧人たる教員が全面的に責任をもって目的を達成するのだというタテマエだからである。医療関係者が最大限の努力を注入しても手術の失敗は発生するし、ときに執刀ミスなど医療過誤さえ発覚してきたのが普遍的現実なのに、教育には、そういったことは発生しないというタテマエが維持されるのだから。はっきりいって異様である。労働災害現場にあっては、経験則上、重大事故1件の背後に、軽微な事故が29件といったかなり多数発生し、そのすそのには300件もの「ヒヤリハット」が伏在するといわれているのに、カリキュラム（かくれたカリキュラムも）も実践も、基本的には失敗などおきていないと、いいはることを意味するのだ。

してみると、教員による悪質な不祥事はもとより、イジメ事件の収拾に失敗し最悪の時代をまねきいれ、しかも組織的に隠蔽工作するといったことを、「あってはならないこと」「再発防止に最大限の努力をはらう」といった、タテマエをくりかえすしかないことになるのではないか。判事のほとんどが判決のミスをみとめようとせず、医師も医療裁判などにならないかぎりミスをみとめないのと同様、学校文化は「まちがわない」ことが自明視されるがゆえに「ひとつもまちがっていない

こと」にされてしまうのではないか。

いいかえれば、「大縄跳び競走」「組体操」「マスゲーム」のような団体パフォーマンスをおおまじめにとりこむことの教育目的はもちろん、トレーニング過程での適切さなども、大事故をめぐって民事訴訟などがはじまらないかぎり、とわれることがない。もちろん、こういった「学校無謬論」にあたるものは、体育・部活など広義の身体教育にかぎるものではなくて、そもそも学校教育の内容・目的・過程全体にあてはまる現象だ。また、官公庁はもちろん、企業も「お客様窓口」などがさばく「異物混入」や「初期故障」などを例外として、「ありえない」として事実の直視をさけようとする体質と通底している。そして、こういった「無謬論」がまかりとおるからこそ、「集団主義教育」はうたがわれなかった。そこでの非同調者は「逸脱」者＝うらぎりもの、人格に欠陥があるもの、戦前なら「非国民」とか「アカ」として人権を蹂躙されて当然の存在へとおとしめられたのと同形なのだ。

# 4.4. 収容所的規律を実践する学校空間

さて、こういった「身体教育」空間としての学校・企業の本質＝おおくは暴力的体質とは、どのように整理したらよかろう。

本書冒頭ちかくで、「規律」（discipline, フーコー）を体得させることを善としてうたがわない、「生政治」（Bio-politics, フーコー）は、なにも強制収容所や刑務所だけではなく、病院や学校など日常的な空間にあるという現実を直視すべきであり、「身体教育」とは10代を中心とした公教育空間全体の本質であることを指摘した。それをうけて、これらの構造を「動員史観」とからめるなら、臣民としての主体の育成・選抜・配置といった「リクルート」の中核的初等教育装置として小中学校は位置づけられてきたし、そう機能しているとのべた。しかしこれは現代社会の矮小化といえよう。それは、おおきくふたつの理由からである。

(1) 大学や各種学校等、職業教育機関をのぞけば、初等中等教育空間の最重要機能は動員体制へのリクルートというよりは「託児サービス」組織に移行している。

第4章 「身体教育」空間としての学校の本質再考

(2) 各労働現場でのリクルートにおいても、組織内での臣民化は後退して「シャドウワーク」にもとづく自助努力での職能学習が中軸となっている。

　まず、第三世界を除外して経済先進地域にかぎって議論をすすめるなら、国民国家成立によって、各国政府が臣民を育成する再生産装置として公教育を整備し、各家庭をその「兵站」として再編したという史観は時代おくれになったといえよう。現代社会の相当部分において初等中等教育過程とは、基本的リテラシーないし機能的識字の徹底のための教育機関というよりは、それをもって存在意義を保証しつつ、託児所としての幼児教育・学童教育、10代という成人まえ段階の社会化をもって保護者たちに生業ほかの活動時間を保障しているのである。もちろん、各国で12歳前後における学力・適性選抜を事実上すませるなど、18歳以降の労働市場への「つゆはらい」的プロセスはふくまれているのだが、欧州など階級意識が濃厚な地域をのぞけば、10代とは、アスリートやタレントにはなれないのだ、という夢を少年少女が断念していくのと並行したかたちで、労働市場へと分配されていく自分をうけいれていく期間といいかえることできる（21世紀にあっては、20代、ときに30代前半さえも、そのプロセスがずれこむ時代が到来したが）。
　一方、10代後半から20代前半にかけて、職業訓練機関として機能してきた学校・工場等は、その存在意義を急速に縮小して、傍系となっている。それらがいまだに機能しつづけているのは、宮大工や伝統芸能など歴史的継承が前提となっている古典的領域とか、技能工を意識的にリクルートしてきたトヨタ自動車など企業内の養成機関など、ごくかぎられたものであろう。商業高校・農業高校・工業高校や高等専門学校など、職業教育をになうとされる中等教育機関は存続しているが、そこでなされる教育は、大学での学部教育と本質的にことなるものではなく、すくなくとも「即戦力」養成機関ではない。アメリカの学部教育が基本的に教養教育でしかなく、ロースクールやメディカルスクールという大学院教育で専門家のタマゴを本格的に育成することに象徴されるように、すくなくとも20歳前後までの教育機関は、広義の普通教育をさずけ、専門各分野の担当者たりえる素養をみにつけさせる空間と化した。その意味で、現状での日本の医歯薬科系学部のように国家試験合格を前提とした予備校的な性格を前面にだした高等専門学校的空間は例外的少数というべきである。

このようにみてきたとき、20世紀的な学校空間や職能教育というのは、その時代的やくわりをおえて、(1)´ 10代後半までの「託児所」＋「選抜」機能と、(2)´ 20代を中心とした資格試験予備校や各種大学院などでのキャリア準備教育、という、年齢層と職業意識（適性を自覚する能力や目標までの自己制御能力をふくむ）に応じた多様な複線系ルート、という様相が急速に肥大化してきたといえよう。

　しかし、それでもなお、現代日本にかぎれば、「学校」的な空間としてイメージされる独特の時空はなくなっていないと感じられる。だとすれば、その本質とはどこにあるのか。

(A) それは、パターナリズム（「向上」が目的）をうたった拘束性をむねとしており、その心身への介入は頭髪・化粧・衣服・携帯品・食事入浴など身体およびその延長物にまでおよび、そこには人格の評価をふくめた干渉がふくまれる。それを極限まで実現しているのは、刑務所・強制収容所・軍隊・教団などであるが、学校・企業研修なども同質の要素をかかえる（全寮制・登校制など拘束度の強弱は連続体をなすが）。ここでの本質的特徴は、各人の自由・主体性を否定すること、たとえば「外出／通信制限」など、自由度を相当程度規制し、基本的には禁欲的日常をしいる体制である。

(B) これら準拘束空間では、（「教官」役の指導員を例外として）原則的に徹底平等主義が貫徹する（例外は「模範囚」「患者」など）。そこでは、清掃活動をはじめ自治的な整備作業が分担・当番等をもって、なるべく均等負担になるよう配慮され、それら作業自体が、収容者たちの精神的成長に資する不可欠の過程と位置づけられる修業空間という自己規定があるとおもわれる。実際には、「教官」との心理的距離がピラミッドを形成して、役務の平等原理が完全にこわれていたり、食料・嗜好品の享受特権が一部にゆるされていたりなど、平等原理の否定や恣意性が潜在することはいうまでもない（刑務所・収容所・運動部・教団etc.）。

(C) これら拘束空間での深刻な象徴的現実は、被収容者の人格が極度に制限され、ときに侮辱のかたちで否定されるなどもあいまって、被収容者の大半が思考停止したり意識が混濁するなど、洗脳・マインドコントロール下におかれることである。

これは、オウム真理教などカルト教団内部だけの事態ではなく、学校や部活動、いわゆるブラック企業での業務途上や研修、病院、各家庭など、閉鎖空間でしばしばおきている現実である。

　これら「学校」的空間の特質を隠喩するなら、なにがもっとも的確だろうか。それは、家畜が大量に飼育されている牧場・養鶏場のような空間、あるいは、野犬などが収容されている保健所のような空間ではなかろうか。なぜなら、これら動物は、管理者に合理性があるかどうかの保証などない恣意性＝ハイリスクに支配されており、それら理不尽に対して、いっさいの異議もうしたての権利をもたない無力な存在であり、しかも、しばしば管理者たちは、失敗の責任をとわれずに、にげおおせてきたのだから。たとえば、ナチスのホロコーストや日本軍による捕虜虐待、カンボジアでのクメールルージュによる大量虐殺など以外でも、おびただしい強制収容がおこなわれてきたが、そこでの人権無視をとわれた責任者がいかほどいただろうか。ナチス・日本軍・クメールルージュ関係者は軍事裁判にかけられたが、シベリア抑留、日系人収容所、日本をふくめた難民収容所など、無数の強制収容でくりかえされた非人道的行為のほとんどは、刑事罰がくだされるような裁判自体が成立しなかったばかりか、民事上の保障もなされなかった（日本の軍や大企業が大量に動員した朝鮮・中国出身労働者も同様だ）。

　もちろん、強制収容による処遇には、過酷さに濃淡はある。しかし、競馬・乗馬用にリクルートされなかったサラブレッドが馬肉と化して消費されることをひとつとってみても、とても「優駿」をそだてるための性善説的教育機関とはいえないのと同様、たとえば、ステートアマ選手を大量に育成してきた社会主義体制であるとか、事実上の自決強要だったといわれる特別攻撃隊の促成機関など、これまで近現代に誕生した収容機関のおおくは、管理者の恣意と、被収容者の思考停止による理不尽な支配というのは、否定しようがない歴史的現実ではないのか。

　現在も無数に存続していると推定される、いわゆる「ブラック企業」や、少数ではあれ生成しつづけているカルト教団などはもちろん、無数に点在する日本列島上の教育的空間は、以上のようなそしりを完全にまぬがれていると、むねをはれるのだろうか。そうでないからこそ、各種スポーツ団体からふきだした暴力的体質の現実があるのではないか。報道でのすさまじい実態に、大衆はくりかえしおどろい

てみせるが、そもそも、自分たちが接している企業組織や部活動や各家庭内で、本質的には通底する恣意的暴力や思考停止が無数にくりかえされているのではないか（セクハラ・パワハラ・DV・虐待……）。だとしたら、スポーツ界でのスキャンダルは、ひとごとでは全然ないはずだ。それこそ、わがことと感じられずに、周囲でくりかえされる暴力的現実や思考停止などが視野からはずれている現実こそ問題の本質だろう。実は、現代日本のおそるべき本質とは「託児所サービス」を展開する公教育こそが、企業ほかの野蛮な体質にあまい感覚マヒをさせる装置であり、人権侵害に鈍感な心身を「育成」している現実ではないのか。それは、「教育」「訓練」「トレーニング」といった認識の合理化をともなうかたちで現実の本質・深刻さを矮小化させる、「国家のイデオロギー装置」といえるのではなかろうか。

　刑務所における懲役刑が、「更生」というプロセスなのだという「教育刑」思想は、宗教関係者である教誨師はもちろん、刑務官さえも指導者と位置づけることを自明視しているようだ[107]。同様に、学校教育はもちろん企業内研修など人事過程は、当然のように「上位者」（教員・上司・先輩）を指導者としてうたがうことをしない。あたかも全知全能の神のように「善導」の方向をみとおしているかのようにである。しかし（たとえば、オウム真理教等ほどひどくはないにしろ）「指導死」という結果や「パワハラ研修」などが発生している現実を、どう説明するつもりなのだろう。これらの惨状を単なる一部例外的少数による逸脱・暴走と排除してすませていいのだろうか。

　保護者と乳幼児の絶対的関係のごとく、弱者が異をとなえられないような非対称性と、強者の恣意をとどめる装置が基本的に用意されておらず、基本的に密室で暴力がくりかえされるという普遍的構造は、いま一度再確認しておく意味があるだろう。

# 註

86 　ここでは、おもに、畠山弘文が提唱した「動員史観」をイメージしている（畠山 2002, 2006）。

87 　これら一連のキーワードは、権学俊「近代日本における身体の国民化と規律化」に よっている（権2018）。

88 　アフリカ系の大学合格者などで不当に優遇されていると不満をいいたてるヨーロッ パ系による逆差別論でもちだされるのは、おなじ少数者であるユダヤ系や東アジア 系では、話題にさえのぼらないという対比であった。最近は、ヨーロッパ系の逆差 別論を正当化しアファーマティブアクションをつぶそうという画策が、東アジア系 学生への差別が深刻だという論理としてうちだされるようになった（「ハーバード大 で入学差別か　アジア系訴え、黒人にも波紋」『朝日新聞』[2018/1/16]）。

89 　作者城山三郎が、徹底的に受験勉強体制を整備し意のままにあやつろうとした長男 を制御しきれない母親、自由奔放の日常を放置された次男が成績優秀という皮肉な 展開をあえてえらんだのは、単なる悲喜劇としての人為的構成ではなく、管理教育 の本質的欠陥を経験主義的にうったえたかったからだろうが。
　　ちなみに、学習塾に象徴される東アジア型の受験体制（ミクロな家族主義的教育 戦略）は、1970年代の日本にとどまるものではなく、現代日本では団塊世代の高校 進学期に発し半世紀におよぶ「受験戦争」として展開してきた。この経緯＝激動ぶ りを、塾関係者の視座をとおしてスケッチしたものとしては、千葉県内で実際に勃 発した「津田沼戦争」等に取材した、森（2018）など（舞台は1960年代初頭～2000 年代後半）。同書は、関係者への取材をもとに成立し、巻末に「主な参考文献」とし て、業界誌にくわえて16点もの文献がリストアップされているなど（同上：607-8）、 一種の戦後教育史といってさしつかえない。

90 　1938年にイディッシュ語で発表された"Dana Dana"（英語訳Dona Dona, 1956）は、 ホロコースト批判でないことはもちろんだが、反ユダヤ主義批判のイメージが投影 されてきた。AGFのTVCMが、うられゆく子牛と収容所おくりになるユダヤ系市民 の隠喩と無関係でいられないことは、もちろんである。

91 　たとえば、「給食指導では，少量でも残さず，全て食べる事を目標に「三角食べ」を 指導し，それに止まらず「三角食べ」の回転数をはやめて時間内に食べさせたり」 といった批判が日本教育学会第42回大会報告ではなされている（塩野1984：73）。 農水省発行の『和食―日本人の伝統的な食文化』という食文化テキストでは「日本 の伝統的食文化としての和食」という箇所でつぎのように文化史家にかたらせてい るが、「三角食べ」の根拠（伝統的日本食文化）としてあげられる「口中調味」論も ふくめ、本質主義的にくみたてられた伝統幻想なのではないか。そもそも懐石など コース料理に「三角食べ」などありえないわけで、茶道史の専門家の言とは解せない。
　　……和食の食べ方として注意されるのは、ご飯とお菜、あるいはご飯と汁とい うように交互に食べ、いつもご飯を間にはさんでお菜や汁をとるのが本来であ った。これに違反することは、古くは「移り箸」として箸のタブーの一つとされ、 お菜からお菜に箸を移してはいけないとする箸の作法の一つであった。比較的 味の淡薄なご飯と味の濃いお菜が口中で適宜咀嚼されておいしく食べられると

考えられてきた。近年はお菜が豊富となり、お菜だけを食べる習慣が強くなっているが、逆にもっとご飯を食べバランスのよい食事をするためには、この方法がよいと見直され、三角食べ（お菜－ご飯－別のお菜）と称して給食で勧められている。　　　　　　　　　　　　　　　　　　　　　　　　　（熊倉編2012）

　1970年代に東日本の学校を中心に給食指導ですすめられたとされているが、栄養学的根拠も別になければ、普遍的伝統ともいえないものにすぎず、単に管理教育の手段として動員されただけとおもわれる。

　特に、日本列島外では通用しない。血糖値上昇リスクや順番指定の無根拠性。牛乳・御飯を口中調味（口内調味／口中調理）する異様さ。発達障害児にとっての口中調味の困難さ。列島外にルーツのある生徒に対する同化主義の是非。など、さまざまな問題点が指摘されていることをみても、安易に正当化できる指導内容でないことだけは確実だ（「給食指導で三角食べ指導はしていいの？　するとしたら配慮事項は？」『nutr.net』2015/10/6,　https://nutr.net/archives/370））。

　たとえば、「小5女子に体操着の下の肌着・ブラ禁止　汗で風邪引くと禁じる小学校の校則が物議「性的虐待では」」（『BIGLOBEニュース』2018/5/18）、「体操服の下に肌着禁止、小学校のルール変？　心配な親も」（『朝日新聞』2018/6/1）といった、理解にくるしむローカルルールが学校では頻発しており、同様の問題視は「小学校で女子の下着着用禁止というルールはおかしい」（『GIRL'S TALK Review』2016/10/6, http://girlstalk.komato.me/786573/）といった、掲示板のまとめサイトでもわかるとおり、以前から話題化していた。現場は、なかなかうごかないことをしめしているといえよう。

　教員文化とおもわれる校則が合理性よりはガラパゴス化した恣意性を感じさせるのは、民族的少数派が加入したときに一層露呈する。たとえば、今津孝次郎は、ブラジルの学校なら許容される宝飾品が成人限定とする日本の学校文化により否定されること、こども文化としてのマンガ／おやつが、学習秩序や給食秩序に反するとされることを指摘しつつ、説明ぬきで個々の校則を一方的にしいるなら、強制的な同化主義におちいりやすい。文化的背景を説明すれば異文化理解がすすみ、校則の習得も容易になるはずとする（今津2012：132-3）。妥当な見解といえよう。しかし同時に、たとえば大学なら成人教育空間として一挙に許容度があがる以上、宝飾品／マンガ／おやつ禁止が学校教育上合理性をもつという客観的論拠をもちだすことは困難とおもわれる。そもそも、僧坊や刑務所に準じた禁欲主義を公的空間にもちこみたがるという日本文化の一種として学校がある。そこでは「被教育者とみなされる対象＝主体（臣民；sujet）は、ひたすら秩序のもと従順な心身として禁欲的にすごせ」という規範が支配する。一方、たとえば職員室での教員の飲食はアルコール等でないかぎり許容されるなど、上位者にはそれらの規範がはずされ、適用実態に一貫性はない。権威主義的恣意性がただよっているのである。だからこそ、前述した「水道水での水分補給を原則」（p.34, 註21）といった規制が発生し、水筒で授業・登下校中の摂水まで禁じかねないような、バカげた身体管理がうまれたりするのであろう。校則に客観的普遍的な合理的根拠があるとか、文化的背景を理解させることで規範を受容させることが教育的であるといった感覚自体うたがう必要があろう。

93　それは、ときに「わたしたちの世界がこわれてしまう」といった被害者意識たっぷ
りだったり、「頭のてっぺんからつま先までジロジロ監視し、スカートを引っ張って
ものさしで測り、いやがらせで相手を意のままに「生徒らしく」するといった、激
烈な指導」といったサディズムさえかぎとれる変態的な攻撃性だったり、とても「パ
ターナリズム」などと合理化できるものとはおもえない要素満載にみえる。

94　内藤朝雄は、「いじめは日本特有か？」というコラムで、「一定の環境条件下では世界
のあらゆる地域で蔓延しうる」「日本にかぎらず、世界中の「生活を囲い込んでベタ
ベタさせる」学校共同体制度が、程度の差はあれ、若い人たちを本書で描いてきた
ような境遇に追いやっている。いじめは、日本特有ではなく、世界共通（あるいは
人類普遍）の心理－社会的なメカニズムによって蔓延し、世界共通（人類普遍）の
心理－社会的なメカニズムによって減らすことができる」としている（内藤2009：
193, 196）。
　　この指摘はきわめて重要である。たとえば、2018年5月におきた日本大学アメ
フト部の「悪質タックル問題」に関して、窪田順生「日大「内田・井上コンビ」
にソックリな人物は日本中の会社にいる」（『DIAMOND ONLINE』2018.5.31,
https://diamond.jp/articles/-/171295）とか、栗下直也「日大アメフト事件が米大学
スポーツでは起こり得ない理由　『不合理だらけの日本スポーツ界』」（『DIAMOND
ONLINE』2018/6/15, https://diamond.jp/articles/-/172462）などで、監督・コーチの
個人的責任へと問題を矮小化しないように警告している点ではまちがっていないが、
あたかも日本的スポーツ界独特のゆがんだ文化といった別の意味での矮小化＝日本
文化特殊論におちいっている。器械体操界での女子選手に対する性暴力や、海兵隊
がシゴキと称して暴力的に新兵訓練を強行しつづけてきたことの狂気など、すくな
くともアメリカの教育的空間＝「社会学的密室」（註97参照）では異常な状況がくり
かえされてきたことがしられている。おなじく、アメリカ・オーストラリアなどの
カトリック教会で男児への性暴力がくりかえされてきた現実とそれへのローマ法王
庁の不充分きわまりない対応なども、同質の問題だろう。さらには「#MeToo」運動
として巨大な世界的運動となりつつある、女性へのセクハラ・性暴力が告発されて
きたことをかんがえあわせれば、非対称な優劣関係が密室に封印されたとき、さま
ざまな暴力・ハラスメントが発生するし、被害者は、大半が「なきねいり」におい
こまれるのである。2017年末から、日本相撲協会、日本レスリング協会などで続々
とスキャンダルが日本中をおおったし、同様の不祥事は柔道界ほかたくさんあげる
ことができるが、すくなくとも日本社会独自論に矮小化するのは明白な誤謬といえる。

95　学校における体罰については、教育法学からの古典的労作、坂本（1995）や、教
育社会学からの体罰論として、今津（2014）、倫理学からの体罰論として、竹田編
（2016）などをあげるのが妥当か。ほかに藤井（2013）など。なかでも印象的な指
摘として「強い運動部活動というのは、体罰や暴力、しごきなんて当たり前だって、
暗黙のうちに子どもも大人もそう思い込まされている」「つまり、運動部というのは、
暴力団、やくざ集団と変わらないんじゃないかと思い込まされている」「暴力団でも
最近は殴らないで組員の減少を食い止めています。運動部ももっと指導の仕方を工
夫して、入部する生徒を大事にしないと、生徒が減少して、運動部活動そのものが
成立しなくなる（廃部になる）危険性があることを認識しなければなりません」（近

藤2014：118）との発言をあげておこう。

　ちなみに増田俊也は、旧制高校・旧制官立大学予科の系譜にある国立大学の柔道部周辺の練習・対抗戦が、端的にホモソーシャルで暴力的な空間であったことを、自叙伝的な部活動体験記として活写している（いわゆる「高専柔道」「七帝柔道」）。練習中も「参った」をゆるさず、絞め技での失神や関節技による脱臼・骨折も当然視し、対抗戦中の決定的劣勢も失神・重傷覚悟の時間ぎれ引き分けを強要するなど、苛烈そのものの空間といえる（ボクシングによるTKO判定にあたる判断が慢性的に機能不全をくりかえす）。当事者たちは退部者など以外マゾヒスティックな自己満足感を共有しているらしく、伝統にそい充実したうつくしい青春としてなつかしがっている様子がよくわかる。アメリカ海兵隊の猛訓練・暴力体質と通底する、拷問じみた練習実態も、つよくなるための愛情ある指導として解釈・正当化されてきたのだ。そして、そういったマゾヒスティックな姿勢は、（まったくの初心者でも精進次第で競合になりえるという経験則にうらうちされた）「練習量がすべてを決定する柔道」という理念を標榜することで、敗北は努力不足で人格が否定されて当然、引退以外の退部は逃避（自分に対する敗北）といった自縄自縛の論理的帰結としてもたらされた（増田2017：339）。

96　「生徒指導をきっかけ、あるいは原因とした子どもの自殺」（大貫2013：1）との定義がある。

97　ちなみに、兵舎や刑務所、精神病棟のように、あきらかに「脱走」をゆるさない閉鎖空間だけでなく、学校や会社、家庭など、物理的・法的には自由に退去が可能なはずの空間でも、劣位者が「かなしばり」にあったかのように「囚人」化する力学を、著者は「社会学的密室」とよんだ（ましこ2007）。マインドコントロールや自己催眠的な心理のもと、そこをたちされないかのように当事者が錯覚してしまうし、第三者がなかをのぞきこんではならないようなプライバシーないし機密など、神聖視・タブー視されることで、実質的に「密室」化してしまう構造である。

98　「すりこみ（imprinting）」は、コンラート・ローレンツら動物行動学者たちによって定式化された、鳥類などでの孵化直後の親のとりちがえ現象など学習行動をさす術語。本書では、10代など未成熟な選手などが、指導者の暴力性を教育愛と錯覚して積極的に受容していくメカニズムをさしている。

99　　……暴力の被害者が加害者の行為を受け入れてかばう現象は、スポーツの現場ではしばしば見られます。どうしてそうなるのでしょうか。

　　成功体験の影響を指摘するのは、スポーツの暴力問題に詳しい辻口信良弁護士です。

　　辻口弁護士は大学でスポーツ法学を教えるとき、体罰に関する考えを学生に書かせています。競技である程度の成功を収め、大学にスポーツ推薦で入学するような学生は、指導者の暴力や暴言を容認する傾向があるそうです。「先生が泣きながら殴ってくれたおかげで勝てたと書いてきた学生がいた。自分自身で自主的にしたことでなく、人から暴力で強制されてしたことでも、結果さえ良ければそれでいいという考えが土台にある。暴力を容認することがゆがんでいるということに気づかない。スポーツのゆがみというより、教育のゆがみ」と話しています。……（忠鉢信一「なぜ選手は暴力を受け入れるのか　気づかな

い「ゆがみ」」『朝日新聞』2018/9/4）

100 打擲イデオロギーは、「虐待」をしつけといいはる保護者・保育者と同様、「指導」原理というフレームで発生する暴力を正当化する信念体系とかんがえられる。これは、「子どものいじめは「遊び」のフレームで生じるが、パワハラは「業務」のフレームで生じる」（山田2012：145）との指摘と並行している。

この打擲イデオロギーは、欧州の教育機関においてしばしばみられた教師によるムチうち等はもちろん、近現代日本にかぎられない普遍的暴力といってさしつかえない。現代スポーツにかぎっても、たとえば、「罰としてのトレーニング」（谷口2018a）が「指導死」をもたらしたアメリカの大学でのケースなど、深刻なパワハラ構造は広範にのこっているといってさしつかえない。日本特殊論がまちがっていることだけは強調しておこう。ちなみに、オウム真理教が教団内外でリンチやテロを正当化した松本智津夫らの「ポア」（処刑）概念も、魂の救済なのだというグロテスクな独善的強弁だったが、本質的酷似がみてとれよう。

101 2018年8月に発覚した器械体操女子選手に対する専属コーチによる暴行事件のケースのばあいも、被害者が加害者をかばった典型事例である。ただし、被害選手自身による記者会見に対して、弁護士が「被害者が生存戦略として加害者との間に心理的なつながりを持つようになる"ストックホルム症候群"の恐れも否定できない。今回の件は、当事者（被害者）さえ否定すれば問題ない、との流れができる可能性もあり、非常に難しい問題だ」とコメントしたのは、いさみあしの可能性がたかい。（「宮川、一貫して速見コーチを擁護…弁護士「非常に難しい問題」」（『スポニチ』2018/08/30, https://www.sponichi.co.jp/sports/news/2018/08/30/kiji/20180829s00067000427000c.html）。

102 被害者が後年加害者へと変貌していく再生産構造（暴力の連鎖＝安冨らがいう、ハラッシー＝ハラッサーの生成メカニズム）。関曠野（1985）参照。

103 もちろん、冷静な関係者は、こういった「人格」陶冶イメージに批判的である。たとえば、身体教育学者の中澤篤史は、スポーツの「人格形成論的」図式（アスレティシズム）がつづいた学校史をふりかえりつつも、「運動部活動」での暴力・イジメ・犯罪などの現実を指摘し、「スポーツをすれば必ず良い人間になる」と素朴に信じていないし、「いくつかの実証研究の結果も、スポーツの人格形成への有効性を必ずしも支持していない。」「運動部活動参加が反社会的な逸脱を引き起こすという報告もある。人格形成仮説は、「実証されていない神話としての側面がある」」とする（中澤2014a：33-4）。さらに中澤は、学校関係者が自明視してきた「身体形成論的図式」に対しては、けが・障害などの過剰さなどがもたらす悪影響ゆえに「身体を正しく形成するために、スポーツと学校教育の結び付きを断ち切る必要性」を指摘した（同上：35）し、「学校を通じて、スポーツ文化を学習し発展させる」「スポーツ文化論図式」に対しても、「体育の授業で子どもにスポーツが教育として強制されることで」「スポーツ嫌い」がうみだされている。「学校教育の枠組みがスポーツ文化の発展を阻害していると問題視」する玉木正之などの議論を紹介している（同上：36-7）。中澤篤史の理想とする「〈子どもの自主性〉に注目した社会科学的アプローチ」が、公立中学等でひろく実践可能なのかという疑念はともかくとして、すくなくとも中澤の学校スポーツ観が、一般的な体育関係者とまったく異質な認識にたっていることは

明白だ。すでに註37（p.50）でふれた点は自覚されている。

　　また、身体教育学専攻の近藤良享は、日本のスポーツ文化のもとで、本来遊戯だったスポーツが心身の積極的な鍛錬の手段に変質してしまう（「道」概念etc.）体質に、深刻な問題をかかえる「スポーツの体育化」として問題提起している（近藤2014：121）。この提起のばあい、心身鍛錬の手段化自体、スポーツの本義をそこねる歪曲と位置づけられており、玉木らの体育批判・スポーツ教育批判の次元をこえている。しかし、これら根源をとう批判的姿勢は例外的少数なのではないか。

104　教育が「飼育」「調教」と本質的に通底している現実、性愛行動におけるサディズム・マゾヒズム空間が「調教」等を積極的にコピーしてきた構図については、ましこ（2013）の6章・7章参照。

　　また、教育が本質的に支配と連続性をおびている点については、ましこ（2018）の2章2節「対生命労働2：「教育／支配労働」」および7章2節「対生命ゲーム2：「教育／支配ゲーム」」参照。

105　「体罰」という表現自体が責任転嫁による逆ギレにすぎない点は、以前から指摘されてきた。「オランダに限らずヨーロッパの多くの国では、「何度言ったらわかるんだ」と発するコーチは、暴言や威圧的な態度以前に、指導力、コーチング能力がないとみなされてしまう」といった、日欧の格差は無残とさえいえる（大塚一樹「「体罰」という言葉を使うの、やめませんか？　暴力を美化しがちなスポーツ現場に思う」『VICTORY』2017/6/15, https://victorysportsnews.com/articles/4201/original）。

106　**堀内京子「罵倒・無視・自己否定…　ブラック社員研修への対処法は」**

（『朝日新聞』2018/8/27）

　　「ブラック」「軍隊のよう」とも形容され、パワーハラスメントや人権侵害の可能性がある過酷な社員研修がなくならない。新入社員だけでなく、中堅の管理職向けにもある。働き手として心身を守るため、何に気をつければよいのだろうか。

　　「自分が受けた内容と同じだ。あれもパワハラ研修だったんだ」。西日本に住む40代の男性は1年前、社員研修で自殺に追い込まれて労災認定された新入社員の遺族が、勤め先などに損害賠償を求める訴訟を起こしたニュースに釘付けになった。携帯販売代理店の店長として受けた社員研修会社の研修の後遺症に苦しみ、退職した直後だった。

　　人里離れた宿泊研修施設では携帯の持ち込みは禁止され、のどが痛くなるほど大声で発声させられ、移動は小走りと決まっていた。

　　午前6時〜午後10時の研修に加え、深夜までの自主勉強もあり、短い風呂の時間でシャンプーを洗い流せなかった同僚の女性もいた。リポートで「業務の改善点」として「人材の適材適所の配置が望ましい」と書いたら、「自己批判が足りない」と講師から罵倒された。怒鳴られ、自分だけ発言を無視されるなどの集中攻撃をされたという。

　　研修後に自律神経失調症になり、1日に何度も気絶するようになった。人事部や研修チームに「自己責任だ」と責められた。その後、通勤時間が2時間かかる倉庫への異動を命じられ、退職した。ニュースを見た後、「人格を破壊するような研修をなくしたい」とツイッターで発信し始めた。〔以下略〕

107 　教誨師はもちろん、刑務官も因人たちから「先生」とよばれている。伝説的なひと
りの教誨師についてのルポとしては、堀川（2014）。刑務官経験者による内情の解説
としては坂本（2003, 2006, 2009）。

　実際に刑務所が理想的な教育空間でないことだけは、さまざまな不祥事等から推
測可能だし、刑務官がなまみの人間として当然限界をかかえている現実は、たとえば、
マンガ『モリのアサガオ』（郷田2005abc, 2006ab, 2007ab）などからも想像できよう。
現実に、反省する能力のない因人は実在するし、「実社会から強制的にひきはなして
幽閉し自由を一定以上うばえば、おのずと改心し更生できる」といった人間観自体、
経験則というより願望にもとづいた楽観主義ではなかろうか。そもそも拘置所内な
どでの自殺を禁じながら国家権力がくりかえす殺人（日本なら刑務官に処刑させる）
の存在自体、深刻な矛盾であるが、それはともかく、懲役・禁固という幽閉過程で
非行を確実に後悔させるという教育目標自体、非現実的にうつる。特に、懲罰とし
て課す強制労働などの正当性・有効性もあやしいだろう。

　少年院のような指導体制を蓄積することなく、刑務作業を科す刑罰と日常生活の
監視・管理に終始し、受刑者に表面的な「反省」をしいるだけ。出所後の再犯をふ
せげるような更正施設としての責任をはたせていないとみられる刑務所の体質。こ
うした更生施設としての機能不全については、受刑者の支援にあたる関係者から「矯
正教育なんかしない方がマシ？」といった痛烈な批判さえでている（岡本2013：82-
9）。「刑務所は受刑者と向き合えるのか？」という、根源的なといかけをしている筆
者の提案（岡本2014：186-203）に法務省等が真剣に対応しているようにはおもえ
ない。

　こうした「反省」をしいる教育方針の偽善性と無自覚な欺瞞性は、刑務所の教育
刑思想にとどまらず、学校教育や家庭でのしつけにもあてはまることを、この教育
学者は指摘しており、かんがえさせられる。

第5章 性教育ほか、リスク対策教育の実態

# 5.1. 公教育での性教育と政治的介入

　組体操や柔道など、おおくの死傷リスクをかかえた学校体育・部活動の問題や、食育のかかえる問題など、さまざまな現実・課題をとりあげてきた。すでにのべたように、性教育など、切実なリスク対策教育についても、現状は非常にくらいというのが現実である。そもそも官庁は、生産・流通業者など企業活動等の規制組織という性格があり、学術研究も同様の性格をかかえて発達してきたこと、逆に公害・薬害など産業社会や巨大技術がもたらす有害物質などのリスクについての規制・研究は、正直積極的にとりくまれてきたわけではないことを指摘しておいた。かんがえてみれば、航空・鉄道・船舶など人命がかかっている輸送業界などを例外として、安全に最大限の配慮をはらうという姿勢がどうしても軽視されがちなのは、コスト競争などもふくめて、さけられない構造があったのだ。だからこそ、乳幼児など自衛力がない弱者が保護されるべき保育施設の劣悪な環境などが軽視されたままできたとか、長期的には安全とはいいかねる飲食物が製造・提供されるといった実態が放置されがちだったわけだ。

　学校教育も同様であり、近年こそ、訴訟リスクをさけるためという官僚主義から、安全第一がさけばれるようになったが、いまだに熱中症対策や食物アレルギー対策がおろそかになるなど、杜撰さがしばしば露呈するし、なにより体育・部活等でのハイリスクの放置がおさまらない現実がある。実は、「食育」はもちろん、性教育・救急法指導など、教科教育の内実も、進学志向や神話的な教養主義が邪魔をして、

生徒本位の内容にならない傾向がみられる[108]。そもそも、保健体育科や家庭科で受験できる高校・大学などがない以上、受験出願時の調査書の1項目にすぎない教科群など、本気で勉強される対象からはずされつづけてきたわけだ。

　しかし、性暴力や性感染症、のぞまない妊娠リスクへの対処など、中高生にとって切実な課題は山積なのである。さきに、性感染症やデイトレイプなどのリスク群／自衛策を女性学・男性学の知見等もまじえて講じない指導などナンセンスだと批判的見解をのべておいたが、現行の教科書等をみるかぎり、最低限のことをかくにとどめる、アリバイ工作に終始しているようにみえる。これは、教育者・教育行政当局として、あまりに無策・無責任であり、アリバイ工作自体が偽善のきわみというほかない。

　実際に、教科書記述等を確認していこう。『現代高等保健体育 改訂版』（大修館2017）のばあい、「保健編」は1単元の第12章・第13章「現代の感染症」「感染症の予防」につづいて第14章「性感染症・エイズとその予防」として全2ページ、2単元の第1章〜5章が「思春期と健康」「性意識と性行動の選択」「結婚生活と健康」「妊娠・出産と健康」「家族計画と人工妊娠中絶」の計10ページが性教育としてさかれている。無理な減量が無月経などをひきおこしかねないとか、マスターベーションは無害であるとか、しかるべき記述はわるくない（p.64）。また、セクハラ・リスクへの言及や性情報リスクへの警告、性行動に関する意志決定の重視なども有意義な指摘として近年の改善とうけとれる（pp.66-7）。のぞまない妊娠をさけるための避妊にふれるなかコンドームの指摘はもちろん、低用量ピル・人工妊娠中絶への言及も、近年の劇的な状況改善をうかがわせる（pp.72-3）。特に、少子化の問題にあえてふれないなど、のぞまない妊娠の回避を重視した姿勢や（pp.72-3）、デイトレイプへの言及（p.66）等もこのましい。

　しかし同時に、これら性感染症をふくめたリスク群への配慮だけでなく、現在メディアでとりあげられている種々の論点もあつかわれて当然のはずだ。たとえば、これらセクシュアリティに関して記述するのであれば、結婚外の妊娠・出産・育児といった現実、同性愛をふくめた妊娠・出産という生殖とは無関係な性現象への言及は不可避となる。これらが完全に欠落している理由は、おそらく、異性愛者同士の結婚＋育児という既存の図式を絶対うごかせない原理原則とみなす保守的性規範のしばりである。この規範から解放されないため、婚外子など論外となるし、不倫

など実際頻発するインフォーマルな性関係や、周囲が反対する妊娠・出産、離婚や出奔など婚姻の破綻をふくめたさまざまな現実が視野にはいらないように、記述をひたすらさけていることがうかがわれる。母子家庭がおかれている理不尽さなど、セクシュアリティ周辺には、一般的市民がごく普通にかかえるさまざまな非合理・リスクが多数あるのに、肝心なことにはいっさいふれないのである。ここでも、視野を限定することで、クリティカルな社会問題については極力かんがえさせまいとする、かくれた洗脳工作がうかがわれる。

　文科省は、反動的な保守系政治家や言論人その支持者たる保護者たちをおそれてか、つぎのような現実から乖離したたまの性教育をつづけようとしている（齋藤益子2018：5）。

　　　　「各学校では4年生女子に月経教育が行われる。しかし、多くの学校では射精教育を中心にした男子への性教育は十分ではない現状がある。また、一般に使用される「性教育・二次性徴」ということばは使用されていない。」(pp.1-2)

　　　　「男子の精通平均年齢は13.2歳、女子の平均初経年齢は12.3歳であり、中学生への性教育は大変重要である。学習指導要領には、表2に示すように総論として示されている。中学3年生で、性感染症の予防としてのコンドームの使用が有効であることには触れているが、コンドームについての正しい使用法などは指導外になっている。具体的に性感染症の予防について、感染経路や性的接触をしないことなどをどのように指導するかは個々の教育者に委ねられており、学校の校長の方針の違いや、教員の学習指導要領の解釈の違いなどから、内容に大きな差があるのが現状である。」(p.2)

　　　　「性行動を開始する年齢である高校生に対しては、避妊や性感染症などの具体的な性行動のもたらす問題について講演することが必須であり、コンドームの具体的な使用法などに触れる場合もある。実際に、「健やか親子21」の一次計画でも、コンドームの正しい使用法は高校生に対する必須の知識とされている。

　　　　前述した文部科学省の学習指導要領では、結婚生活という基本的概念のなかで必要時には避妊をするとして、その一つの方法がコンドームを用いることであることを理解させ、夫婦間において避妊が必要な場合の知識としているため、コンドームの具体的な使用法などの実践的な教育は高校では実施できない。現実には

高校生は性行動を開始する年代であり、平均初婚年齢が約30歳であることを考えると、教育と現実の性行動には大きな乖離がみられる。」(p.5)

　また、自治体では、つぎのような珍妙な事態が発生した。

　「東京都の足立区立中学で3月にあった性教育の授業。「性交」や「避妊」という言葉を使い説明した点を都議が問題視し、都教育委員会が「不適切」として区教委を指導することを記事にしたところ、多くの反響がありました。」

　「東京都教育委員会は、足立区立中での授業について、小中高のいずれの学習指導要領でも扱いがない「性交」、高校で扱う「避妊」「人工妊娠中絶」を教えたことは、「中学生の発達段階を踏まえてふさわしくない」としています。授業が保健体育ではなく総合学習として行われたことについても、「保健分野に偏り過ぎている」と見ています。「全生徒を対象にした授業では、性交を助長する可能性もある。必要があれば個別指導がふさわしい」というスタンスです。」

　「伝えたいことは多いのに、指導要領が足かせになることも。例えば、「性行為」「性交」や「セックス」という言葉は現在の教科書にないため、事前に校長の許可が得られなければ使いにくいといいます。許可されなければ教科書に載っているように「性的接触」と伝えますが、ポカンとした様子の中学生を前に、もどかしい気持ちになるそうです。」

（「中学生への性教育、どうしたらいい？」『朝日新聞』2018/4/16）

# 5.2. リスク対策教育からみた性教育の機能不全

　これらの「指導」が、教育政策としていかに無責任でハイリスクかは明白だろう[109]。そして、こういった現実乖離の教材・教育実践は、AVなどポルノ系フィクション情報や家庭外のピアグループなどによる、インフォーマルで「自然な過程」に事実上「学習」をゆだねてしまっている点で、実にアナーキーな不作為を含意している。保守派のほとんどは、少子化を強烈に懸念する層だろうに、矛盾にみちた圧力を教育現場にくわえつづけるなど姿勢として破綻している。笑止千万というほかあるまい。保守的政治家たちによる性教育に対する妨害活動を問題視する識者はすくなくないし（広瀬裕子2014, 浅井ほか2018）、たとえば男子生徒に対する積極的

な性教育などは、あきらかに等閑視されてきたといえよう（村瀬2014）。性暴力の加害者の大半がおとこである現実があることはもちろん、そもそも性現象の理解が女性の自己責任・自衛問題であるかのような位置づけ自体、もはや時代錯誤なのに。

齋藤益子らが活動する「日本性教育協会」や「"人間と性"教育研究協議会」、意識的な産婦人科医たちや、避妊・性感染症関連の啓発活動にとりくむNPO（たとえばNPO法人ピルコンetc.）などのうごきは世界標準（『国際セクシュアリティ教育ガイダンス（第2版）』etc.）にそっている[110]。それに対して教育現場は、右派の圧力に屈して実質的に反動的ともいえる障害と化してきた（齋藤2018, "人間と性"教育研究協議会2006, 浅井ほか2018, 染谷2018）。

当然、責任のもてる育児のための性行動しか基準がない以上、同性愛者やトランスジェンダーをはじめとして、最頻値的な性的アイデンティティにおさまらない性的少数者の多様なセクシュアリティは、あたかも存在しないかのようにあつかわれる。「性教育」が性感染症リスクなどを例外として、基本的に「生殖家族」を前提とした話題に限定しようというのだから、論理的必然といえる。レズビアン－ゲイ・スタディーズ、女性学・男性学などジェンダー論など、これまでの理論的蓄積や実証研究は当然のように黙殺される（ヴィンセントほか1997, 河口2003, 風間ほか2010, 森山2017）。

もちろん、近年、国際的な人権意識のたかまりにおされるかたちで、LGBTへの配慮などが、学校教育で喧伝されるようになったが、たとえばゲイ・スタディーズ等の蓄積が反映しているとは到底いえまい。それというのも、近年の学校現場での「配慮」とは、同性愛者という、生徒たちだけでなく教員たちの大半をゆさぶりかねない領域はアリバイ的にふれる（生殖に関する知識へと矮小化された在来の性教育同様）だけ。結局は、同情すべき対象として「性別不合」（Gender Incongruence）[111]の存在を、これまたアリバイ的に紹介するにとどまるからだ。肝心のことに教員が真剣にうちこめない構造のまま、形式的に反復されるだけの自己満足なのだ[112]。

# 5.3. リスク対策教育としての疫学的知見の欠落

　ともあれ、スポーツ史・スポーツ経済学など（社会科学的な視座がおりこまれ、一般書でも「かんがえてみよう」系の姿勢が提案されている領域）とことなり、既存のわくぐみからでられない保健教育には、疫学的な健康問題同様、セクシュアリティ関連の諸問題から、ひたすら社会科学的視座をはずそうという姿勢をかかえているか、そもそも編集委員たち自体がそういった視座をもちあわせていないか、のどちらかではないか。くりかえしになるが、性感染症やデイトレイプなどのリスク群と自衛策を女性学・男性学の知見等もまじえて講じない指導などナンセンスだとする批判は、すくなくとも大修館版『現代高等保健体育』（和唐ほか2017）には、そのままあてはまる[113]。

　このような、現代社会がかかえるリスクを直視させたがらない、いや、そもそも疫学的データを社会科学的に整理して、冷静なリスク対策をうながす姿勢が欠落した編集方針は、セクシュアリティ問題にはとどまらない。

　もちろん社会疫学的な指摘が皆無なわけではない。たとえば同書の「健康の成り立ちとその要因」という一節では、「さまざまな国で、貧困層は富裕層よりも健康状態に問題が多いことが指摘されている」として「経済的または文化的環境」の重要性にふれている (p.9)。しかし、貧困層がなぜ富裕層よりも健康問題をおおくかかえているかという解析にはすすまず、仮説さえも提示しないのである。もし、医学・保健学・栄養学など広義の健康科学に即して「健康」水準の社会的かたよりにふれるのであれば、社会疫学的な知見が紹介されなければならず、その理解のために、最低限、経済社会学的な素養の構築がもとめられるはずである。しかし本書のばあい、「健康の成り立ちにかかわる要因」として「本人にかかわる主体要因と、それを取り巻く環境要因の両方」があり、「さらに、私たちの生活習慣が、自然環境に影響を与えたりするように、主体要因と環境要因もまた互いに影響しあって」いると、きわめて抽象的な一般論におさめてしまう。結局、編集委員たちの暗黙の合意として「生活習慣病」など自己責任論がベースとなっており、そもそも自然環境や経済・文化的環境をおおきく規定しているはずの各国政府や大企業など政財官の責任はあいまいにぼかされているのである。すでにのべたような、諸勢力による

「陰謀」「連携」がすけてみえる。

　たとえば「成人病」概念がすてさられ「生活習慣病」という呼称にきりかわった点も、一般に流布している通説を無批判に追認している姿勢は、「こうした病気は生活のしかたによって防ぐことが可能である場合が多いので、それぞれに自分の生活のしかたに気をつけてほしいという発想があります」（p.16）といった記述にあらわれている。「生活習慣を改善すれば予防できるという考え」というのは、端的にいえば、自己責任論＝自業自得論である。さきに、日本では「肥満」あつかいをうける BMI 25-27.5 でさえ、世界調査の結果としてもっとも長寿とされる BMI 22.5-25 よりも死亡リスクは 7% しかあがらないという疫学的データを紹介した。メタボリック症候群などを標的とする生活習慣病予防キャンペーンには、製薬会社などの利害がすけてみえる。「自分は生活習慣を改善できない、だらしない性格だから、薬理作用にたよるしかない」といった、発症予備軍不安層をできるかぎりふやして市場をひろげたいといった野心である。

　そもそも、日本など高齢化と長寿化がすすんだ社会で、がん（悪性新生物）や虚血性心疾患などが死因上位になっていることの主要因は、各国民の生活習慣の産物ではなくて、加齢によって発症する確率がふえるからだとされている[114]。高齢になれば遺伝子のミスコピー等で悪性腫瘍ほかの発生リスクがたかまる。一方、現代日本のばあい投薬等で、がん以外での死亡リスクがへらされ社会全体が長寿化する。がんが死因の多数をしめる状況とは、がん以外ではしなない高齢者の急増と、人口比上の上昇の結果なのだ。しかし、がん不安にかぎらず、「自己責任」論へと洗脳に成功すれば健康不安をかかえる層に健康診断をせまれるし、一層不安をあおり「未病」を発症させないようにとった論理へとさそいこむことができるというわけだ。

　こういった、健康リスクに対する責任の所在のごまかしは、教科書編集委員としてはふみこんだ姿勢をしめしたつもりであろう「過去の公害から学ぶ環境問題」（pp.96-7）などにもすけてみえる。そこでは、1960 年代におおきな社会問題として浮上した「四大公害事件」として、「四日市ぜんそく」「（熊本・新潟）水俣病」「イタイイタイ病」がとりあげられているが、公害企業の実名はふせられているし、政府・自治体等の責任をわずかにみとめているのは、「1955 年にイタイイタイ病の研究報告が最初になされてから、1968 年に当時の厚生省から正式見解が発表されるまで、じつに 13 年が費やされました」（p.97）という記述だけである。

さきに紹介した社会学者の指摘「公的・準公的機関は、主要には受益に焦点を
あわせて設定された受益調整機関である場合が多く……たとえば、通産省、運輸省、
建設省等のほとんどの省庁は、主要には受益を基軸にして運営されている。」「公
的・準公的機関のみならず、工学や経済学等の学問の編成のされ方自体が、受益中
心の傾向をおびている」がいまだにふるくさくなっていない構図（梶田1988：11-2)。
それは、公害企業や管轄官庁に対する、めにあまる寛容さとして、検定教科書にも
端的に露呈しているといえそうだ。
　たとえば、くだんの教科書はつぎのように現状肯定しており、ここからは「いま
は充分改善されてよかったね」といった政府広報的マインドコントロールしかメッ
セージとして機能しないだろう。まさにアルチュセールのいう「国家のイデオロギ
ー装置」にほかなるまい。

　　　　これらの公害事件では多くの患者や死者を出しましたが、そうした尊い犠牲の
　　　上に立って、さまざまな法的規制を含む社会的対策がとられ、いまでは大規模な
　　　公害の発生はほとんど見られなくなりました。これからも、これらの事件を負の
　　　遺産として生かし、人の命と健康をつねに優先させ、事前のすばやい対応をとる
　　　などして、環境の保全に努めていくべきでしょう。　　　　　（和唐ほか2017：97)

　こういった優等生的な見解が、実際に政官財に本当に徹底しているのなら、た
とえば21世紀に発生した、「フェロシルト」事件（石原産業による東海地域での不
法投棄事件）（杉本2007、鳥羽2008、ましこ2008など）や、福島第一原発爆発事件な
どは発生しなかったはずだし、その被害もずっとちいさなものにすんだはずであ
る。「過去の公害から学ぶ環境問題」とわざわざ銘うつのなら、21世紀にはいっても、
「負の遺産として生かし、人の命と健康をつねに優先させ、事前のすばやい対応を
とる」という行動指針がまもれていない政官財という日本的体質をきびしくとう
記述でなければなるまい。企業幹部や自治体当局等が、不祥事発覚時の記者会見等
で「今後2度と再発することのないよう、みなおしにつとめてまいります」といっ
た定型の謝罪ですませるのと、通底しているのである。セクハラや暴力事件などと
同様、それは、組織や構成員がかかえている問題・暴力性等が、ヴァルネラビリテ
ィをかかえる個人や小集団に害悪をあたえてしまう体質の産物なのであって、一時

的な綱紀粛正等で改善されるものではないのだから、早晩、別のかたちで「再発」してしまうものなのだ。政官財、そして御用学問関係者は、その意味で、本質的に「反省」「自己変革」できない体質をかかえ、だからこそ、「謝罪」はほとんどのばあい「空文」と化す。解析した「保健体育」教科書は、そういった当局（体制）がわの、学習能力のなさ、無自覚（ときに「未必の故意」的な要素などもふくめた）なハラスメント体質に対して、あまいだけでなく、それら問題構造を隠蔽してしまう洗脳装置でもあるわけだ[115]。

　おなじく健康リスク問題の重要な課題としてあげるべきテーマとして「自殺」問題もみのがせない。ちなみに『現代高等保健体育 改訂版』のばあい、「自殺」に関する記載は、たった2個所。しかも、過労死などの関連でかたられる過労自殺としての位置づけ（和唐ほか2017：105）はともかく、あつかいは「交通事故は若者の死亡原因において、大きな割合を占める」という記述のそえものにすぎない (p.48)。「15〜24歳の死亡原因（2014年）」という厚労省のデータにおいて、死亡原因の突出した第一位は「自殺」（45.7％）であり、交通事故はその4分の1強にすぎない12.4％である。死亡原因として第二位だし、全体の8分の1ほどをしめる交通事故死はたしかにちいさくはないが、であれば、一層、自殺の深刻さこそうきぼりになるはずなのに、この矮小化はひどすぎるといえよう。

　古典世代の社会学者E.デュルケームの代表作のひとつが『自殺論』（Le Suicide 1897）だが、かれは自殺の動機を個人的心理に還元できないと断定した。個々人が個人的理由で自死をえらんだように主観的にとらえていたにせよ、刑事統計によってマクロ的に俯瞰したとき、個々の自殺者は社会的産物として死をえらんだことが浮上するという見解だ。ミクロ的な心理（真実）と、マクロ的な構図（現実）とは、実は矛盾なく共存する。したがって、たとえば現代日本を独特な社会として位置づけることもできるわけで、その具体的統計としては、「図録 世界各国の自殺率と他殺率の相関」（2002年）[116]などがあげられよう。日本は、世界有数の自殺国（人口10万人あたりの自殺率の国際比較でつねに20位以内）であることよりも、他殺率が突出してひくいという点で、攻撃性が自身にむけられる傾向が明白な社会といえる[117]。自分で適切に問題処理できないと自棄になった人物が他罰など責任転嫁する傾向が非常にひくい傾向、自分でかかえこんで自死へとむかってしまう心理がみてとれる。ほぼ逆の傾向をつよくしめす中南米・アフリカ各国などとは、個々人に

とっての自殺の位置づけが全然異質なことは、ほぼ確実だろう。

また、不審死の司法解剖等が不充分なことで自殺実態自体が解明されていないことをわりびいても[118]、1998年から2010年まで年間自殺者数3万人超という高位安定水準にあったことは、20世紀末から21世紀初期にかけての日本社会の変容をうらがきする。1997年から98年にかけて激増した自殺数の大半は男性がしめていたこともみのがせない。大企業の倒産に象徴される1997年以降の構造不況は女性の経済弱者も大量にうみだしたはずなのに、直撃したのは男性心理だったようだ[119]。

さきに「15〜24歳の死亡原因（2014年）」という厚労省データにおいて、死亡原因の突出した第一位は「自殺」（45.7％）であり、その深刻さを矮小化すべきでないとのべたが、実はこれも年齢別の長期波動として経年比較すると、印象は一変してしまう。「年齢階級別の自殺者数の推移」（厚生労働省『自殺白書』2016年[120]）によれば、男女とも15〜24の自殺者が突出しておおかったのは1950年代であり、その後「自殺熱」的なブームは終息して、1960年代中盤からは、自殺者総数のなかで、わかものは一群にのみこまれたのである。そして1980年代以降は男女とも自殺実態のなかで少数派に転落。現在5〜14歳という児童・生徒層を例外として、もっとも自殺しない年齢層なのだ。

このようにみたとき、壮絶なイジメ自殺のようなケースを除外すれば、わかものの自殺総数を必要以上に深刻がる方が過大評価であるといった見解もなりたつ。そうかんがえれば警察官僚よる交通事故死の過大評価こそ一層異様という評価も可能かもしれない。なにしろ、「若者では二輪車や自動車乗車中の死亡が、高齢者では歩行中の死亡が多い」との分析（p.48）がそえられているものの、65歳以上の死亡率をたとえば10代後半と比較したばあい、原付乗車中はほぼ同水準だし、自転車乗車中・自動車運転中では、高齢者が10代を圧倒しているからだ。教科書記述は、いたずらに統計の誤読をしいており、洗脳しようという意図さえうかがわれる印象操作がみてとれる。

以上、すくなくとも大修館版教科書にあっては、統計学的妥当性もなければ、当然社会科学的なセンスも欠落した記述にみちており、まったく啓発的でない。そればかりか、省益追求かとうたがわれるような非実用的な記述さえ散見されることがわかった。交通事故の危険性・不安をあおるよりも、学校自体がパワハラやイジメなどをふくめたハイリスク空間であり、そこで必要な自衛策はこれこれである、と

いった指南をまったくする姿勢がみられないのは、おそらく学校を美化＝合理化したいという、関係者の利害が反映しているのであろう。もちろん、過労死・過労自殺・労働災害・ハラスメント等への警鐘をならす（pp.104-9）こと自体は有意義だが、ハイリスク空間は、民間企業だけでないという現実を直視させることこそ、教育関係者としての責務だとおもうが、ちがうだろうか。

# 5.4. あるべき性教育の方向性

既存の体育神話を脱構築して呪縛から解放されるための「滑走路」として岡崎勝『身体教育の神話と構造』(1987) という古典的作品をたよりにしてきたが、「保健」を理想にちかいかたちに変革していきたい教育者に、たとえば、すぎむら なおみ『エッチの まわりに あるもの　保健室の社会学』(2011) をあげたい[121]。各章の表題だけ列挙するが、キーワードをさらうだけで、既存の教科書がほとんど無意味化するだけの衝撃がはしるはずだ。

> セクシュアルな悩み／コンドームという「教養」／「ゲイ・スタディーズ」という視点／ニューカマーの「女の子」たち／「文化」としてのセクシュアル・ハラスメント／DVという恋愛幻想／レイプからの回復／男の子ゆえの「受難」／スクール・セクハラ／「援助交際」とはなにか

もし「身体教育」を生徒本位にすすめるために「保健」という教科を真剣に検討しなおすなら、10代の生徒たちをとりまく現代的なリスク群をざっとカバーしなければならないはずだ。中高生、そして小学校高学年の生徒たちをまえにした教員たちは、うえにあげたようなテーマで15分・20分といったまとまった授業を設計できるだろうか。そういった問題関心と素材提供の準備をぬきにして生徒たちの安全を確保できるだろうか[122]。

AED（自動体外式除細動器）のあつかいかたや心肺蘇生法などをまなぶのもよいことで、それは今後基本的素養となっていくべき知識・体験だろう。喫煙・飲酒・薬物のリスクについての基本的知識も重要だ。しかし、大麻のリスクなどにつ

いて医学的な合意がとれていないのに、現行法制を無批判に正当化するとか、基本的に警察庁・厚労省など当局の意向を追認するだけなのもいかがなものだろう。当局が合法であるとするなら問題ないといった姿勢では、たとえば世界大戦直後には、「ヒロポン」といった商品名で覚醒剤がごく普通に流通していたといった歴史的事実、あるいは、その流通の基盤が戦前戦中の、軍部の大陸政策（侵攻戦略）の一環だったといった歴史的経緯にも、めがいくまい。

　さらにいえば、暴力団等の資金源といった記述でおわらせるのではなく、国際的な薬物ネットワークの存在であるとか、北米がメキシコ・コロンビアなど中南米の麻薬組織との抗争にくるしんでいるとか、大衆レベルでの薬物依存症が世界的マーケットを形成している国際問題なのだ、といった見識ももちえないだろう。「薬物乱用」に警鐘をならすこと自体には反対しないが、そのリスクの意義を地理学的・歴史学的・経済社会学的に再検討しない情報の羅列は、熟慮とは正反対の非常に軽薄な断片的知識にとどまるだろう。それでは、パターナリズムとしてもアリバイ的なとりくみにしかおもえない。グローバル化の急伸におけるリスクを必要以上にあおりがちな政府としては、あまりにちぐはぐな対応にみえるが、これも官僚主義の限界だろうか。

　また、ランナーズハイやセックス依存症などは、そもそもモルヒネ様の鎮痛効果をもつなど、脳内物質が依存性をもっており、報酬系が形成されることで、外部から薬物を摂取せずとも、依存症が形成されるなど、薬物を敵視しただけでことたれりといった姿勢からも、ぬけださねばならない。長距離走者などにありがちな疲労骨折や摂食障害、スマホ普及によって状況が悪化したようにみられるゲーム依存・SNS依存など（心身の外部化＋ネットワークの内部化への依存と切断不安etc.）、リスクの所在を包括的かつ体系的に議論する必要があるのだ。

# 註

108 　もちろん、こういった傾向は、保健体育・家庭科ほかの、いかにも「身体教育」といった分野だけではない。たとえば、どういった行為は刑事罰の対象となるのか、性暴力に対処するための護身行動は傷害罪などを構成しないのか、など、生徒が市民としていきぬくための実践的な知恵をつたえる姿勢が社会科・公民科などにはみてとれない。いいかえれば、社会科系教員にとって生徒への教科指導とは、「良質な公民」育成を目的としており、刑事法・民事法にいかにしてまもられているのか、それら法体系にとってどのような行為類型が違法とされるのかなど、生活者としての権利保障に関する指導をもとめられていないかのようである。これらは、学習指導要領ほか文科省の指導方針が、市民がいかにいきぬくかという課題にこたえる必要性を痛感せず、政府からみて順法行動する国民（≒臣民）を最小コストで育成したいという暗黙の目的がはからずも露呈しているといえよう。そもそも、生徒本位の教材になるはずがないのだ。

109 　駒崎弘樹（2017）によれば、秋田県では性教育の推進によって人工妊娠中絶数をピークの3分の1にまで激減させることに成功した。

110 　欧米など世界各国での性教育の動向については、"人間と性"教育研究協議会（2006）、ユネスコ編（2017）、橋本ほか（2018）、浅井ほか編（2018）などにくわしい。なお、欧米社会が以前から先進的な性教育実践を蓄積してきたわけではないことは、たとえばつぎのような記述を参照。「フランスの学校で性教育が始まったのは1973年に遡る。しかし当時は選択科目で、「避妊と性病」にフォーカスした内容だった。だが、2001年に教育法に導入された現在の性教育では、1年に3回の必須科目となった。」（西川彩奈「フランス人の自信の秘密は「性教育」にあった!?　実際に授業へ潜入してみた」『ニューズウィーク日本版』2018/11/30，https://www.newsweekjapan.jp/stories/woman/2018/11/post-107_3.php）。

111 　近年までは、「性同一性障害」（Gender Identity Disorder）という術語によって、精神障害の一種として分類されていたが、いわゆる「疾患」ではないという見解が支配的になって、2018年6月に呼称が変更されるようになった。

112 　それは教員が終始およびごしでしかとりくめない現場がおおかった同和教育と同形といえよう。
　ちなみに、たとえば教員養成用の保健教育テキストなどでは、性教育にもなかなかの配慮がなされている（教員養成系大学保健協議会編2014）。しかし、分量的にわずか1章分がさかれるにとどまることで、記述上のふみこみ不足はもちろん、性現象に「全面的信頼と精神的結合の関係性に基づく行為なのだ」といった理想主義をいたずらにもちこむことで、結局きれいごとに終始してしまったきらいがある（同上：95）。「性の問題を善悪でなく、幸・不幸の問題として考えさせる」との基本方針は妥当としても、指導上生徒に「幸・不幸の問題として受け止めさせることが必要」といった判断は、さめたリスク回避論というよりも、事実上異性愛者間での恋愛結婚を理想とする価値観がすけてみえる。たとえば、いわゆる不倫もありえれば、不妊が例外的少数ではないこと、同性愛・両性愛・非性的関係など、多様な現実へのめくばりが欠落したものだ。性的少数者についてのまともな記述・指導がととのって

いないからこそ、当事者・関係者である教員には現状の性教育は質・量両面で深刻にうつる（セクシュアルマイノリティ教職員ネットワーク編2012，狛ほか2016）。

113　一方、大学生むけの性教育テキストのばあい、これらのリスク群については、ひととおり記述が網羅されており、さすが市民むけのバランスのよさと評価できるが（荒堀・松浦編2012）、おしむらくは執筆陣が医学系周辺でほぼしめられていることで、社会疫学など社会科学的な視点は欠落している。

114　たとえば、地域医療を長年リードした医師名郷直樹などは、「日本人の生活習慣は悪化しているか」とといかけたうえで、「しかし、心疾患や圧倒的ながんの増加を、男性の肥満の割合の増加で説明するのは困難なように思われる」とのべたうえで「「生活習慣病」という呼び名は、データから見る限り現実を反映しているとは言えない。生活習慣がそれほど悪化していないにもかかわらず、心疾患やがんの増加は明らかである。」「がんによる死亡の増加は、他の死因と比べて極端に顕著である。この明らかな増加を説明できる因子は生活習慣病には見当たらない。」「現在の日本人にとって、生活習慣病増加の主要な要因は生活習慣ではない」と断言している（名郷2014：29-33）。生活習慣さえ改善すれば、これら疾患がおさえこめるとする厚労省や学界関係者の見解は、疫学的にあきらかに誤謬ないし幻想なのだとおもわれる。

　　　その意味で、1959年という段階で"Mirage of Health"（健康という幻想）という批判を展開したデュボスの議論は、相当先見の明があったといえそうだ（デュボス1977）。

115　当然のことだが、つぎのような業界の利害を露骨にぶつける風潮・体質などは論外である。そもそも毒性・依存性のたかい薬物であるニコチンを黙認するなど、日本政府やWHOの体質が保守的なのだが。教室内でのイジメを誘発するなどといって、そもそもニコチン・アルコールなどの生産・流通関係者の家族をまえに、強力な啓発などは、およびごしなのが保守政権ではあるのだが。

**市長が「たばこは薬物」発言、JTなどが意見書**

　　「たばこは嗜好品でなく薬物」とした、福島県郡山市の品川万里市長の発言に対し、たばこ生産や販売の組合、JTなど10団体が10日、市長発言の真意などをただす意見書を市へ提出した。品川市長は「議会で述べた通り、医学的所見に基づいて発言した」と、従来の主張を繰り返した。意見書は「発言はたばこ業界関係者や愛好者、関係する多くの家族が愕然とし、影響は甚大だ。たばこは合法で、嗜好品であることは間違いない」などとして、発言の撤回と謝罪を求めた。
　　　　　　　　　　　　　　　　　　　　　　　　　　　（読売新聞2018/7/11）

116　「世界各国の自殺率と他殺率の相関」（2002年）
（『社会実情データ図録』http://www2.ttcn.ne.jp/honkawa/2775.html）

117　隣国の中韓両国も同様の傾向がつよいが、他殺率のひくさという点で、日本は突出している。

118　女性の自殺者は「心不全」などとして処理されるケースがおおいとして、自殺統計の男女比を偽装＝暗数化した実態をみのがしたニセ統計と、うたがう見解もある（「自殺数の男女比」『はてな匿名ダイアリー』2008/7/20，https://anond.hatelabo.jp/20080720110001）。

119　もちろん、註前項のような疑念をもってかかれば、1998年の男性自殺の急増という

統計数値自体がうたがわしくなるが。

120　http://www.mhlw.go.jp/wp/hakusyo/jisatsu/16/dl/1-03.pdf

121　自身が養護教諭である、すぎむら なおみは、一般むけ啓発書を何冊も刊行しているが、主著として研究書『養護教諭の社会学』(2014) を出版ずみである。

122　すぎむらと同様の問題意識をもったルポとして、秋山千佳『ルポ　保健室』(2016) もあげておく。

第6章 | ヘルシズム／ヘルスプロモーションと、
フードファディズム／オルトレキシア
優生思想とパターナリズムをベースとしたパノプティコン

　以上、保健体育や部活動、食育など、基本的には10代を中心とした児童生徒へ
のはたらきかけを中心に「身体教育」の諸相を確認・検討してきた。こうしてみた
だけでも、文科省はもちろん、厚労省・農水省などの官僚や族議員がかかえる利害、
各団体のかかえる利害を無視することはできない構図がみてとれただろうし、そこ
につらぬかれるパターナリズムの本質的矛盾や思想的破綻、ときに散見される無責
任さなども充分確認できたとおもう[123]。

　しかし、指摘したい問題は、前章でふれたように、こと公教育など未成年へのは
たらきかけに議論はおさまらない。むしろ国民全体を「戦士」として「動員」せん
ばかりの政策的意図や、同時に「特保」商品など、肥満等「生活習慣病」へのパタ
ーナリスティックで健全な介入を市場化したいといった「欲望」「利害」が感じと
れる点である。これらは、たしかに露骨な武器・兵器など軍需品の開発・生産・流
通ではない。しかし、「安全保障」という大衆的不安を「マッチ－ポンプ」的な依存
症ビジネスとして制度化－体制化した「軍産学複合体」と酷似した「動員」システ
ムにみえてくる。いわば、「有事にそなえる平時からのそなえ（＝潜在的脅威に対
して不断に準備しつづける恒常的兵站としての国土）」といった発想の延長線上に
ある「常時、有事にそなえる心身」という国民構築と、それ自体が業界団体の既得
権的な市場化＝カムフラージュされた国家社会主義体制における談合的ライバル関
係とでもいえそうな、「銃後的軍産学複合体」である。

　そこには「国民の福利厚生のための施策」とうたいながら、食品メーカーや薬品
メーカー、スポーツ関連メーカー等、かくれた御用商人たちが跋扈しているのでは
ないか。オリンピックやワールドカップ、甲子園大会・高校サッカーなどスポーツ

イベントを介した（地域）ナショナリズムを最大限活用して、「健康増進市場」という巨大な空間を恒常的に肥大化させていくためには、スター（チーム）が必要だろうし、同時に「メタボリック症候群」など「不道徳な身体」に対する指弾・嘲笑も不可欠なのではないかと、うたがわれる。

　以下、以上のような仮説を起点に、商業的マスメディアはもちろんのこと、公共放送やWHO等をふくめた業界・諸組織が、公式にうたっているパターナリズムの本質を懐疑的に検討していく。そこには、隠蔽された優生思想[124]をベースとしたヘルシズムが通底しており、国連機関や国営放送、それに動員されたアカデミズムの権威主義があいまって、偽装されたパターナリズムとしての「ヘルスプロモーション」イデオロギーが浮上するはずである。

# 6.1. ヘルシズムを自明視するヘルスプロモーションにすける、パターナリズムの恣意性

　八木晃介が「社会の医療化と生命権」との副題をもつ医療社会学論集を『健康幻想（ヘルシズム）の社会学』と銘うって刊行したことの意義をかんがえてみよう（八木2008）。まず、「健康幻想」のルビとして「ヘルシズム」がうたれている点は意義ぶかい。八木にかぎらず、「ヘルシズム」は「健康幻想」ないし「健康至上主義」（黒田2010：42-5）などと対応させられてきた。「健康不安社会」（飯島編2009）がおおう現代日本であるがゆえに、「健康ブーム」「健康志向」が流行・商品化しており、それを疑似科学的にささえているのが「健康幻想」ないし「健康至上主義」なのだとかんがえられる[125]。

　八木が論集のなかで、「治療国家」「医原病」「優生思想」「パターナリズム」などをキーワードにあげて目次にくみこんでいるのは、すべて、テクノクラートとしての厚生官僚と医師、そして薬品・医療関係メーカーなどの利害を背景にした厚生族議員などが共有する、自明視された価値観として、すべて通底しているからだろう。たとえば、ヘルシズムの象徴的人物といえる日野原重明が提唱した「予防医療」「生活習慣病[126]」といった概念は、国民の健康水準をパターナリスティックに管理し、しかもそれを自己責任原則で実行させたいといった発想がすけてみえる。

過去の「治療」第一主義の医療業界に抗して「予防」をうったえる日野原らの提案が善意からでていたことはもちろんだ。疫学＝巨視的長期的視座にたった公衆衛生政策の観点から提案する姿勢に、帝国主義における臣民の支配といった意識がからまっていたはずもない。しかし、「生活習慣病」といった把握は、当然、新自由主義的な自己責任論と親和性がたかく、納税者の負担感を強調する層の「自業自得」論のもと、患者による医療保険、特に高齢者の治療費負担等が標的とされるのは必至である。

　それはともかく、こういった自明視されたヘルシズムは、経済先進地域における感染症疾患の激減などをうけて慢性疾患対策へと社会的関心が移行していった趨勢と並行している。たとえばWHOによる「オタワ憲章」（1986年）などによる「ヘルスプロモーション」理念への「健康観」の転換である[127]。日本の厚生労働省が世紀末にうちだした「健康日本21」（2000年）などもその典型的産物といえる[128]。その結果、たとえば現代日本は驚異的な長寿化が進行して、世界最高水準の平均寿命をほこるまでに達した一方、「メタボリック症候群」「未病」「健康寿命」といった、さまざまな「生活習慣病」周辺の概念がつぎつぎと提起されては、市民の健康状態、健康維持姿勢が社会問題化するようになった。健康の社会決定要因の格差がちぢまるというよりは、再度格差が拡大する時代の到来によって「健康格差」が問題視されるようにもなったし、それらを自助努力で対処しようとする素養が「ヘルスリテラシー」などとして問題提起されるようにもなった（宮北2016：128-9）。

　一方、喫煙者を迫害しても当然であるかのような「禁煙ファシズム[129]」とでもいうべき非寛容な道徳意識が支配的な風潮になってきているのは、北米の「禁酒法」時代的な状況の再来ともみなせる。ヘルスプロモーションを自明視する風潮には、当然、飲酒・喫煙を嗜好とする層ばかりでなく、識者からも批判があがるようになってきた。「飲酒，喫煙，そして肥満」などへの白眼視は、ヘルスプロモーションによるスティグマ効果だというのである（平野順也「ヘルスプロモーションの肥大化」）。平野順也らが着目するように「健康をモラル化する世界」が支配的となるにつれて「不健康は悪なのか」という、個人の愚行権から再検討するような議論がわきあがってきた（メルツ／カークランド編2015）。健康志向の相当部分が、大手製薬会社など「隠された資本家の動機」をもとにした策動におどらされており、消費者たちは嬉々としてヘルシズムを実践するようにそそのかされているのである（平野2016：

131)。

「肥満問題」を「煽動するのは，医師ではなく，保険会社，厚労省，企業内の広報部である」との指摘が引用されているが，おもてだって「煽動」はしないものの、医師や厚労族議員はもちろん、医学・薬学・栄養学・スポーツ科学などアカデミズムの住民たちもふくめて、すそののひろい「ヘルスプロモーション」業界関係者とにらんで、まちがいあるまい。「不安産業」（ましこ2005）としての「ヘルスプロモーション」業界は、不断に不安をあおることをきそいあうライバル関係（零和ゲーム参戦者）にあると同時に、連携して市民にヘルシズムを注入して洗脳しあう神話体系維持の共犯者であるといえよう。その意味では、WHOなども、ヘルシズムやヘルスプロモーションに対する冷静さを喚起するような運動に着手しない点で、ヘルシズムの自明視、ヘルスプロモーション関連の依存症ビジネスを黙認する国際機関ではないかという疑念はついてまわるだろう[130]。

本来のヘルスリテラシーは、こういった疑似科学的な策動もみぬき、真の意味での自衛行動がとれる素養・心理の涵養の結果のはずである。しかし、こうした「ヘルスリテラシー」理念からすれば、フードファディズムなどへの警戒感や、過熱するヘルスプロモーションへの自衛策などを唱道するわけではない既存の保健体育教育や社会科・理科教育などは、あまりに無力といえそうだ[131]。これからの身体教育関係者が、これら諸問題に対する具体的対抗策をうちだし、啓発活動を展開する責務をおっていることは、いうまでもない。

健康格差にしても、個々人のヘルスリテラシーの大小といった自己責任論に安易にはしるのではなく、経済階層や居住地域、ジェンダー・民族など属性ごとの食文化・身体文化の差異を無視できない社会的決定要因におけるさまざまな格差に着目した議論が不可欠だ。たとえば経済格差を自己責任論にのっとって放置するとか、ジェンダー格差を無視するような粗雑な姿勢ではなく、また新自由主義などの格差の放置を必要悪視し個々人の努力水準に責任転嫁するような無責任こそ、まず批判されねばならない。いわゆる「ブラック企業」的な組織体質・業界体質を黙認・たなあげする政府等の姿勢[132]であるとか、それを黙認する国民の倫理・姿勢が、まずはといなおされるべきなのだ。

ところが、すくなくとも日本に関しては、大衆レベルで共有された疑似科学的イメージをパターナリスティックに修正しようといった姿勢はみられないといえよう。

たとえば、欧米等の風潮とくらべれば不徹底にみえるものの、厚生労働省は喫煙行動へのリスクを強調しつづけるキャンペーンによって、前述のように、一部から「禁煙ファシズム」（喫煙者が白眼視・迫害とうけとめるような被害者意識の発生）と論難されるような風潮を形成させた。飲酒文化に対する寛容さと対照させれば、以前の政府方針（財務省が財源としてあてにするアルコール・ニコチン消費市場による税収）と完全に対立する方向性であることは明白だ[133]。しかし、厚労省のパターナリズムは時代的なユレをかかえてきた。典型例は、まえにふれたが（p.132）商品名「ヒロポン」で流通した覚醒剤が、陸軍解体後ヤミ市場に流出した大量のメタンフェタミンの商品化だったことと、それが1951年制定の「覚せい剤取締法」まで合法薬物だったという事実といえよう。当時の厚生省は、すくなくとも戦後5年ほどのあいだ、とりしまるべき危険薬物と位置づけて規制することがなかったのである。一方、医学者などから、依存性・毒性などの対照からすれば、アルコール・ニコチンなどより数段かるい薬物だとされているマリファナについては、なぜか1948年にはやばやと「大麻取締法」を制定し[134]、所持・譲渡・大麻栽培などを禁止する、きわめて非寛容な法規制をとりつづけてきた。一方、WHOがアルコール・ニコチンなどの薬理作用の依存性・毒性を充分自覚しながら禁止薬物から除外するのは、アメリカでの禁酒法時代の失敗体験などから、単に規制放棄を追認している結果にすぎない。WHOなど国際機関のパターナリズムも所詮は恣意的な分類をおこなっているわけだ。

　依存症に対する寛容・非寛容の無節操さ（中途半端なパターナリズム）といえば、ギャンブルなども典型例であろう。パチンコ・スロットや公営ギャンブル・宝くじなどをみれば、たまたまの僥倖によって人生をくるわす層の存在などは明白なのに、当局がくりかえしてきたのは、終始、「まともに規制していない」という批判をかわすアリバイ工作にすぎないことも一目瞭然だろう（カジノ法案などでは、それが露骨にふきだした）。依存症対策や反社会的集団による違法行為防止などをうたうのは、批判をおさえこむための方便にすぎない。その意味で、中央・地方とわず、「政府」は、寺銭をまきあげることで発生する病理＝社会問題について、みてみぬふりをくりかえした体質をかかえている点で、洗練された暴力団といって過言でない[135]。左派的な政府像からすれば、「もっとも洗練された偽善的組織（パターナリズムによってカムフラージュされた最大の収奪組織にして唯一の合法化された暴力装

置）」とのそしりをまぬがれない。依存症対策における不徹底ぶり、組織内・組織間での利害対立などをみれば、その本質がうかびあがろうというものだ。

　そもそも、社会学者梶田孝道が指摘したように（p.82, 註65参照）、環境庁（現・環境省）でさえ、住民に敵対的であったりしたわけだから、官庁や大学は、つねに公共の福祉にそうようなポーズをとりながら、その実、業界関係者の利害調整をはかる統括組織にすぎなかったり、企業家等と協力関係という次元で広義の御用学問を維持するための学部構成がくりかえされたりしてきたのであった（梶田1988）。アメリカの理工系学部の大学院が露骨に軍産学複合体の不可分の一部をなしている現実とは比較にならないにしろ、各国の自然生命科学・数理科学系や経済学などの研究組織が、政府等の暴走を監視・制止するための機能にはむかわず、基本的に権力に積極的に貢献しようとする体質をかかえるのは自然な構図だ[136]。放射線医学をはじめとする広義の生命科学もふくめて理系諸分野に構造的に御用学問維持のメカニズムがはたらいていたことは、東日本大震災全体や東京電力福島第一原発の事故についての究明・責任問題でも、充分確認されたといえよう。大企業や政府などの免責のために動員されてはじない「弁護人」のようなやくわりをはたしてきたように。

　テレビ番組で再三批判があがった「大食」コンテストのたぐいであるとか、飲食店などでの大量の残飯・廃棄などへのマヒ・無頓着についても、政府・自治体等が問題化した次元は、各自治体のゴミ処理能力の限界等に集約された。これも、基本的に消費量・GDP拡大傾向を是とする業界本位の姿勢であり、住民の健康や資源の有効利用などには、積極的にふみこむ意思をもたない行政の姿勢が端的に露呈していたといえよう。

# 6.2. ヘルシズム・オルトレキシアとフードファディズムをこえて

　WHOをふくめたヘルスプロモーションの自明視が、健康不安などをあおるかたちで進行中である問題としては、「健康食品」をはじめとして食生活に対する過剰な配慮・依存をあげる必要があるだろう。ヘルシズムに対して批判的な姿勢を堅持してきた黒田浩一郎が「健康至上主義」の表出として「健康食品」現象をとりあげ

ているように、健康追求にかりたてるさまざまなうごきがくりかえされてきた。歴史的経緯は少々複雑で一直線に「健康至上主義」の興隆と「健康食品」の流行が並行したわけではないようだが、すくなくとも1980年代なかば以降は、旧厚生省が「健康食品」「医薬品」関連の法制化に着手しており、政府の「おすみつき」で健康維持の効能をうたうことがメーカーにゆるされることになった（黒田2010：46-7）。いわゆる「健康ブーム」に政府が積極的に加担したことを意味するといえよう。

　すでに紹介したように、「私たちには、生活や健康を脅かすさまざまなリスクが提示される。そのリスクを自力で回避して自己で責任を負って生きぬいていくためのリテラシーを、あらためて自発的に獲得しなければならない。そのリテラシーを高めるための場の典型例が、地域の保健所・保健センターを中心におこなわれるヘルスプロモーション活動である」（柄本2002：50）。しかも「「科学的ただしさイデオロギー」言説がますます精度を上げながら私たちを包囲するのなら、私たちがそれらのことについてよりクリティカルに思考することの重要性もさらに高まってくる。つまり私たちは「科学的正しさ」だけではなく、「科学的正しさ」を自明視し、視点を矮小化させる「言説的精度」の問題を対象化しなければならないのだ」（柄本2016：148）[137]。WHOなどの権威も背景とした厚労省が、医学者たちに対する権威主義を悪用して「メタボリック症候群」撲滅キャンペーンなど洗脳工作をくりかえすなか、ジョーン・ロビンソンの警句をかりるなら、「医学・生命科学を学ぶ目的は、健康問題に対する出来合いの対処法を得るためではなく、そのようなものを受け売りして健康を語る者にだまされないようにするためである」という姿勢の堅持＝不断の自衛ということになろう。これは、現実的には、きわめて実践困難な作業・姿勢ということになる。「特保」商品などを連呼する大資本のテレビCMなどの洗脳工作にも抗して、冷静さを維持しなければならないからだ。

　その困難さは、たとえば、「ファッションモデルのようなスリムな身体こそ健康美なのだ」との洗脳工作に抵抗できる女性があまりいないことからも明白だろう。過去には自明視されていただろう豊満な女性たちを「美」とみなす感覚が「時代錯誤」化し、スリム化志向がつづいているのである。すくなくとも経済先進地域や東南アジアなどでは「スリムな身体こそ健康」という美意識が近年支配的だという現実をみれば、想像がつくだろう[138]。

　長期間にわたってスリム化志向に超然と距離をおいてきたはずの日本人男性[139]

も、わかもののスリム化志向が定着した[140]あとをおうかのように、近年では「糖質制限ダイエット」が中年男性にまで流行した。摂取カロリー以上を消費カロリーがうわまわれば体重をへらせることは自明だが、それを容易に実行するために、満足感をえるための摂食機会のなかで糖質を意識的にへらせばよいととく食餌制限がブーム化したが、それは中年男性の心理さえとらえたのだ[141]。この、「ダイエット市場」としては、「未開拓の潜在的沃野」として事実上放置されてきた「中年男性」という属性までもが、「生活習慣病」不安と並行して、女性・わかものに定着していた「みぐるしいシルエット」とでも総称できるだろう身体イメージが伝播したのは、画期的といってよかろう。

　「健康ブーム」について、柄本三代子は「もはやブームではない」と問題提起したが、それは、一過性の流行としてはもはやおわった、という意味ではなく、「健康増進法」（2002年）の成立を画期とした「国民の責務」視の定着があり、「ヘルスリテラシー」を強要する時代が成立したということなのだ（柄本2003：186-95）。同様に、女性のダイエット志向が20代にとどまらず、中高年女性にもひろまったのをあとおいするように、すくなくとも中年男性の一部には、「糖質制限ダイエット」が一過性のブームとはいいがたい定着をみたとかんがえられる。たとえば中高年になってもオシャレ意識をうしなわないイタリア人男性などを理想視した雑誌『LEON』などにもみられるように、「恰幅のいい紳士」といった美意識を全否定する身体イメージが増殖しつつあるのだ[142]。

　以上のような風潮は、たとえばプロ選手としての経済的成功がそのリクルートを保証してきたとかんがえられる野球・大相撲と対照的に、体脂肪率ヒトけた台が自明視されるサッカーなどへの関心のたかまりと並行しているとかんがえられる。身体イメージでいえば、たとえば「ハラがでていてもスターとして活躍可能な野球・相撲界と、スリムな戦士でないかぎり通用するはずがないサッカー選手」といった感じである。地上波放送コンテンツとしては、もはや時代おくれとみなされているが、依然として高年俸業界として突出し認知されているプロ野球。だが、プロをめざさない少年たちにとっては、あきらかにサッカー人口がふえたといわれる昨今。これも野球人が現代日本における男性の理想の身体イメージとズレてきたことの反映とかんがえられる。「ボールデッドの時間帯が大半をしめる野球・アメフト・相撲・ゴルフ型のスポーツは、オッサンでも可能な種目。常時うごきつづけ、しかも

俊敏さを一時的にではなく頻繁に維持できる身体（フットボール／バスケットボール／テニス／レスリング／ボクシングetc.）」といった、あきらかに身体の酷使を自明視する観客の欲望に適応できる「スーパーマン（超男性＝超人）」イメージの優位なのである。「腹筋」等の機能美を誇示する男性の象徴的存在として、たとえばクリスティーナ・ロナウドがおり、サッカーのスーパースターであることは、それを象徴しているといえよう。休憩をはさむとはいえ、ときに120分をこえるゲームをこなすサッカー・テニスなどの転戦状況と、年間100試合以上を、ときに連日こなすことが可能な野球の消耗度は、選手の体型はもちろん、現役時代の長短にもあらわれる。「猛ダッシュをくりかえしても疲労をみせない強靭な身体」と「ぬいでもすごい」といわれる筋骨のイメージは、サッカーなどの一流選手を頂点として男性の理想像となった。これは、寸胴イメージのレスラーや力士、野球選手とは明白に異質だ。

　ジョギングの定着やフルマラソン・トライアスロン等の大会の隆盛、テニス・ボルダリングなど都市型インドスポーツの人気なども、単なるキャンペーン・マーケティングの成功の産物ではなくて、第一次産業・第二次産業の生産現場からはなれるばかりの都市住民の身体意識＝劣等感と不安の産物とかんがえるべきであろう。機械化・電子化などにより、ひごろスポイルされつづける身体状況への不安がつのるほど、サッカーなどのスポーツ観戦をとおして理想視される身体が変質しつづけるだろうし、都市生活のなかで実践可能なスポーツと等身大の入手可能な身体改造が具体的イメージとして伝播・定着していく。「一駅まえでおりてウォーキング」といった風潮や、「糖質ダイエット」といった「健康」を気にする話題は、「ハラがでて、ちょっとこばしりするだけで、すぐ息がきれるオッサン」といった人間像を忌避する身体観があってこその現象なのだ。

　これらの現象は、たとえば中高年層に対するステルスマーケティングといえる、「グルコサミン」「セサミン」キャンペーンなど、下半身の弱体化・疼痛などへの不安を市場化してきた業界の動向と連動している。要するに、運動不足による下半身のおとろえは自覚しつつも老化とまでは感じとれない中年層が食欲をどう処理するか、体型維持をどうするかに苦慮した結果こそ、ウォーキングおよび糖質制限ダイエットの興隆の原因だし、そういった世代につづき、体力低下を老化として自覚せざるをえない層へのマーケティングが、「グルコサミン」「マカ」等、各種サプリメ

第6章　ヘルシズム／ヘルスプロモーションと、フードファディズム／オルトレキシア　　145

ントなどといえる。食欲低下によって筋肉量だけでなく体脂肪量も減少する高齢者
となる前段階にあって、以前の中年層なら、「あきらめ」「ひらきなおり」という「受
容」が自然となされていたのが、「永遠の青年」を志向するような身体イメージが
増殖したのである。したがって、「高齢者の星」だろう「加山雄三」「吉永小百合」等、
芸能人の露出は、厚生労働省関連では「健康寿命」の延長という国家目標のイメー
ジキャラクターになるだろうが、大衆レベルでは「ぴんぴんころり」など、要介護
状態をほとんどへずに平均寿命ごえで死去することを理想視する、あらたな「終
活」イメージなのである。

　しかし、それが、個々人にとっての理想的身体像であるにしても、マーケティン
グの標的とされるばあいの方向性としては、あまり健全とはおもえない。たとえば
「グルコサミン」「マカ」等、各種サプリメントは、冷静にかんがえれば「フードフ
ァディズム」のたぐいであることが一目瞭然のはずだからだ。そしてそれは、高齢
者層ではなく、30代女性などもターゲットになっているだろう「コラーゲン」キャ
ンペーンなど、医学的・生理学的にはナンセンスといわれる化粧品・栄養補助食に
ついても、あてはまる。いいかえれば、加齢についてのおとろえをほとんど意識し
ない[143]年齢層の男女を例外として、広範な年齢層が、医薬品・食品メーカーの市場
として標的化されてきたし、その市場拡大は、ついには中高年男性という、自身の
身体イメージについては一番無頓着な層にまでおよんでいること、すくなくとも減
量志向や健康志向などについては、フードファディズムなど医学的には疑似科学と
しかいえなさそうな商品・療法がおおいことを確認しておくことにしよう。「健康
本なんて、9割ウソだから」と自嘲気味にかたる編集者がいることもみのがせない
（朽木2018：126-7)[144]。

　ちなみに、ジャーナリストの速水健朗は、食生活において「健康志向」と「地域
主義」を志向する個々人が共有する方向性を「フード左翼」[145]、「ジャンク志向（安
さ・量重視)」「グローバリズム」を志向する個々人が共有する方向性を「フード右
翼」と類型化して、「食のマトリックス」という図式を提起している（速水2013：
23)。食材調達をふくめた消費スタイルのかかえる、個々人が充分には自覚してい
ない政治性を解析する「フードポリティクスマップ」なのである（同2013：22)。「地
産地消」「スローフード運動」など典型的な「フード左翼」と、対極にある「マク
ドナルドなどファストフード」など典型的な「フード右翼」現象が対峙する。同時

に、「スターバックス」「フェアトレード」など「グローバリズム」志向であると同時にやや「健康志向」であるとか、基本的に「ジャンク志向」で、なまえほどには地域主義が徹底していない「ご当地ラーメン」など、マトリックス上の意外性のみならず、さまざまな食志向の布置関係が浮上する。

　これら食文化の布置関係のもと、消費生活上すみわけをしているだろう市民各層。かれらは当然、そだった各家庭をとりまく地域性や階層性、時代環境、学校給食・合宿・寮生活など集団生活上の感化、マスメディアやコマーシャリズムなどが発信・洗脳をはかろうとしてきた刺激などを、各人がそれぞれ濾過・統合するかたちで日常的な生活スタイルを形成してきただろうし、その分布状況をマクロ的にマッピングすると、「食のマトリックス」として図式化＝可視化されるというべきだろう。

　それはともかく、清水の指摘する「フード左翼」、その軽薄なコピーともみなせる「フードファディズム」は、いきすぎれば端的に病理現象といえる。「オルトレキシア（orthrexia）」は、アメリカ精神医学会によるDSM-5などにとりあげられていない以上、専門家のあいだで合意がとれた精神病理として認知されているものではないが、食物摂取の際に量的に問題はなくても、質的に偏執的こだわりをみせて独善的純化主義に暴走するケースが心理学的・精神病理学的にどうであれ、異常な行動であることは、否定できないだろう。摂食障害が量的な過剰ないし過小であるのと対照的に、当人が上質・無害と信じる食品以外が徹底的に拒否された食生活は、栄養の極端なかたよりをもたらし、危険でさえあるからだ（いや、危険水準にまで暴走してしまう食習慣だからこそ、問題化したはずだ）。

　もっとも、この「オルトレキシア（orthrexia）」という現象は、「フード左翼」の一部にしか発生しないという点では、一種の愚行権の行使の領域にあるともいえ、社会問題としては、摂食カロリー以上としての摂食障害とは、質・量両面で無視してよいかもしれない現象なのかもしれない。さらにいえば、大衆的に「健康食品」などに奔走しては忘却するフードファディズムは、商業主義の被害とはいえても、愚行権の大衆版といえなくもない。しかし、もし「食育」を正論として公教育やマスメディアを介して啓発活動を展開するのであれば、これらの動向にいたずらにふりまわされないだけの賢明さを10代に提供する責務があることも自明であろう。

# 6.3. 当局の一貫性の欠落と、過敏−感覚マヒという現実からの乖離

　以上のような諸側面について、厚生労働省は業界団体の利害調整には策動しても
パターナリズムにそった合理的制御に終始しているとは到底おもえないこと、それ
らの動向に対して、文科省などが「ヘルスリテラシー」向上キャンペーンとして対
抗措置をとっているようにもみえないことは、「家庭科」「保健体育科」教科書等の
検討からすけてみえるだろう。かれら国家官僚は、さまざまな啓発活動を実は省益
を背景に展開しつづけており、フードファディズムや問題のある減量法に積極的に
介入せず、むしろ積極的に黙認してきたとさえうかがえる。すくなくとも「国家意
思」として、「身体教育」について一貫した責任ある方針のもと行動してきたとは
到底いえない。

　たとえば塩分摂取・脂肪分摂取などに苦言を呈してきたものの、大半は自己責任
論に終始し、他方業界団体に積極的規制をかけることは意識的にさけ、真の意味で
のヘルスリテラシーをむしろつけさせない点で、不作為に終始してきたようにもお
もえるのである。その姿勢は、陰謀論的な意味での意図的な体系をなしているわけ
ではないだろう。しかし、それが「省益」など各種利害団体の既得権益がらみの利
害対立などによる不和・不一致などにだけ還元できるものではないように感じられ
る。それは、たとえば災害時にエリートたちが、ひとり相撲的な錯覚におちいって、
あるいは卑小な責任放棄によってやらかす「エリートパニック」など有害無益なエ
セ・パターナリズムなどと同質の不作為ないし隠蔽がよこたわっているとしかおも
えないからだ。

　こうした「推定」が単なる被害妄想的な憶測ではないだろうことは、つぎのよう
な構図をおもいうかべれば、一目瞭然だろう。問題整理をかねて、疑念を列挙して
みよう。

(1) 真のヘルスリテラシーが万人に定着することを理想視しているなら、保守反
　　動にすぎない議員や言論人らの圧力に屈して性教育におよびごしになり事実
　　を隠蔽したりしないはず。

(2) 真のヘルスリテラシーの存在をうたがっていないのなら、パターナリズムとして破綻している「メタボリック症候群」回避キャンペーンのような非科学はやらかさないはず。

(3) 真のヘルスリテラシーの存在をうたがっていないのなら、毒性・依存性のたかいニコチン・アルコール・ギャンブル等に対する「自己責任」原則と矛盾するマリファナ規制など愚劣な政策に拘泥しないはず[146]。

(4) そもそも世界トップレベルの長寿と健康状態を維持してきた現代日本人のヘルスリテラシーを正当に評価するなら、「メタボリック症候群」回避キャンペーンや減塩キャンペーン[147]など熱心に推進する意味はうすく、衛生政策上の努力は別にすべきであること（たとえば、母子家庭などで頻発している相対的貧困と栄養不良等の対策とか、単なる愚行権行使ですますわけにはいかない高齢世帯・単身世帯のセルフネグレクト対策など）。

(5) そもそも「特保」など栄養学的にナンセンスとおもわれる商品をあたかも健康増進に資するようなデマを国策でながすのは詐欺的（国策フードファディズム）であり、もし真のヘルスリテラシーの存在をうたがっていないのなら、ヘルスリテラシーが欠落した市民をあぶりだすための、かなり皮肉かつ冷酷な国策ハラスメントとさえいえるはず。

(6) 閉経後の骨粗鬆症リスクなどもふくめて、わかい女性のスリム化志向はきわめて深刻な政策課題であるはずなのに、大衆的に理想視されるファッションモデルや女優・アイドルタレントなどの身体管理を、あたかも自己責任による愚行権行使として放置しているのは、無責任にすぎる。実は「貧困層・孤立層の潜在と同様、摂食障害や身体醜形障害などと連続性をもつ女性たちの意識をかえるのは制度上（≒事実上）困難」ととらえ、結局いなおって放置しているのではないか。


　学校や職場でのイジメというなのハラスメント、セクハラ、リンチなどが、ゆるされない犯罪行為であり、あるいは「ブラック企業」等不当労働行為が違法であるがゆえに、当局が積極的に介入する義務があることは明白だ。ストーカー・DV・児童虐待なども「民事不介入」などと、うそぶける時代はおわった。であるとすれば、貧困やあきらかな不健康に対して、たとえば「健康増進法」のような、はき

ちがえたパターナリズムではなく、弱者救済のための施策をうつ義務が当局にある
はずだ。貧困層対策や障害者対策が必要であるのとおなじように、ヘルスリテラシ
ーが不足している層に対する、まっとうな啓発活動と救済事業がもとめられること
になる。すでにのべたような、保健体育等のテキストの文科省と連携した全面改編
が不可欠であることはもちろん、自由権のなのもとに、あきらかに非科学的な自称
「健康法」「健康食品」をのばなしにして「ビジネス」を黙認するような、パターナ
リズムの放棄も問題だろう。

　上記のように、当局によるパターナリズムは、異様とおもえる次元でかたより、
既得権益などを背景に有害無益なものがゆがんだまま放置されている。足尾鉱毒事
件や水俣病をあたかも問題がないかのようにあつかって、大企業の利益を保護する
ことを公然とつづけた国家権力、ミドリ十字のような旧731部隊関係者が流入した
組織がやらかした薬害事件など公権力のチェックがぬけおちた領域などと同様、構
造的な巨悪を容認し、社会的弱者の損害を隠蔽・否定するようなたちまわりをつづ
けてきた近現代日本。現代のヘルシズムやフードファディズム関連でも、各省庁周
辺は、軍産学複合体と同様、業界の利害を死守し、マッドサイエンティストたちの
暗躍を黙認するなど、アリバイ的に偽善的なパターナリズムを演出しているだけの
ようにみえる。中国などとの比較によって、食の安全安心が維持されているような
イメージがマスメディアによって喧伝されてきたが、東日本大震災で露呈したこと
は「エリートパニック」など、事実を隠蔽し、「ただちに危険はありません」とい
った、気やすめや、はぐらかしに終始する当局の姿勢であった。

　たしかに「（放射性物質に汚染されて危険な）福島県産品」のように、非科学的
な風評被害もある。しかし一方、モンサントをはじめとする多国籍企業などの暗躍
についてはくちをつぐみ、あるいは、インフルエンザの特効薬と称して、特定の外
国企業から大量のかいつけ行為を長年放置するなど、異様な薬事行政がつづく現代
日本[148]。ヘルスリテラシーが不足している層が、たとえば「放射脳」などと揶揄さ
れる極端な行動に終始することを一概に冷笑できないような、当局の欺瞞的な体質が
実在するというほかない[149]。

　それはまるで、ごく普通の身体（第三者的には「普通」にうつる）なのに、自分
のカラダはおかしいと信じてうたがわない、身体醜形障害と対をなすような醜悪な
構図である。障害者たちは、物理的には決してゆがんでいない自身の身体を「みに

くい」と信じてうたがわないが、他方、左右をとわず「自分たちは潔癖だ」と信じてうたがわない政治勢力・市民が大量にくらすのが、現代日本である。身体醜形障害が、過度に自虐的で有害無益な自己認識であるのと対照的に、自分たちの潔癖さに固執する自己欺瞞的セルフイメージは、無自覚な偽善であり、第三者的、特に被害者がわからすれば、醜悪のきわみだろう。「まだまだ肥満がおさまっていない」と錯覚しつづける摂食障害のように過度に自罰的なのとは正反対に、独善的に自分たちの政治理念を美化したやまない層。此岸の「トランプ現象」だの「極右台頭」といった現実を「対岸の火事」のように、冷笑しているばあいではないのである。

くりかえそう。現代日本人の相当部分は、世界全体と比較したときに、突出して健康水準がたかく長寿である。しかるに「政官財学情ペンタゴン」は、「放射能汚染は心配ありません」と喧伝している一方、「日本人の健康が心配だ」と奇妙なパターナリズムをふりまわし不安をあおる。あるいは、芸能人などの大麻所持などは、マスメディア総動員で、はげしく糾弾し社会的制裁をくわえる一方、ニコチン・アルコール・ギャンブルなどの依存対象については、アリバイ的にパターナリズムをみせる。「カジノ」導入などギャンブル商法にはむしろ積極的で、そもそも公営ギャンブルについては、あたかも問題が皆無かのような姿勢に終始する。一方、「特保商品を熱心に消費すれば健康になれます」といった業界関係者のマーケティングは当然のように放置する。これらの、ちぐはぐな現象は、過度に自罰的である身体醜形障害や、異常に独善的で非をいっさいみとめようとしない政官財などの体質と、まるで「同形」でないか。

この「過敏」と「感覚マヒ」にみられる両極端＝実態との乖離構造は、単に日本列島上のふたつの集団の分裂状況という結果ではない。かなりの程度「安全安心な」身体の現実を直視せず、ヒステリックにあらさがしし不安におちいる自罰的な傾向。それと、迷惑をかけてきた経緯、はた迷惑な現実からめをそらして、指摘されると逆ギレするような独善性、立腹したときには異常ともいえる攻撃性をみせるなどサイコパス的本質。こういった現状への神経症的な不安と、モニタリングによって解消すべき深刻な問題への無知・無関心という、いずれも現実から乖離した感覚異常こそ、現代日本のかかえる奇妙な実態なのである[150]。

このようにかんがえてくると、大学人や研究者、ジャーナリストも、中等教育までで大衆レベルでの充分なヘルスリテラシーが自然にみにつき、あとは自己責任で

自衛できるといった楽観主義にたつべきではない。「絶対的権力は絶対的に腐敗する」という警句にならって（軍産学複合体と同様）広義の健康産業[151]が市民を洗脳する構造的リスク＝詐欺的策動（＝隠蔽された権力犯罪）をあばく責務をおっているというべきだ。残念ながら、19世紀以降最大のリスク要因だった各国政府という暴力装置にくわえて、20世紀末には多国籍企業およびネット空間という巨大なリスク要因がくわわってしまった。それらリスク総体を、研究者とジャーナリストは、不断に追跡し丹念に周知・解説する責任をおってしまったのである。この責務を放棄したとき、大学人なら「影の学問」（D・ラミス）の共犯者になるし、ジャーナリストなら「御用新聞」「国営放送」等の傍観者となることを意味する。それは、壮大なイタチごっこであり、過酷な消耗戦であるが、監視者・告発者の宿命なのである。

# 註

123 たとえば、ファストフード企業が学校給食などに「食育」事業として参入するといった、破廉恥というほかない姿勢については、すでに批判的にとりあげた。

124 優生思想にかぎらないが、人類の身体とそれをとりまくイデオロギー性を総合的に解析・体系化するためには、「身体学」といった学問体系になるほかないし（『ボディ・スタディーズ』［デメッロ2017］）、それは当然、身体教育の基礎科学になるだろう。「資源としての身体」といった社会学的・哲学的論集として荻野編（2006）。人類学・社会学的身体論の古典としてダグラス（1983）。

125 なお、日本列島に限定されているが、近世期から現代にかけて何波にもわたる「健康ブーム」と解釈できる社会現象を社会史・経済史的に俯瞰したものとして、津田（1997ab）が参考になる。ちなみに津田による時代区分においては、本書が主題とする戦後日本史として対応するのは、「第四次「健康ブーム」：1950〜1960年代前半」「第五次「健康ブーム」：1970年代以降」にあたるが、津田が筆をおいている1995年前後までを70年代以降一括してあつかっていいのか、20世紀末以降も同様の動向として一括可能なのかなど、課題はのこされている。津田が執筆した時点以降に急速に進展したのが、検索エンジン・SNSなどネット経由の情報入手環境の大衆化であり、ブームの質的転換がともなって当然で、解釈は慎重を要する。悲観的な筆致に終始する津田論文は、95年前後にはバブル経済崩壊による構造不況が明白化し、自殺者3万人超などリーマンショックや中国の経済大国化ほかグローバル化もからまる閉塞感がいろこくなった時代を反映していることは確実だ。しかし、アメリカ同時多発テロ・東日本大震災など21世紀開始以降不断におおう暗雲のような風潮は、津田ら左派系社会学者たちの想定をこえていた可能性がたかいことにも注意。

126 「「生活習慣病」の命名」（日野原2013）

127 近代的健康観・健康概念の誕生・変遷については、桝本（2000），臼田ほか（2004）など。

128 厚労省が前身の厚生省・内務省以来の国民国家による健康増進政策をふりかえった総括としては、『平成26年版 厚生労働白書』「第1章 我が国における健康をめぐる施策の変遷」（厚生労働省2014）。

129 基本的には、團伊玖磨（1924-2001）など保守的傾向をもった男性知識人によって共有された嫌煙権運動への反発を象徴的に表現したものとして理解されてきた。嫌煙権運動が過激であると非難する喫煙者たちの被害者意識、喫煙を個人的嗜好＝愚行権の行使として当然視する層にとっての相対的剥奪感の表出とみなせるであろう。ウィキペディア「禁煙ファシズム」によれば、1980年代末にはじまるとされるが、日本語版以外では、こういった項目はみあたらない。私見では、愚行権を全否定しかねない喫煙規制強硬論は集団ヒステリーにうつる一方、対抗勢力としての「反ファシズム」派の抗弁も感情的であり、反捕鯨論－擁護論などと同様、不毛なやりあいにしかみえない。

130 たとえばグプティルらは、つぎのようにWHOなどの専門機関自体がイデオロギー装置なのではないかと疑念を呈している。

　　……データは、BMI値35以上の極度の肥満だけが死亡リスクが高く、BMI値

25から30の過体重の人は、標準体重の人よりも死亡リスクが低いことを示している（Flegal et al. 2007）。にもかかわらず、過体重と肥満に対する公衆衛生的なアプローチはBMIが高いと死亡率も高まるという単純な見方を後押ししている。たとえば、WHO（2006：para3）は「健康リスクは多少過体重になっただけでも増加し」、「過体重が進むにつれて多くの問題が生じる」と警告している。こうした主張が繰り返されるなか、一部の肥満容認派は、WHOなど公衆衛生機関は意図的に肥満についての事実を歪曲していると非難している（Campos 2004; Oliver 2005）。1995年以降、肥満を「疫病」とみなす傾向が高まっているが、過体重が健康にもたらすメリットについてはあまり報告されていない（Saguy and Riley 2005）。 （グプティルほか2016）

辻内琢也らによれば、日本においても、「生活習慣病」キャンペーンやメタボリックの問題点は、専門家の一部からくりかえし指摘されてきたことがわかる（辻内ほか編2012：52-97）。

131　食生活など健康リスク周辺の産業・報道・大衆意識の疑似科学性を批判的に考察してきた社会学者柄本三代子は、つぎのように社会教育機関としての保健所等のイデオロギー装置的機能を指摘している。ここには、学校教育のみならず行政組織のスタッフたちが自己責任論的でありながら、同時にパターナリスティックな論理を展開していることがうかがわれる。

　　　私たちには、生活や健康を脅かすさまざまなリスクが提示される。そのリスクを自力で回避して自己で責任を負って生きぬいていくためのリテラシーを、あらためて自発的に獲得しなければならない。そのリテラシーを高めるための場の典型例が、地域の保健所・保健センターを中心におこなわれるヘルスプロモーション活動である。……健康になるための必要な知識の取得をめざしたり、情報を収集したり、実践に移すために必要とされるヘルスリテラシーを、参加者たちはここで習得することになる。 （柄本2002：50）

132　たとえば、公立学校の教員に際限なくサービス残業をさせてきた「給特法」をさだめ改正せずにきた日本政府の姿勢、それを無知・軽視等で黙認・放置してきた国民の無責任ぶりは、きびしく指弾されねばならない（内田・斉藤2018）。それは公立学校の教員については、ヘルスプロモーションをまったく考慮しない、二重の基準の典型例だからである。とりわけ「ブラック企業」批判をつよめるようになった昨今のメディア・市民の姿勢からすれば、その非対称は、あまりに無責任というほかない。

133　「事業仕分けの裏側で「禁煙利権」争いが厚労省内部に勃発と識者」『NEWSポストセブン』（2010/12/7, https://www.news-postseven.com/archives/20101207_6667. html）といった記事もみあたるが、「禁煙利権」をうんぬんするまえに、「喫煙利権」というべき既存市場がらみの利害が巨大なはずである。いいかえれば、厚労省内部の利害対立以前に、ニコチン依存症やアルコール依存症や、それによる医療費負担など財政に深刻な問題を提供しつづけてきた依存性薬物の過小評価＝問題矮小化を財務省・農水省と関係議員は共有していることこそ等閑視できないはずだ。「識者」の指摘が、しばしば党派性・利害をおびたポジショントークである可能性がすけてみえる。

134　基本的には、GHQの麻薬統制策の具体化だったようだが、薬理作用などの充分な検

討がなされた結果でないことは、明白だ。

135　"One murder makes a villain; millions a hero. Numbers sanctify"（「一人の殺害は犯罪者を生み、百万の殺害は英雄を生む。数が（殺人を）神聖化する」）と、チャップリンが映画『殺人狂時代』（1947年）で主人公にうそぶかせた痛烈な風刺。それは、結局チャップリン自身を「アカがり」の標的とさせる契機となったが、こういった経緯＝現実自体が、アメリカ社会のエグゼクティブ層が軍産学複合体としてたちまわる政商であり、合法化された巨大殺人組織＝軍隊を不可欠の存在とする集合体であることを的確に表現していたこと、まさに図星だった証拠にほかなるまい。準独占的な暴力装置という国家の本質を、ひとりのコメディアン（アメリカ映画草創期の最大ともいえる貢献者）がみぬいてしまい、英国への亡命へとおいこんでしまったのは、皮肉な歴史であった。

136　もちろん、御用学問的方向性は、理科系や政治経済法学系分野にとどまらない。旧帝国大学文学部が基本的に文献学的に国家の正統性を証明する装置として、たとえば地理学・歴史学などを発達させてきたような性格は、戦後もなくなっていない。たとえば教科書検定において、「異論があるから教科書記述として適当ではない」といった指摘をつけて教科書会社に事実上の圧力をくわえてきた調査官の論拠とは、帝国日本の権力犯罪・植民地支配などさまざまな罪科を過小評価しようとする右派系の歴史家、いわゆる「歴史修正主義者」たちの「学説」だけであったといって過言でない。

137　たとえば、『エビデンスで差がつく食育』という、学校給食関係者などを志願する読者層として想定しているらしい教科書が女子大学関係者によって刊行されている。食育を実践するための客観的基盤を科学的に確定すべしとする指南書である。ところが、「行動・ライフスタイル目標」として「毎日朝食を食べる子どもを増やす」といった例をあげながら、なぜそれが自明の目標なのか自体は、「エビデンス」をあげて、わざわざといなおす必要はないとみなしていることがわかる（藤原ほか2017：117-9）。自分たちがイデオロギーや神話のとりこなのではないか、といった自省にもとづく検証は、おもいもよらないのである。そもそも、「食育基本法」などの経緯・趣旨を歴史的・社会的に検証する必要性を毛頭感じていない研究者たちにとって、「エビデンス」概念が極限化されてしまうのは宿命といえる。

　　もちろん、「エビデンス」概念で自己規制がはたらかない研究者となれば、朝食不可欠イデオロギーから自由でないことはいうまでもない。「起床時刻・就寝時刻が遅くなるほど，欠食の割合は高率になる．また，保護者の朝食習慣に欠食がある場合には，子どもも欠食の傾向がある」といった、欠陥家族ぎめつけをみればわかるとおり、無自覚な階級差別・規範主義が露呈していたりする（児玉編2018：10）。

　　しかし、そもそも「医療デマだらけ」の現代社会では、「健康や医療についてのウソや不正確な情報に騙されていない人」などいないといった悲観論さえあるぐらいだ（朽木2018：4，9）。

138　戦後日本のばあい、20代女性は一貫してBMIが漸減現象をつづけてきたし、30代～50代も1970年代からBMIの漸減傾向が開始したばかりでなく、2000年代には60代以上の層までもやせはじめた（「日本人の体格（BMIの変化）(1947～2016年)『社会実情データ図録』，https://honkawa2.sakura.ne.jp/2200.html）。

139 たとえば、現代日本の男性は、戦後ほぼ一貫してBMIの上昇傾向をつづけてきた（同上）。

140 実際には20〜30代は二極化しているらしく、BMI平均値は漸増傾向がつづいているが。

141 もちろん、このブームには既存の「ダイエットブーム」に共通した一過性の流行ではすまない重要な要素がいくつもあった。おそらく、欧米の学術研究を輸入した日本の医学博士の喧伝があったこと、並行して「メタボリック症候群」という厚労省が音頭とりをした肥満撲滅キャンペーンが定着したこと、「ライザップ」という減量達成をうたう企業が大々的にテレビCMをうって話題化したことなどの相乗作用だ。

142 皮肉な点は、糖質制限ダイエットが、医師や管理栄養士などの指導をうけない自己流で実践しようとすると筋肉量が低下するとか大脳にまわる糖分が不足してめまいをおこすなど、あきらかに不健康な状況をまねく本質が、さして配慮されていない現実だ。「ハラがでたオッサン」の「卒業」をねがう中年男性が、筋肉量不足こみの減量などのぞむはずがない。男性アスリートの機能美を理想視するなら、なおさら体脂肪減量だけではなく筋肉量漸増も並行させて当然なのに、体脂肪とともに筋肉量もおとしてしまい、無自覚に「ひょろひょろスリムなわかもの」にちかづくような愚行となっている皮肉が発生したのだ。だからこそ、『Tarzan』など関係媒体は、「ただしい糖質制限ダイエット」のキャンペーンに躍起になった。たとえば『Tarzan』2012年10/11号（「正しい糖質制限ダイエット」）、「糖質制限の過剰ブームは間違いだらけ？　過去4回「糖質オフ」を特集した『Tarzan』編集長に聞いた！【前編】」『ダビンチニュース』2017/10/30, https://ddnavi.com/interview/408947/a/）。せっかくの健康志向ブームが一過性でおわってしまうとか、減量法として全否定されかねないのだから、業界としては必死になるのは当然ともいえた。

　いずれにせよ、医師・管理栄養士などのあいだで、いまだに議論がつづけられており、大勢をみるかぎり、(1) 医師などの診断・助言を参考にすべきで、生兵法は危険。(2) リスクのない食餌制限などないわけで、食生活の極端なかたよりがないようリスク分散をかんがえ、慎重に行動すべき。……といった結論におちつきそうな気配である。もしそうであるなら喧伝されるようなすじあいではなかったわけで、ブーム化は、やはり軽率なフードファディズムの一種だったと批判されてもいたしかたなかったのではないか。

143 ここでは、加齢を敏感に意識せざるをえなかった女性たちの化粧意識やファッション誌の購買行動などについては、割愛する。

144 医師免許をもつ医療記者、朽木誠一郎の指摘をまつまでもなく、近年流通する「健康情報」の疑似科学性＝構造的リスクについては、医師らを中心に以前からいくつもの指摘がくりかえされてきた。たとえば『お医者さんも戸惑う健康情報を見抜く』とか『「健康に良い」はウソだらけ』といった啓発本の表題にえらばれたキーワードでもたしかめられる（小内2004、稲島2018）。グーグル検索で「健康情報」とキーワードをいれると「健康情報　嘘」という検索候補例があがるのも、社会の検索動向がうかがわれるだろう。

145 速水の提起する「フード左翼」は、旧来の政治経済学的分類（マトリックス）による「左翼」とは、あきらかにズレがある。たとえば、つぎのような指摘をみれば、

一目瞭然であろう。

> ……例えばかつて左翼は、科学的な手法をもって理想社会を実現するという理念を持つ人々のことを指したが、「フード左翼」は、むしろテクノロジーを抑止して、科学技術が導入される以前の「食」の在り方を追求する存在である。……技術進化の未来に理想社会が生まれるという進歩的な考え方ができた時代が終わり、代わりに科学技術や産業化、消費社会化を食い止めることこどが、理想社会を実現するために必要なことであると左派は考えるようになった。
>
> (速水2013：196-7)

> 「フード左翼」が旧来型左翼の定義からはみ出すもうひとつの要素が、弱者に対する配慮である。左翼の本文の中には、「弱者の側に立つ」という要素が含まれるが、アッパーミドル階級的な消費意識と密接に結びつく「フード左翼」の持つ反科学主義は、世界の人口増とそれに伴う食糧難の可能性については、極めて冷淡だ。有機農法の普及が世界の飢餓にとって致命的な存在である可能性、そしてフード左翼が自分たちのライフスタイルを守ることは、世界の貧困にとって脅威になるという「フード左翼のジレンマ」……　　　　（同上：197-8）

> 左翼から右翼への転向は多いが、その逆はないというのはよく言われる話だ。……「フード左翼」と「フード右翼」に関しては、逆かもしれない。「フード左翼」から「フード右翼」への転向はまず考えられないように思う。（同上：202）

　速水は「高齢者の未来食と共産主義キッチン」といった近未来像を提起するなど、かなり射程のながい議論を展開しており（同上：169-94）、「フード左翼」「フード右翼」双方が、現在のような消費志向（自由主義にもとづく愚行権追求）を享受しつづけることは事実上なくなっていくらしいことを示唆している。いわゆる「食育」運動の唱道者たちは、これら近未来像をどう理解しているのだろう。

146　WHOがニコチン・アルコールの規制を断念し容認薬物と位置づけてきたのと同様の黙認を日本政府もおそらくおこなっている（財務省は依存症患者による税収をあてこんでさえいる）。同時に、在日コリアンおよび暴力団、警察官僚ほか政財官各層の利害に忖度することで放置されてきた各種ギャンブルなども、享受者の「自己責任」として不介入原則が維持されてきた（ギャンブル依存症への抜本的な対策は徹底的にホネぬきのままだった）のに対して、マリファナなどソフトドラッグには、異様ともいえる不寛容が徹底されている。二重の基準がまかりとおってきたのは、以上のような経緯への国家官僚の忖度と推測される。

147　厚労省は、「英国減塩プロジェクト」（業界団体をまきこんだ国内市場全体の漸次的減塩化計画によって、心疾患・脳卒中などを有意にへらせた）を称揚してきたが、英国よりあきらかに平均寿命・健康寿命がながい日本にもあてはまるのかは明確でない。長野県などは減塩運動で脳卒中が激減することで長寿日本一になったとされているが、他地域も同様に推移する保証などなかろう。もはや長寿化の限界ちかくまで達している可能性があるからだ。

148　新薬の認可など、日本政府は国民の安全を保証するために慎重な検証をおこなっているとしてきたが、インフルエンザ薬のタミフルを大量にかいしめるなど、非合理的な運用にはことかかない。もっとも異様なケースとしては、ミドリ十字がくりかえした血液製剤のHIV汚染みのがしがあるが、ほかにも、低用量ピルの安全性にき

わめて強力な懸念をしめして認可をおくらせ、その後も処方について慎重にあるべきとする姿勢をくずさないのに、ED治療の「バイアグラ」については、異様なはやさで認可し、しかも個人輸入が事実上黙認されつづけるなど、「非常に興味ぶかい」現象がめだつ。「バイアグラ」容認姿勢とは、中高年男性の性生活に異様にかたいれする姿勢であり、そこには、女性の性的自立を妨害するかのような避妊薬のセーブなどと対照的な色彩＝恣意的パターナリズムがみてとれる。

149 冷静にかんがえてみれば、徹底的な追従外交ゆえにベトナム戦争の後方支援基地としてまったくブレることなく「特需」を享受して「高度経済成長」をつづけ、さらには冷戦構造がおわってもなお外国軍を駐留させた。反対がしづらい、ないし反対運動がめだたないよう画策されてきた南西部の島嶼に大量の迷惑施設の集中をつづけるなど、倫理性にかける政権が一貫して維持された戦後体制だった。平和主義をまもる自由で民主的な列島というセルフイメージ（「自由民主党」といった党名etc.）とは、「〇〇民主主義人民共和国」といった国名の独裁国家と通底する欺瞞・偽善の産物であり、軍事植民地である現実からめをそらした自画像であった。「安全安心」イメージなど、そもそも神話・幻想のたぐいだったのだ。「中国のような大気汚染がない日本」といったセルフイメージ自体は、まちがいではないものの、それは「四日市ぜんそく」とか「光化学スモッグ」といった、過去の歴史からめをそらし、中国大陸等に「毒ガス」を放置してにげてきた帝国陸軍に代表されるように、過去の清算を徹底的におこたる国家体質、公文書を平然と破棄したり、つごうのわるい現実を文書化しないような、あしき官僚主義等を、すべて直視しないことによる気やすめにすぎない。

150 たとえば、「おもてなしの精神」「職人的勤労倫理」などが徹底しているといった、外国人からの称賛を異様にうれしがる自画自賛的セルフイメージと、「技能研修生」などへの過酷な人事感覚をなんとも感じないような人権意識の欠落がめにあまる現代日本。「日本人は、一体どちらが本当の本質なのか」と、外国人をとまどわせるのに充分だろう。これは、理想的な日本人と野卑な日本人とが列島上に「共存」している、という現実なのではないとかんがえられる。「みうち／お客さま」には、卑屈なばかりに丁重な姿勢と、「よそもの」には徹底的に、ずるがしこく残忍な人物に変貌しがちな、多数派日本人の「最頻値」的本質だと。

151 日本にかぎらないが、民間企業はもちろん行政当局も、「ヘルスケア」産業など、広義の「健康産業」を振興しGDP拡大などさまざまなもくろみが肥大化しているようだ。たとえば、那須良「新発想で挑むヘルスケア「10兆円産業」へ競争に変化」（『事業構想』2014年7月号）は、「経済産業省 商務情報政策局ヘルスケア産業課課長補佐」というポストにある人物による提起であった。また、あるシンクタンクの研究員は、「健康医療産業の現状とそのビジネスチャンス」という論題で講演した（財団法人全国下請企業振興協会 講演要旨 2003年7月14日）。近年であれば、「SPORTEC」（スポーツ・健康産業総合展示会、2010〜、東京ビッグサイト）と、それにずっと先行する「健康博覧会」（1983〜）など巨大イベント、業界紙として「健康産業新聞」「健康産業流通新聞」（いずれも1975年創刊）などが市場拡大と並走してきた。

これら官民連携の運動が、パターナリズムをともないつつも、本質的に広義の「不

安産業」であることは、明白だろう。経産省・農水省などが産業界の利害を事実上代表する当局（市場原理に介入する公権力であると同時に、「あまくだり」など組織的利権を死守しようと暗躍する組織）であることはいうまでもないが、厚生労働省やWHOなど広域の市民の福利厚生を保護・追求する目的で設立された公権力も、パターナリズムと利害が不即不離であることは、生業としての医療関係者や製薬・医療機器メーカーをおもいうかべれば一目瞭然だろう。

# 第7章 身体教育解析の射程

『体育で学校を変えたい』をヒントに

## 7.1. 体育が自明視してきた身体能力概念の再検討：いわゆる「学力」との対照

　第2章で「「身体教育」の略称としての「体育」は、なぜ競技スポーツの劣化コピーとなったか？」と、いささか挑発的な表題をかかげて問題提起した。それは、さきにのべたように（p.31, 註11）、「広義の身体運動文化のうち競技スポーツやダンスなどだけをえらびとって「体育実技」とうそぶいてきた姿勢が、いかに恣意的であるか」という素朴な疑問。「球技・格闘技などの競技スポーツの基礎トレーニングとしてのダッシュや筋力トレーニングのような目的－手段関係とは異質な、日常生活や職務遂行のための身体能力向上にとって不要とおもわれる身体運動が体育では自明視されてきた」ことの異様さへの疑念からきていた。

　すでに、学校が基本的に「国家のイデオロギー装置」であり、よりふみこんでいえば「洗脳装置」の側面があることは、「保健体育」周辺でも立証しえたであろう。さらにいえば、「日常生活や職務遂行のための身体能力向上にとって不要とおもわれる身体運動が体育では自明視されてきた」現実、そのことを疑問視することのない大衆的な思考停止こそ、再検討すべきなのである。それは、すでに指摘した、「市民が（マネごとであれ）競技スポーツを実践することで身体能力がたかまり、同時に健康増進も実現され、結果として健康寿命がのびるなど医療・福祉予算の削減につながる」といった神話的発想がなぜねづよいかをといなおすこととつながる。

　たとえば、すでにふれた「新体力テスト」について、つぎのような体育教員によ

る問題提起に対して、保健体育関係者は、どうこたえるのだろうか。

　　……ひとつの目安、あるいは確認のために学力テストや体力テストがあるのだ
ろう。しかし、テスト結果の平均値が学校ごと、地域ごとに出されてくるとその
数値が一人歩きを始める。議会でも取り上げられ、問題にされることがある。平
均値より低いと何が問題なのかとか、テストでは計れない大事な教育活動や子ど
もの育ちの様子があることを飛び越えて、学校ごと、あるいは地域ごとの平均値
競争が始まりかねない。集団があれば平均値が算出できる。集団を構成する約半
分の子どもたち、あるいは半分の学校は平均値よりも下になる。それは当たり前
のことなのだが、平均値より下ではいけないのだろうか？……

　その上、体力テストには学力テストとは違った問題がある。数学や国語、理科
などの教科の学力テストは各教科1時間ずつあればテストができる。しかし、体
力テストを全て実施するには最低3〜4時間、丁寧に行えば5〜6時間もかかる。
……これだけの時間があれば、……今よりもっと運動技能の向上が図れるだろう。
そしてもうひとつ、体力テストが他の教科の学力テストと大きく違う点は、みん
ながやり方を知っている同じ課題を行って測定しているということだ。何度もや
れば記録が向上するのは当然。実際に県や国の平均値を出すための抽出校（指定
校）では、丁寧に時間をかけて測定するので結果がよくなると言われている。そ
うした抽出校の結果が県平均や全国平均となり、私たちは自校の平均値と比較し
ている。県平均や全国平均と比べてわずかに劣っていることがどれだけの問題な
のだろうか。……全国平均に対して適当にある数値を決め、それ以下だと問題が
あるかのように不安をあおり、全国平均に追いつけ追い越せと競争をあおってい
る。こうした分析や体力向上プランを作成すること自体、各校の体育主任にとっ
ては大変な作業である。この時間があったら、もっと違う学習や授業の準備がで
きるだろうと思う。

　　……国民にとって健康にかかわる体力の問題は大切だ。それは体力テストで行
って自分が平均値より高かったとか低かったとかという比較の意味ではなく、体
力の仕組みや向上に関わる知識として実践的に学ばせていくことが大事なのでは
ないかと思う。つまり、体力に関する科学（体力科学）を学ぶ学習になる。特に
中学生になると体の仕組みに関心が高まり、自分の健康、あるいはスポーツ競技

のために体力を向上させたいと願う生徒がでてくる。そこで、国民の基礎的教養
として体力について学ぶ、そういう授業こそ構築していきたいと考える。

　平均値より上だから安心、下だからもっと体力作りをしなければならないとい
った認識のレベルを乗り越えたい。また「体力は無いよりも少しでもあったほう
がよい」という考え方は否定こそできないものの、体力作りを強いる根拠にはな
らない。平均値よりかなり低くても健康的な子どもたちはたくさんいる。また、
体育の授業を通して結果として体力・運動能力の向上が期待されるとしても、体
力作りが体育授業の目標・内容にならないと考える。体力作りは個別性の原則が
強く集団的な学習にならないし、体力は体育の時間の運動だけでつくるものでは
ない。……

（小山2016：58-60）

　ここで当時現役教員だった人物が指摘している問題は、学校教育関係者が自明視
してきた能力観・健康観に深刻な反省をせまるものといえよう。特に「「体力は無
いよりも少しでもあったほうがよい」という考え方は否定こそできないものの、体
力作りを強いる根拠にはならない。平均値よりかなり低くても健康的な子どもたち
はたくさんいる」という指摘は、体力観にとどまらず、学力全般にもあてはまるは
ずである。「「学力は無いよりも少しでもあったほうがよい」という考え方は否定こ
そできないものの、学力作りを強いる根拠にはならない。平均値よりかなり低くて
も健全・幸福な子どもたちはたくさんいる」と、そっくりいいかえられるからだ。

　さらにいえば、知育・体育などで徳育をかねることは基本的にできないとのべた
ことを敷衍することで、「体力・学力は無いよりも少しでもあったほうがよい」と
の判断自体、あやしくなってくる。実際、体力・知力は、戦争犯罪・人体実験等で
「活躍」した軍人・マッドサイエンティストなどとして、具体的に悪用されてきた
ではないか。『スターウォーズ』ほかSFファンタジーがえがいてきた「善悪」二項
対立が象徴するように、突出した能力は、それ自体暴力的存在であり危険な要素と
さえいえるのである[152]。

　そもそも、紹介した体育教員小山吉明が指摘するように、数値化された「平均
値」に対する上下が優劣＝善悪と評価される価値観自体が根本的にゆがんでいるで
あろう。「適当にある数値を決め、それ以下だと問題があるかのように不安をあお
り、全国平均に追いつけ追い越せと競争をあお」る風潮とは、一定方向の数値の

増大をめざした無限の進歩＝自明の善という神話的思考の産物である。小山自身は「同じ課題を……何度もやれば記録が向上するのは当然」とのべるが、そもそも薬物・義足・遺伝子操作など、ありとあらゆる「向上」運動を蓄積しようと、たとえば100mダッシュで「3秒」といった記録には永遠に到達しないであろうことで自明なように、かならず「向上」には限界がおとずれる。さらにいえば、「走力」を、たとえば球技におけるスプリント力のようなものと別個に一定の直線距離をより短時間で走破することがすぐれている、といった評価基準が、そもそも合理的なのかといった疑念も浮上しよう。つまりは、漸進的に数値水準があがるとされる「50m走」のような「体力テスト」で生徒個人やクラス・学校・府県などの記録を優劣「評価」する方針自身、さらには、水準以下とされた個人・集団を劣位と位置づけて奮起をうながすといった指導姿勢総体が、機械的かつ無思想的で非教育的だし、総力戦体制など体力の動員体制意識の愚劣さとは別個に、非合理そのものだろう。その愚考ぶりに疑問をいだかない文教官僚は無責任だし、学校スポーツ振興にかかわる体育関係者の思考停止ぶりは、悲劇というほかあるまい。

　さて、本章冒頭でふれた「日常生活や職務遂行のための身体能力向上にとって不要とおもわれる身体運動が体育では自明視されてきた」ことの異様さという疑問に再度たちかえってみよう。たのしみながら、日常のなかに侵入するおそれのある危機を回避する能力をたかめるスポーツとしては、たとえば、パルクール／カバディ／ラグビー／ボルダリングなどをあげることが可能だろう。これら各種スポーツは、追跡者・妨害者からの回避とか、障壁ののりこえなど、身体能力を相当要求するとはいえ、運動能力・筋力・持久力等がそれなりにそなわっているなら、健康なわかものがたのしむのは、個々人の自衛能力向上という意味でも、護身術とならんで実用性のたかい運動技能といえる。

　もちろん、野球・クリケットなどの一群や、バレーボール等ネットスポーツ、ホッケー・バスケット・ハンドボールをはじめとするゴールスポーツ、ほぼすべての陸上競技／器械体操が、遊戯性が結果としてさまざまな運動能力をたかめることは否定しえない。しかし、これらは、日常の生活・作業において実際的に応用できる身体能力と乖離していることはもちろん、運動能力の一部をかたよったかたちで要求する点で、身体教育としてのバランス調整として、非常に問題があるというほかない。つまり、これら遊戯性のたかいスポーツ群は、異質なスポーツを最低でも数

種こなさないかぎり、いびつといってさしつかえない筋組織等の発達をうむといえよう。たとえば器械体操は、ボルダリングなどと同様、自重を自在に制御できる身体技能・能力の向上がはかれる非常に意義ぶかいトレーニングにみえるが、床運動など一部をのぞき、器械体操の大半は、身体能力の一部を肥大化させることはあっても、バランスよい筋組織の育成とはいえないだろうし、基本的にハイリスクな技法でしめられている点で、指導・学習にはつねに緊張感をしいられるものばかりである。格闘技と同様、とても義務教育等にもちこめる性格をもちあわせていないのである。マット運動などをさせることは否定しないが、鉄棒や跳び箱などに拘泥してきた学校体育文化にはおおいに疑問を感じる。体育大学卒業のもとアスリートが、(課外活動ではなく)体育実技の授業として、自分がすきなスポーツ群を「指導」することで生徒の身体能力全般をバランスよくたかめていると自負するのは、その大半が錯覚で、無自覚な偽善ないしは欺瞞をなしているとおもわれる[153](p.31, 註11、p.54, 註47参照)。生徒各人の趣味・自己実現としての課外活動でこれら競技スポーツ群を体育実技でしいるのは、責任放棄というより、むしろ無用な負荷の強要とさえいえる。

　民主主義や平等主義など、普遍性のたかい理念ではなく、セクシズムや特定のナショナリズムなどを注入することが反動的であるのと同様、単なる無責任にとどまらず、教育者の指導方針として「反則」である。また、そうした明白な逸脱を、それと自覚できるような指導を、教職課程や教員採用試験をふくめたリクルートや教員育成過程にくみこまない文教行政は、根本的にゆがんでいるといえよう。それは無自覚に生徒らの学習権を侵害しているのであり、スポーツぎらいの生徒の人権を蹂躙しているとさえいえる。学力試験で平均点以下の層が、大半劣等感をいだかされるのと並行して、競技スポーツに苦手意識をかかえる生徒にとって、体育実技ほど苦痛な受苦体験はないからである[154]。自覚などないだろうが、こういった生徒たちは日常的に「受忍労働[155]」をこなしているのであり、体育教員は懲役刑を科す獄吏と同形なのだから。

## 7.2. 現実としての競技スポーツ偏重主義であった体育の本質的欠落と非教育性

　さらに、「「身体教育」の略称としての「体育」は、なぜ競技スポーツの劣化コピーとなったか？」という課題は、（「からだほぐし」などを例外として）実技偏重によって食育をふくめた「保健」などの極端な軽視問題と別個の問題群もかかえている。そのうち最大の問題をあげるとすれば、「身体教育」がスポーツ実技／ダンス実技などにかたよることで、一種の「脳筋」[156]状態が自明視されることだ。スポーツ実技における指導の軸は、せいぜい発達段階を考慮した競技ルールとプレイ技法の周知であり、そこには時間空間上の知的相対化など介在しない。たとえば、「武道は近代以前の武術とどうちがうのか？　柔術が武術で柔道はスポーツといってよいか？」「近代スポーツとそれ以前の球技・競技とは、どう連続性があり、どう非連続なのか？」「球技のなかにはいるスポーツは、どこまでか？（カーリングははいるか？）」「球技に通底するファウルの本質は何なのか？」「おなじゴールスポーツでもオフサイド概念が多様なのははぜか？」「オリンピズムとは何なのか？」「禁止薬物とは、なぜ禁止されているのか？」「観戦・応援するスポーツにおいて、ナショナリズム・コマーシャリズムはかんがえなくてよいのか？」など、哲学・歴史学・人類学・政治学・経済学などを動員しないかぎり考察不能な問題群が競技スポーツには無数にあるだろうに、そういった「メタ・スポーツ」的な知的刺激はいっさいおこなわないといっても、さしつかえないだろう。

　その意味で、すでに紹介した小山吉明は『体育で学校を変えたい』の後半の2章で、武道論・体育理論という2本の軸をたて、スポーツ史・スポーツ哲学などへのイントロ実践を提案していて、興味ぶかい（「ネット型とゴール型の競技に分ける」etc.）。たとえば、「剣道」形成史をとおして、武術・武道・スポーツの非連続性をかんがえさせたり、オリンピズムを紹介したりすることで、近代スポーツの理念やナショナリズムをかんがえさせる機会もあたえている。

　また体育理論の最終節では「1粒300m」というコマーシャリズムをヒントに栄養学にいざなったり、最終章「保健の授業づくり」では、水資源を歴史的にかんがえさせることで、鉱毒事件や水俣病をとりあげたり、放射線問題をとりあげること

で、生活環境の安全性へと生徒をいざなっている。

　これら、小山の指導方針は、スポーツ実技による運動能力向上＝健康づくりと安直に競技スポーツ指導を合理化＝正当化してきた、いわゆる「脳筋」先生とは、あきらかに一線を画すものである。しかし同時に、小山の身体教育論は全9章構成のうち、約半数の4章分（全240ページ中112ページ）を競技スポーツにさいてしまっているのであり、「体育で学校を変えたい」という主題の「体育」は、あきらかに競技スポーツ実技に依存している。武道・体育理論・保健は、あきらかにマイナーな位置づけという印象がいなめない。また、オリンピズムの紹介をとおした政治性の検討は意義ぶかいものだが、コマーシャリズムや、IOCやFIFAなど国際スポーツ団体のかかえるヤミなど、ダークサイドの照射は不充分そのものといえる[157]。もちろん、相撲界をはじめとした広義のスポーツ界の暴力・リンチ問題などは、カケラもみいだせない。なぜ、不祥事がいつまでもやまず、くりかえされるのか、逸脱現象は単なる例外的発生ではなくて構造的病理であり、不祥事の背後には暗数として膨大な事件が隠蔽・忘却されているだけではないか、といった社会学的疑念がきえない。性暴力や性感染症などの実態とリスク回避をふくめた「保健」分野の軽視も義務教育として致命的だ。

　これら「競技スポーツ」界のダークサイドの矮小化は、おそらく、「スポーツに関わる子どもたちの笑顔……が子どもたちの間で共有されたとき、スポーツは生活を豊かにし、幸せをもたらす文化となっていく」、それが「体育教師の喜び」だという小山らのゆるぎない信念（小山2016：236）の産物であろう。そこでは《ナショナリズムやコマーシャリズムなどによるダークサイドは、あくまで少数の逸脱現象にすぎず、競技スポーツの本質は、いいものにきまっている》という、病理の矮小化ないし失念がともなっている。当然そこには、競技スポーツ等、身体運動がにがてな生徒たちの苦痛・苦悩などが視野からはずされていることになる。岡崎勝らのシニカルでリアルな学校文化論など存在しようがないのである。

　小山ひとりで代表させてしまうのは、矮小化のそしりをまぬがれまいが、残念ながら、「脳筋」先生ではない知的な体育教員であっても、「競技スポーツ教」とでもいうほかない集団ヒステリー的錯覚の病理が、「体育で学校を変えたい」と題した実践書をとおして、すけてみえてしまうような気がしてならない。いささか皮肉ないいかたをあえてえらぶなら、「競技スポーツ教という集団ヒステリー的錯覚から

解放されないうちは、「体育で学校を変えたい」という善意は空転し、むしろ有害な副作用が懸念される」と。

これまで長文をさいて展開してきたように、「身体教育」は多岐にわたる。むしろ、競技スポーツ以外に広大な領域が実在する。しかも、それは実践的な技法の体得のみならず、栄養学・生理学・医学などの広義の生化学とスポーツ医学的な知見もふくまれることはもちろん、哲学・歴史学・人類学・政治学・経済学など旧来の学問はもちろん、女性学−男性学、障害学をふくめた人文社会諸学が縦横に動員されてはじめて全容がカバーできるような広大な分野なのである。たとえば、優生思想史を批判的に検討することで、ナチズムや社会主義・資本主義社会に通底する神話・イデオロギーを批判的に検討できる素養・感覚をみにつけることはもちろん、既存のスポーツ市場・振興策（オリンピズム等も当然ふくまれる）や体育教育に健全な距離をおくといった意味での、身体論リテラシーの涵養は不可欠だろう。これらが「保健体育」をとおして、身体教育として展開されるなら、「保健体育で社会をかえる」ことが実際可能となろう。

# 7.3. 体育教育における「みるスポーツ」「ささえるスポーツ」概念の再検討

一方「みるスポーツ」という観点からすれば、最低でもテクニックや戦術・戦略に対するリテラシー・批評意識[158]が、「ささえるスポーツ」という観点からすればコマーシャリズムやローカリズム、グローバル化などにめくばりした経済学・経営学的視点が不可欠だろう[159]。

「みるスポーツ」は一般にライブないし中継・録画映像などの「観戦」として理解されてきたが、選手・チームのパフォーマンス水準や戦術・戦略をふくめた情報解析やトレーニングや負傷・引退・移籍情報（ゴシップはともかく）の収集・分析・解釈等も享受の一種である。そこには、各種媒体での記事・解説・ハイライト動画などとして、きりとり・解釈・批評等、媒体の享受過程もふくまれることになる。選手のリハビリ・回復情報や獲得タイトル・降格−昇格情報などの収集・評価はもちろん、記者・批評家などの論評（メタ言語）を享受・批判する行為もみのが

せまい。さらには、実在の選手・チームをえがいたドキュメンタリー小説やドラマ化・マンガ化とその享受などもふくめるべきだろう。これらは、二次情報ではあれ、広義でのスポーツを「みる」行為そのものにほかならず、スポーツリテラシーぬきにはなりたたないからだ。しかし、これらは総じて体育等で無視されてきたといえよう。俗に「国技」よばわりされてきた相撲・柔道[160]などの素養ひとつとっても、明白である。

　なお、既存の「みるスポーツ」概念は、視覚障害者がラジオやテレビ音声でスポーツ中継等を享受する現実や、視覚障害者スポーツの実践自体を否定しているものであるが、論者のほとんどは無自覚だろう。

　また、広義のスポーツリテラシーが、コーチングや指揮能力と同様、個々人がそなえる運動能力や運動経験と別種であることはいうまでもない。たとえば、スポーツライターだった乙武洋匡氏という存在（先天性四肢切断）自体、パラリンピックにでるようなエリート障害者でなければ競技スポーツにかかわれないという幻想を相対化し、批評やコーチングも一流選手としての経歴なしにはできないといった幻想からの解放をもたらすであろう[161]。ちなみに、中年男性をかたることで野球の批評活動をくりかえして著名人と化していたわかい女性の存在が露見したケース（「少女が13歳から8年間、架空の妻子持ちMLBライターになりすましていたことが発覚」『BaseballChannel』2017/11/12）などひとつとっても、ジェンダー神話を破砕するのみならず、選手としての経験自体（「するスポーツ」体験）と技能・戦術リテラシー（「みるスポーツ」能力）との関連性に疑問をいだかせる[162]。

　スポーツリテラシーが高度化すれば、たとえば「黒人には身体能力的にかなわない」といった、浅薄なレイシズムや本質主義的俗論からは解放され、「スペイン・メキシコなどラテン系諸国は、なぜサッカー先進国か？」といった問題意識に到達できるだろうし、欧米主導のスポーツ市場の帝国主義的性格にも敏感になれるだろう。

　「みるスポーツ」という方向からの教育的意義は、以上のような競技スポーツの享受水準にとどまらない。たとえば、いわゆる「ガッツポーズ」や「おたけび」など、プレイにまつわる身体表現の評価もとりあげることができる。競技スポーツでの勝利主義・精神主義の倫理性として、不謹慎とか挑発的だといった議論が、日米の野球界や武道界では、ずっとかわされてきて、普遍的な合意には達していない。

そもそも、得点や勝利にともなう歓喜・達成感をすなおに身体的に表出する権利自体自明なのか、フェアプレイ精神や武士道などにそって、あいてに対する礼節を維持すべきかなど、実は、大半が「ローカルルール」として定着・継承されてきただけであって、地理的多様性はもちろん時代的変遷もめずらしくないわけだ。しかし、すくなくとも、サッカーに関していうなら、ゴール直後に歓喜のパフォーマンスをおこなうことは自明視されているし、それをたのしみにしているサポーターもすくなからず存在する。ライバルチームが敗北により失意にしずむ瞬間、歓喜によってサポーターにアピールし、一層の歓声を要求する選手のふるまいを不謹慎と非難することも可能だろうに、すくなくとも、欧州・中南米などのサッカー場は、そのような倫理観を醸成してこなかったことは明白だ。ある意味、レフリーに罰せられない範囲での挑発行為を自明視する文化、それらにのらずにながすこと自体がプロ選手としての能力として評価されたりしてきたのが現実である[163]。

　これは、「ガッツポーズ」の禁止はもちろんのこと、礼節を一貫してまもらせる「剣道」の大会などとは両極にあるといえよう。この現象の比較対照ひとつとっても、競技スポーツの観戦・評価は、選手の品格に対する観衆の評価とも不可分であることがわかる。「よろこぶのは当然じゃないか」といった倫理感が共有化される競技文化と、「勝利にはしゃぐなど、あいてに失礼だし、はしたない」といった美学を自明視する武道等の精神文化に対して、体育関係者はどのように対応すべきだろうか。すくなくとも、両者を一貫した普遍的倫理でかたれないことだけは明白なのだから。「みるスポーツ」とは、当然、観客を意識した「みせるスポーツ」でもあるわけで、それは審判団や協会関係者の規範文化で制御しきれるものでない。「(土俵上もふくめて) 行儀がわるすぎる」として再三物議をかもしつづけた、もと横綱朝青龍であるとか、観客に万歳を要求してしまった横綱白鵬であるとか、厳格な伝統文化と目されてきた大相撲ひとつとっても、単にモンゴル人だからではすまされず、「みるスポーツ」の当事者である観客の問題でもあるからだ。

　また、「ささえるスポーツ」には、たとえばクラブ活動におけるチアリーディングをふくめた応援団やブラスバンド、マネージャーや記録員といったサポートメンバーであるとか、運動会・体育祭等、学校イベントでの応援合戦などに矮小化されない、さまざまな「スポーツ」支援の現実が視野におさめられねばならない[164]。

　たとえば、スタンドでの応援はもちろん、SNSでの関連情報配信、グッズ購入や

スポーツくじ購入などをとおしたサポートにとどまらず、少年サッカーのコーチであったり、新体操クラブへの送迎をくりかえす母親であったり、さまざまなスポーツ支援をかぞえあげることが可能である。公的に業界・球団・選手を支援するだけでなく、家族などとして個人的に選手をささえる行為もふくまれるからだ。さらにいえば、これら正の面でのサポートをとりあげ称揚するのは単なる偽善であり、フーリガニズムをふくめた暴力・暴動、球場等で発生してきた群集事故など、愚行や悲劇的事件にも言及しなければなるまい[165]。

　各地の祭典が音楽・美術などに還元しきれず、身体運動をともなうパレード等として理解しなければならないとすれば、「みるスポーツ」「ささえるスポーツ」などの把握自体、競技スポーツに矮小化された姿勢だとわかるだろう。祭典は、おおくが身体運動をともなう総合芸術であり、それはバレエやミュージカルやダンス競技会などのパフォーマンス文化ともつながるものである。いわゆる無形文化財であるとか、舞台芸術、パフォーマンス競技大会（コンクール）など、「身体運動」文化全般に「みる」「ささえる」がからまるのだから。

　「食育」運動が、単純に「家庭科」などの一部に還元・矮小化できない、越境的・総合的なとりくみとならざるをえないのと同様、「身体運動」文化全般を「保健体育」だけがカバーするすじあいにはないが、そもそも「するスポーツ」へのイントロしか意図していないのではないかとおもわれる体育実践が、異様にせまく欠落した体制であることは、否定できないであろう。すくなくとも、「学校代表」の選手を「みる」こと「ささえる」ことが愛校心であるかのような歪曲と、スポーツ・リテラシーが対極にあることだけは、確実だ。

　以上みてきただけでも、「みるスポーツ」「ささえるスポーツ」の現実をとらえるために、経済学・経営学・法学はもちろん、社会学・人類学・地理学・歴史学・教育学など、社会科学系の概念わくぐみが不可欠なはずだ。もちろん、必要に応じて、文学・美学・音楽学・音響学など、人文社会系諸学はもちろん自然科学をふくめた知見を総動員して準備しなければ、生徒に充分な情報を提供できないことは明白だろう。

# 7.4. 総合的な知としての身体教育としての「保健体育」が中核となる社会の到来

　当然ながら、これら膨大な問題群は、イントロだけに厳選しても、とても既存の「保健体育」の単位数ではたりないことになる。いや、正直いえば、既存の英語科・国語科などの授業単位数をおおはばに削減してでも、以上のような広義の「身体教育」を「保健体育」として提供することこそ、中等教育（特に義務教育では）での責任ある普通教育ではないかとさえおもう。「保健体育」と「技術家庭」と「情報」など、従来非「主要教科」と位置づけられてきた科目群こそ、実は実生活に即した重要科目なのだから。自然科学や社会科学の諸科目も、大学等上級学校への選抜機能をになうイントロとしてではなく、「保健体育」ほかの実科をささえる基礎科学として充実させるべきではないかとさえかんがえるものである[166]。

　以上は、「セックスは両脚のあいだ（性器）にあるが、セクシュアリティは両耳のあいだ（大脳）にある」といった警句の含意と通底する。「身体運動は物理的実践としてあるが、身体教育は身体メカニズム（身体−機能を構成する物理化学的メカニズムとそれをとりまく文化的社会的メカニズムの相互作用）について認識・活用する（メタ言語）学習機会提供としてある」といったぐあいに。その実践は、「身体運動や知的トレーニングの実践をとおして徳育が可能となる」といった錯覚[167]を転倒させ、「心身について総合的かつ徹底的にかんがえぬく総合的な身体教育をとおして、自然に知育・徳育をかねそなえる教育実践に到達する」という結論にたどりつくのではないか。それはもちろん、「脳筋」先生たちの視野から完全にはずれた次元に位置するであろう。

　こうした身体教育は、身体運動や生理作用から距離をおくことを「知的」と錯覚するかのような「高学歴」層の偏見から自由であることはもちろんだが、同時に、いかなる意味でも「脳筋」志向とは正反対な性格もおびる。当然、身体的トレーニングによって自動的に徳性がみがかれるといった、かみがかった思考停止などとは無縁であり、「倫理的にいきるためには、いかに心身を位置づけ、なにに注意をはらわねばならないか」といった観点で、自身（生理的関係性）・周辺（社会的関係性）を社会全体との連関で再定義することをせまる。その点でも、結果的に「倫

理」性をおびるほかないのである。

　そして、こういった「身体教育」が「保健体育科」で実践されることが自明視されるような時代には、当然「学校」は変質しているはずだ。そこでは「身体運動や知的トレーニングの実践をとおして徳育が可能となる」といった錯覚が一掃されていることはもちろん、「体力テスト」のたぐいで「平均値」やその変動を測定・記録しようといった政策自体のナンセンスさも当然周知されていることだろう。むろん、「身体運動や知的トレーニングの実践によって、きずつけられるような生徒」がでないよう、既存カリキュラムはほとんど廃棄・改変されているはずである。「体育で学校を変えたい」というなら、以上のような革命的理論となるほかないとおもうが、どうだろう。

　かくして、身体教育について哲学的に解析し、社会学・人類学的に位置づけることは、単に現代日本の一面を照射するきりくちにとどまらず、公教育の本質、国民国家の諸相、身体運動やメカニズムをとりまくグローバル化した資本主義市場と共存するグローカル化した大衆社会など、さまざまな社会的事実の本質をうきぼりにしてくれることがわかるだろう。

第7章　身体教育解析の射程　　173

# 註

152　すでに、精神科医斎藤環による「「悪」のレジリエンス」現象という、実に皮肉な現実を紹介しておいた（p.50, 註38）。つまり、「体力・学力は無いよりも少しでもあったほうがよい」で現実の義務教育を合理化してしまうなら、「「悪」のレジリエンス」現象も必要悪等として、正当化するほかなくなる。社会的弱者として理不尽に不利をこうむり敗残者となるよりは、悪人としてしぶとくいきのこれという、「現実主義」を公然とおしつけることを意味する。教育関係者は、この教育的含意を熟知しているのだろうか。

153　その意味では、前述した小山吉明の体力テスト批判論は一部合理的とみえる一方、その著作の具体的記述の大半が、競技スポーツ（陸上競技／マット運動／バレーボール、バスケットボール）にさかれているのは、非常に残念である。既存の競技スポーツ偏重の実技教育に拘泥している以上、いくら「体育で学校を変えたい」と志向しようと、ムリというものだ（小山2016）。文教官僚たちの、「体力」信仰の神話性をせっかくうつだけの視座をもちながら、所詮は、競技スポーツをとおした体力づくり＝身体教育という神話から、解放されていないからである。

　　一方、小山は最後の2章で「武道」「体育理論」を展開しており、ここには、深刻な限界がみえつつも、既存の体育教育の問題を一部にせよ突破するだけの思想性がみてとれる。

154　その証拠のひとつとして、たとえば「「体育苦手だったけど社会に出たら困らなかった」に共感多数」「学校の体育は授業ではなくてハラスメント」「運動嫌いを量産してる」『キャリコネニュース』2018/11/24（https://news.careerconnection.jp/?p=62995）などの記事がある。

　　ちなみに、もとネタとなったブログ記事「■体育苦手だったけど社会に出たら全く困らなかった」（2018/11/18, https://anond.hatelabo.jp/20181118095342）の一部を転載する。

　　　学生の頃とにかく体育が苦手だった。
　　　走るのも球技も体操も全部。
　　　マラソン大会はいつも下のほう。
　　　球技をやれば枠に飛ばなかったり空振りしたりで戦力にならない。基本的に関与しないようにしてたけどたまたまボールが来ると本当に焦る。
　　　体操は一番嫌だった。みんなが見てる前で演技させられるから。
　　　他にもジャンルがあったかもしれないけど多分それも全部苦手。
　　　学生時代は体育の授業が本当に憂鬱な時間の一つだった。
　　　でも社会に出たら体育が苦手でも困ることはなかった。
　　　何キロも走らされることは無いし、サッカーのボールをシュートする場面も無いし。
　　　運動ができないことで不利益を被るっていうのが学生時代特有の経験だったことがわかる。
　　　当時は頭を悩ませていたものがすっかり抜けていった。
　　　あの時ああしていれば人生変わったかもということがない。〔以下略〕

155 「特定の苦痛な状況を一定の空間・時間でもちこたえる耐久、ないし犠牲」行為をさす（ましこ2018：68）。義務教育における被教育者が懲役刑に服しているとする岸田秀の議論をうけた解析は、おなじく、ましこ（同上：70-1）。

156 **脳筋　読み方：のうきん**
いわゆる体育会系の肉体派で、思考が単純・バカ、といった性格の者を評して言う語。「脳みそまで筋肉」の略。主にアニメに登場するキャラクターの性格設定を分類する際などに用いられる表現。（「実用日本語表現辞典」『Weblio辞書』, https://www.weblio.jp/content/%E8%84%B3%E7%AD%8B）

157 たとえば、「オリンピックとセットで開催されるパラリンピックが、あきらかに、そえものあつかいされてきたのは、なぜなのか？」「パラリンピックはオリンピックなどとことなり、コマーシャリズムなナショナリズムのような政治性はおびないのか？ドーピング等は無縁なのか？」「パラリンピックは、所詮エリート障害者の努力の美化であり、一種の感動ポルノではないのか？」といった疑念、さらに「聴覚障がいアスリートがパラリンピックに参加しない「複雑な事情」（河野2018）」等、課題は多岐にわたる。
　ちなみに、脳性マヒ当事者である小児科医・熊谷晋一郎は、オリンピック経験者・パラリンピック経験者がまねかれたシンポジウムをふりかえるかたちで、トップアスリートのみならず障害者選手が、共通して過酷な競争原理をいきぬく宿命にあること、そこに通底するのは優生思想と能力主義であると指摘した。また、「オリンピックの価値というものを転覆させるのがパラリンピックなので、過度な能力追求という方向になったら意味がない」という、もとパラリンピック選手の意見を紹介している（熊谷2018：153-7）。

158 競技スポーツにかぎらないが（バレエ・ダンスなど各種舞踊などパフォーマンスはもちろん、囲碁・将棋等ボードゲームなどマインドスポーツなども）、幼児や初心者とことなるプレイの質を評価する観戦スタイルとなれば、かなりの基礎知識と経験が必要となる。たとえば、サッカーのオフサイド判定やフィギュアスケート・体操競技などの採点結果や、その背景となるチーム・選手の戦術知識などにとどまらず、そもそもオフサイド現象の基本とか、ジャンプの基本構造（けりあし・回転数etc.）など自体不明なのが、不案内な初心者である。まして、「ポジショナルプレー」概念（現代サッカー）のように、先進国の記者たちでさえも誤解がきえていない戦術の誕生など、スポーツ等の解釈わくぐみは「不断の更新」が不可避だ。

159 たとえば、ブランド化した人気スポーツがテレビ中継やネット上での速報などで配信されるのが自明なものとして位置づけられていて、いいのか？ 非営利組織が運営しているはずのアメリカの大学スポーツのように、巨大な市場が事実上ひかえている現実を、コマーシャリズムときりはなして放置してよいのか、NHKのような非営利放送局が中継しているからといって、炎天下の連戦・連投など、さまざまな「ブラック部活」的矛盾が集約された巨大イベントはなにも問題なく正当化できるのかなど、論点は多岐に。

160 「国技」概念自体、前述した「伝統の創造」の典型であることはいうまでもないが、同時に「想像の共同体ニッポン」という共同幻想と不可分な構図もみのがせない。しかし、「国技」とよぶには、「国民」全体に共有された素養とは到底いいがたい

第7章　身体教育解析の射程　　175

のが、相撲・柔道に対する認識水準だ。くわえて日本相撲協会によるかぞえきれないスキャンダル、日本柔道連盟でふきだした不祥事（特に2013年の暴力事件）など、「国技」概念に依拠した組織は構造的腐敗・慢性的暴力的体質をかかえる宿命をかかえているかもしれないといった皮肉な現実も浮上する。日本柔道界における宗主国意識がらみの構造的問題については、西村（2014）など。

161　「名選手、かならずしも名監督にあらず」といった人口に膾炙した格言は、選手としては無名な指導者のもとで育成されてきたボクシングのみならず、多数のスポーツで無数に実例をあげられよう。

162　https://www.baseballchannel.jp/mlb/41310/
　　　男子選手との実戦体験ない女性（サッカー・スペイン女子リーグ2部もと選手）が、JFLの監督に就任したケース（ミラグロス・マルティネス・ドミンゲス鈴鹿アンリミテッドFC監督）も、身体能力と指導力、指揮能力とは別個であること（男子優位というジェンダー的先入観の破砕）を如実にしめしている。

　また、小説にえがかれた、つぎのような感覚による「みるスポーツ（＝パフォーマンスがおりなす機能美に対する感動）」も、えそらごと（＝作家の幻想・妄想等）ではなく、実体験なのではないかとおもわせるリアリティーをもつ。それは陸上競技にかぎらず格闘技や球技などで驚異的な身体能力を発揮する男子選手を美として陶酔してしまう女性ファンの感動がかならずしも軽薄とはいえない現実かとおもわれる。

　　　……そんな典子にとって、今風の女子たちの熱い視線が渦巻く場所は、あまり居心地はよいとは言えなかった。けれども見学をやめなかったのは、引きこまれてしまったからだ。

　　　颯が走る姿は、美しかった。速くて、フォームもきれいだ。気持ちよさげに走っているときはもちろん、限界に近づいて、苦しげな息遣いがきこえてくるときでさえ、美しさを感じた。

　　　走ることは、自分にだってできる。自分ができないことをする人間から、目を離せないということならわかるが、ただ走っているだけなのにどうして、こんなに引き付けられるのだろうと不思議だった。走っている颯を見ていると、心の中に滓のようにたまっている陰りや淀みが、きれいに散ってしまうようだった。走る爽快感は、自ら体験しなくても味わえるものだと知った。〔……〕
　　　「気持ちよさそうだね」
　　　ゴールで待ち受けていて、たずねたことがある。
　　　「気持ちいいよ」
　　　颯は間髪を容れずに答えた。
　　　「なにが見えているの？」
　　　サングラスで隠れた目を、じっと見ながら、典子がたずねると、颯は言った。
　　　「風」
　　　普通にきけば鼻持ちならない言葉だが、すとんと腑に落ちた。だからあんなに美しいのだ。見えないはずの風を見ることができるのは、すべての神経を走ることだけに捧げているからなのだ。
　　　自分も風が見たい。

それが、典子がボクシングを始めた理由だ。　　　　　　　（まはら2018：147-8）

163　たとえば、これは中東でのケースだが、2018〜19年にかけて開催されたサッカー
アジア杯の準決勝第二試合カタール−UAE戦（アブダビ，2019/1/29）は、開催国
UAEの王族のひとりが入場券をかいしめた結果、観客ほぼ全員がUAEサポーター
でうめつくされ、「試合前にはカタール国歌に大ブーイングが送られるなど、政治的
対立はスタジアム内にも波及」する異様な状況下で開催された。「2点目を奪ったFW
アルモエズ・アリがスタンドに向かってゴールパフォーマンスを見せると、UAE
のサポーターからサンダルやペットボトルが次々に投げ込まれ、一部は喜びを分
かち合う選手たちを直撃」「後半36分にカウンターアタックから3点目を奪われる
と、ピッチ内にはさらにボトルなどが投下。一方、多くのサポーターは帰路に着い
た。終了間際には、肘打ちで退場したUAEの選手に大きな拍手が送られるなど、後
味の悪い一戦となった」（「大敗のUAEサポ、ゴール喜ぶ相手にボトル投げつけ…カ
タール監督は"大人の対応"」『ゲキサカ』2019/1/30，https://web.gekisaka.jp/news/
detail/?265204-265204-fl）。

　これら、醜悪というほかない事態を、単にサッカーにおける地域文化の一部とし
て、単純に「ガラのわるさ」等とかたづけられるであろうか？　そもそも、歴史的
サッカー選手であるジダンが暴力事件をひきおこし晩節をけがしたとされるケース
（「ジダン頭突き事件」＝2006FIFAワールドカップ決勝戦）のばあいも、きっかけは
イタリア選手の挑発行為（ジダンの実姉に対する性的侮辱）であった。サッカーに
かぎらず男子選手たちのあいだでは、侮辱などによる挑発行為（「トラッシュ・トー
ク」etc.）と暴力的報復がなかば下位文化と化してきた現実がある。野球でも「報復
死球」や「乱闘」などの「お約束」があるように。特に、男子団体球技や格闘技周
辺には暴力的文化が遍在してきたのだ。

　ともあれ、くだんの「カタール−UAE戦」のばあいも、決定的きっかけは完全ア
ウェイ空間でのゴールパフォーマンスであり、観客がこれを自分たちへの挑発行為
とみなしたのも当然ではなかろうか。いずれにせよ、これら醜悪さこそ、残念なが
ら「みる（みせる）スポーツ」の下位文化＝現実なのである。問題は、これらうす
ぎたない現実を公教育がふれないでいいかである。ドーピングを不正として指弾す
るのが自明視されるなら、挑発・暴力文化も指弾しないとバランスをかくし、「みる
（みせる）スポーツ」の享受・実践リテラシーとして不可避ではないか。

　さらに、これらパフォーマンス現象は、韓国人選手に頻発してきた「愛国的」示
威行為等、政治問題化などとも無縁ではない。たとえばメキシコオリンピック（1968
年）でのアフリカ系選手による表彰台での示威行為（「ブラックパワー・サリュー
ト」事件）を政治的だと禁止する正当性が主催者にあるのか、それを忌避する権利
を観衆がもつのかなどとからんで、非常に複雑な政治性をおびている。ベルリンオ
リンピックなどにかぎらず、政治性にまみれてきた巨大スポーツイベントが、「オリ
ンピック精神」などをもちだして、選手を永久追放するなどの処断をなせるほどの
倫理的正統性を確保しえていたのかは、いまさらとうまでもなかろう。反政府勢力
を一律に不法とみなす既存の国家体制などと体質は同根なのだから。

　また、商業主義から偽善をよそおう必要のないNFLのスーパーボウルでも、レイ
シズムを批判するためにアメリカ国歌斉唱時にひざまずいた選手が、政治的示威行

第7章　身体教育解析の射程　　177

為だとして指弾された騒動（2016年）は、解雇された当該選手を支持するとか、選手の起立を義務づけたNFLへの反発から、ハーフタイムショー出演依頼を拒否するエンタテイナーが続出するなど2019年現在でも、政治性問題はくすぶったままだ（「スーパーボウルのショー巡り波紋　片膝つき抗議の選手へ連帯求め」共同通信2019/2/2, https://www.47news.jp/news/3233727.html, https://this.kiji.is/464382823375586401?c=39546741839462401）。

164　さらにいえば、チアリーディングという性別役割分業文化の是非はもちろん、応援団やブラスバンドの指揮のもと「愛校心」「愛社精神」を自明視して一丸と化す応援動員がつねに正当化されるべき文化なのか（学校ムラ／企業ムラという同化主義にすぎないのではないか……）などの批判的論点も浮上する。

165　選手におけるドーピングや暴力・挑発などの逸脱・愚行など負の側面にめくばりするのと同様、ファン・サポーター・管理者（経営者・行政・警備スタッフetc.）などの問題性もみのがしてはなるまい。

166　たとえば、「1粒300m」といった商品コピーをいとぐちに数学的思考がいかに実用的かを実感するのもよかろうし、抽象的な「Kcal」といった単位を単位系の一部として物理化学的に体系づけるとかである。

167　世界には、競争主義・能力主義を自明視しうたがわない教育理念＝「人格形成」論も当然実在する。たとえば、アメリカでは部活動が選抜制である。「米国の運動部活動はトライアウト制で入部希望者を選抜し、競技力向上と試合での勝利を目的としている。」「米国の指導者や保護者は、トライアウトによる選抜過程と試合で勝つための過程そのものが、人格形成に役立つと考えている。」「大人になって社会に出ていく前に、競争して居場所を勝ち取るというプロセスを経験することが必要だと見なされているのだ。指導者だけでなく、保護者も、これらの活動は子どもに競争力をつけるために役立つと考えている。学校の音楽授業の一環としての校内コンサートの席順も、楽器演奏の優劣によって決められている」という（谷口2018b）。
　　しかし、これは主流派アメリカ人の代表的価値観にすぎず、到底普遍的価値理念であるはずもない。
　　　　米国の社会学者、ヒラリー・レビー・フリードマンは「PLAYING TO WIN－Raising Children in a Competitive Culture」という著書で、スポーツ活動を通じて競争心の強い子どもを育てたいとする保護者の様子を描いている。フリードマンはCompetitive Capitalという言葉を造って、この状況を表現した。子どもたちがトライアウトや試合の勝ち負けを通じて「競争心の元手」を増やしていき、将来に役立てることを期待しているのだ。
　　　フリードマンが米国の保護者にスポーツ活動によって子どもが得たものを話してもらうと、大きく5つに分けられたという。
　　　1、勝利の重要性の内面化。
　　　2、負けから、将来の勝利へ向けて立ち直ること。
　　　3、時間の制限のあるなかで、どのようにパフォーマンスするかを学ぶこと。
　　　4、ストレスのかかる状況で、どのようにすれば成功するのかを学ぶこと。
　　　5、他人の視線のあるなかでパフォーマンスできる。
　　　保護者の聞き取りからまとめた5つの項目は、米国が競争と能力主義の社会で

あることと結びついている。能力主義の社会で競争を勝ち抜き、仕事に就いて収入を得てきたという手応えのあるアッパーミドル層の保護者ほど、子どもにも、それを身につけて欲しいと考えているようだ。

　米国の高校運動部が競技志向で、トライアウト制をしいているからといっても、多くの生徒はプロにも、オリンピック選手にもならない。高校運動部の経験者でも、スポーツによって将来、生計を立てられるのは、ごく一部の人たちだ。けれども、人生の最初の競争を勝ち抜くことで、将来に必要なものを身につけられるという思惑がある。米国の大学受験システムが、学力評価ではなく、総合人物評価であることとも大いに関係している。この総合評価には、スポーツでの成績も含まれるから、全方向的な競争力が必要になる。

〔中略〕

　米国でも、大人になったときに競争主義、能力主義を生き抜かなければいけないからと、それらを子どものスポーツに取り込むことの弊害は決して小さくない。競争から脱落し、運動する機会を持てない子どもの問題。ランキングや勝敗を重視することで基礎的な技術練習が後回しになる、競争により子どもの心身がすり減るなどの問題だ。　　　　　　　　　　　　　　　　　（同上）

資本主義市場に適応し「勝者」となるべき心身を構築すること＝善とうたがわない成人たちが未成年者たちにくりかえす洗脳。それは、育児・教育というよりは、偏狭な独善的宗教とにたカルト性をおびている。「国の大学受験システムが、学力評価ではなく、総合人物評価である」という、あっさりとした記述も、米国という巨大空間がはらむ無自覚な狂気を象徴している。どこが「総合的人物評価」というのだろう。一流大学が確保してきたといわれる「多様性」がきいてあきれる。

| 第8章 | 障害者の生活文化という死角からの身体教育の再検討 |

# 障害者の生活文化という死角からの身体教育の再検討

**身体教育の新領域 1**

　ここで、文科省・厚労省などがとりしきってきた公教育において、「身体教育」なのだとは意識されずにきた現実、また、それと共生すべき社会において、まっとうな理解をしめすことがほとんどなかったといっても過言でない《視聴覚障害者の生活文化》について、まずはふれていこう。それというのも、視覚支援学校（盲学校から校名変更）や聾学校で展開されてきた指導は、公教育全体が基本的に身体運動を徹底させる空間であることを再認識させてくれるとおもわれるからだ。

## 8.1. 聴覚・触覚重視の視覚障害児童の学習過程と晴眼者の学習体験の再検討

　先天性の全盲者はもちろんのこと、中途失明で視力をうしなった層、そして一定以上の弱視者のばあい[168]、視覚支援学校では、教科指導として点字、生活指導として白杖歩行、進路指導がらみで鍼灸・マッサージの技法をまなぶなどが主軸となってきた。実は、晴眼者児童のばあいでも、対応する領域として、書字指導、通路・校庭・通学路などでの歩行指導、清掃指導・配膳指導・給食指導など、すくなくとも低学年では一挙手一投足まで、きめこまやかな配慮がなされることがしばしばである。いや、そもそも、授業時間中や体育館での整列などにおける座席・ゆかなどとの関係性として姿勢の維持が長時間自明視されている現実自体が、学校教員がはっきり自覚することなく反復している身体教育そのものなのだ。

　つまり、小学校低学年を中心に、視覚障害のあるなしにかかわらず、学校空間

や通学路、校外学習・修学旅行など、登下校ではさまれた平日の時間帯をとおして、児童・生徒は身体教育の対象として明確に位置づけられてきた。身体教育の機会・時間帯は、体育や運動会、クラブ活動などにおける指導にかぎられないのだ。

しかし、視覚支援学校などで訓練をうけて社会にすだつ視覚障害者たちの生活空間・生活文化にふれることは、学校文化主流での自明視ゆえに通常自覚されることがない身体教育の諸側面が浮上する。たとえば、視覚障害者に対する教育的刺激の提供は、おもに聴覚に依存し、同時に触覚がきわめて重要な機能をはたす。点字は、紙面上の突起部分の記号対立をゆびさきで感知・識別することで成立する書記システムであるから、それを読解することはもちろん、点字で自筆ノートを作成する作用も、まさに触覚に依存する[169]時間帯となる。

白杖歩行なら、白杖が点字ブロック等の路上の物体・突起物を確認・識別し的確なモニタリングをこなさねばならない。白杖をにぎり操作する利き手は、繊細なセンサーとして機能することが前提となる。もちろん、白杖が前方で発する物理音や周囲の雑踏からつたわる種々雑多なノイズのなかから有意味な情報を選別してききとるという作業は不可避なのだが、白杖による反響音は、触覚によってささえられていることはいうまでもない[170]。

職業訓練としての、鍼灸技法、マッサージ技法が利用者の要望を認識し回答するだけでなく、触覚で治療行為を実践することは、いうまでもない。

以上、聴覚のみならず触覚に依存するほかない視覚障害者の生活文化を、みずからが全盲の研究者（日本宗教史・文化人類学）の広瀬浩二郎は「さわる文化」となづけた。たとえば、「近世、琵琶法師たちは新しい楽器として箏・三味線を獲得する一方、按摩・鍼・灸業にも進出し、「さわる世界」を開拓した。目に見えない体内の様子を指先で察知する按摩・鍼・灸は職人＝触人に相応しい生業である」といったぐあいにである（広瀬2009：84）。また、2001年には「視覚障害者文化を育てる会」が発足した（広瀬2017：145）が、この組織の別称「4しょく会」の「しょく」は「摂食」「色（＝好奇心）」「触覚」「職業」を含意しているとのことだが（同上：146-8）、ここにも「さわる文化」という要素がしっかりこめられている[171]。

一方、くりかえしになるが、晴眼者むけの公教育も、図画工作・楽器演奏・技術家庭科などの技能系教科は、体育とならんで、眼球運動・発声をふくめた頭部運動や、手指運動による書字だけではない、端的にいって、さわる活動が不可欠といえ

る。広瀬が「視覚障害者文化」を評して「さわる文化」と位置づけ、視覚障害者がわからの発信として「世界をさわる」（広瀬編2014）と表現したようなカバー範囲はもちえないものの[172]、晴眼者優位の世界にあっても、「さわる文化」は隠然と機能しつづけているし、学校教員も視覚優位文化のなかに巧妙に「さわる文化」をはじめとして身体活動を動員して指導をくりかえしているのだ。

　また、以上のような構図があるがゆえに、身体制御や行動パターンの脳内コピーが不得手な（いわゆる「不器用」）層や左利きなどの身体条件は、書記文化に対しても不適応をきたして難儀な学校生活をおくらされることになる（あべ2003=2010, なかの2017a）。たとえば、「とめ・はね」など筆記用具の制御や「字くばり」、たてがきによる右手使用を強要する毛筆技法など広義の書字作業、写生・工作などをふくめた美術関連作業、裁縫での運針や調理、技術科での各種作業など、いわゆる「器用さ」を要求する残酷な要素は、体育実技にかぎられないのである。児童・生徒がたのしい時間として記憶する空間ばかりでないことはいうまでもない。体育同様、器用な子が優越感をあじわい、不器用な子は屈辱的な劣等感をきざみつけられていることを、おそらく指導教員は自覚していない。皮肉ないいかただが、充分自覚できていたなら到底教員生活などつづけられないはずの「鈍感さ」こそ技能系科目の担当教員の条件なのではないか。「運動オンチ」の生徒の劣等感などには配慮せず、単に軽侮することを一応かくすだけで授業運営を毎年くりかえしているだろう体育教員の担当者と同様、音楽教員はいわゆる「音痴」を劣等感から解放するような技量・気迫をもちあわせないし、楽器演奏がにがてな生徒に「2」などをつけても平気なのだろう。美術にせよ、技術家庭にしろ、大差ないはずである。

　かくして、各種技能系科目は、体育と同様、優越感・劣等感の醸成を前提としており、それは、上級学校への進学条件とされる「主要教科」とよばれる科目群の担当者が「成績優秀層」を頂点としたピラミッドの外部に君臨してきたことと、奇妙な共存関係をきずいてきたといえよう[173]。

　ちなみに、広瀬が懸念しているように、鍼灸マッサージなど、日本列島のばあい、盲人の生業として保護政策の対象となってきた技法・領域[174]は、晴眼者の大量流入による市場の混乱が発生している。これ自体は深刻な問題なのだが、同時にこの現象は、「さわる」こと、「きく」ことによってのみ習得・継承されてきた技法が、経絡図や文献を視覚的に利用できる施術者が急増していることも意味する。「目に見

えない体内の様子を指先で察知する按摩・鍼・灸」と広瀬が評した技法は、晴眼者が支配する東洋医学の文脈のなかに再定位されることで、視覚では直接確認できない体内の患部を触覚で感知・治療する文化を晴眼者がまねることになったのである。患者の身体部位を全身の一部として視覚的に確認し周囲と関連づけながら理解するという、視覚障害者とは異質な身体理解として改変しつつ。

# 8.2. 身体運動を軸にした、ろう児童の学習過程と、聴者の学習体験

　ろう者研究があきらかにしてきたように、日本における、ろう教育は、基本的に「口話法」とよばれる、聴者の「口形」から「音声」を想像してよみとる、いわば「読唇術」と俗によばれてきたスタイルを強要するものであった[175]。端的にいえば、音声をけした状態のまま、外国語会話教室のテレビ番組をみるのと大差ないような構図がまかりとおってきた。人工内耳手術や補聴器を利用しても残存聴力を活用しきることができず、結局音声の識別ができない生徒が発生する以上、「ろう者による、ろう者のための、ろう者の言語」たる「日本手話」などを第一言語として教育用に援用しようにも、ろう学校の教員のほとんどが日本手話未経験の聴者だったりするわけで、「日本手話」による教授が不可能なのが現実だ。

　にもかかわらず、これまた、ろう者研究があきらかにしてきたように、ろう学校は、平日の寄宿舎生活を軸に、「ネイティブサイナー」とよばれる「デフ・ファミリー」出身の生徒がリーダーとなって、学齢期から急速に日本手話を習得することで、卒業後、ろう者のネットワーク（日本手話による「スピーチコミュニティ」）を形成してきた。聴者教員が、日本手話が、日本語学習の阻害要因になるとの偏見によって、かりに教室内での使用を禁止しようとも、「スピーチコミュニティ」たる寄宿舎生活と、板書中、生徒たちにせをむけている時間帯に、はげしく日本手話による意思疎通がくりかえされてきたのである。

　つまり、音声言語ではなく、動体視力に即した「視覚言語」である（斉藤2005, 2007）。しかも、電光掲示板でのモジ情報のような書記日本語に依存しない、独自の語彙・文法をもった自律的体系が、典型的な身体運動として展開することで、少

数言語としての手話共同体は維持されている。つまり、口唇および声帯等、人体の一部しか運動させない音声言語とことなり、左右の手指と非手指動作とよばれる視線／表情／頭部運動（くびふり／うなずき／まゆあげ／あごあげetc.）／上体運動を総動員した身体運動として、手話は展開される[176]。その点で、ろう学校の寄宿生活などを軸にして学習される手話は、典型的な身体教育空間である。ただし、聴者教員が基本的にかかわらず、あずかりしらず、しばしば無視されたまま、教室内外での生徒主導でインフォーマルに学習される身体運動文化としてだが[177]。

　他方、聴者の学校文化にあっては、日本手話に対応するような言語表現的な身体運動文化は、あまりみられない[178]。野球やバレーボールなど団体球技での「サイン」（暗号指令）を例外として、帝国海軍や海上自衛隊などでの手旗信号であるとか、鮮魚の競り市や株式市場の符牒など職業教育として伝承されるものなどが、あげられる程度か。言語表現的刺激は、第一に聴覚にうったえる音声であり、つぎに紙面ないし黒板・白板、画面・スクリーンなどに表示されるモジ情報だからであろう。

　しかし一方で、「発言を要求する際には挙手する」といった議会文化の借用であるとか、会釈をふくめた儀礼用の身体運動などが軍人・僧侶文化などから流入するなど、学校文化には、非日常空間で上位者への敬意をあらわす身体運動がくみこまれてきた。たとえば授業開始・終了時の「起立・礼」などは、法廷での判事たちへの敬意のコピーなどと推測できよう。また、「称賛をしめす行為としての拍手」は、政治集会や劇場文化など、ステージ空間からの借用だろう。

　体育のみならず、朝礼など集会時に整列する集団行動、整列のたすけとなる、「前へ倣え」などはもちろん、「気を付け」「休め」などの号令行動が、軍隊からの直輸入であることは、よくしられている。戦後教育は、民主主義だけでなく非軍事化（軍事教練はもちろん、軍隊式統制も）もめざされていたはずだが、運動会など全校行事のみならず、校内での秩序維持のための規律訓練として、体育文化の一部である種々の身体技法がたたきこまれていくのだ。もちろん、こういった規律プロセスは小中学校だけにはとどまらない。幼稚園では園児の言動制御のために、さまざまな指導がくみこまれているが、たとえば、私語を封じるために、園児の発声を制止する指示として「（くちびるをファスナーにみたてて）お口にチャック」といったセリフが動員されたりすることになる。

　学校文化が官僚制と連続性のある空間として、事務能力上の効率性追求文化をと

第8章　障害者の生活文化という死角からの身体教育の再検討　185

りこむばあいもある。たとえば、同時並行的な動作を要求するマルチタスキング文化が散見されるのは、教室内での授業や珠算部などの練習などだろう。左手で挙手しつつ右手で板書。左手で伝票をめくりながら右手でソロバン・電卓を操作。左手で打鍵しながら右手で筆記……といった作業の同時進行技法などである。この延長線上に、オフィスなどで受話器を肩・耳ではさみながら右手で伝言メモをとったり、電話で応対しながら実際には別様を同時並行させたりするといった、一種の「曲芸」なども展開することだろう。

　さきに、晴眼者むけの公教育も、図画工作・楽器演奏・技術家庭科などの技能系教科は、体育とならんで、眼球運動・発声をふくめた頭部運動や、手指運動による書字だけではないと指摘しておいた。しかし、ことは視覚障害者の生活文化・学習空間を再検討することで触覚に着目すべきといった議論にはとどまらないことがわかるであろう。聴者むけの公教育も、図画工作・楽器演奏・技術家庭科などの技能系教科は、体育同様に、身体運動の動態を視覚的刺激としてうけとめ、それをコピーすることで学習が成立している典型的空間といえる。いわば、身体運動文化というミームの一種は、「みようみまね」という視覚情報を媒介として伝播するという学習過程をとるのである。そこには、微視的動態メカニズムはもちろん、巨視的構造全体を、言語的（＝線条的; linéaire, lineal）なかたちで体系的かつ網羅的に記述することができない、典型的「暗黙知」があるというほかない。教員やコーチはもちろん同級生・チームメイトなどが言語的アドバイスをおこなうことはもちろんだが、それで十全な指導をおこなうことは不可能といってさしつかえない[179]。「ならうより、なれよ」「まなぶは、まねぶ」「百聞は一見に如かず」などの格言も、職人わざを習得する過程は職人のジャーゴンの含意を体得する過程と並行するとの指摘（中岡1970）も、これらはみな、「暗黙知」の体得としてのみ習得可能なミーム一般にあてはまるとかんがえられる。さまざまな身体技法は、細部の微妙なうごきや力点の微調整など、実践の動態をまぢかで（現在なら YouTube などでもよい）実見することによって、ミームの再生産が成立するのである。

　このようにみてくると、ろう児がデフファミリーのなかはもちろん、ろう学校でネイティブサイナーと接触することで手話を「みようみまね」で習得していくプロセスは、言語的再生産というミーム継承としては特異である。一方、聴者も、非言語的な身体運動のおおくを暗黙知として、視覚的に他者からコピーして継承し

ていく[180]。音声やモジといった能記（signifiant）を介してミームが継承されるだけではなくて、視覚情報として身体運動は伝染され、脳神経系と筋組織のなかに定着をくりかえしていく。ミームとしての身体運動文化は、「重要な他者」（significant others）という具体的な身体をとおして、周囲の諸個人の心身へと記憶・記録されていくわけだ。それは、ろう者にとっての手話のような精密な二重分節が形成されてはいないものの、一連の文章のような含意をになった動作手順の一群などとして機能・継承されていくのだ。たとえば、調理や演奏・演技、職人技などとしてである。

　これら身体運動は、呼吸習慣・二足歩行等、ほとんど無自覚に習得・展開される運動現象をふくめて、体内各部位の不随意運動や脊髄反射としての瞼運動とは完全に異質な文化現象であり[181]、だからこそ、先天性全盲でもないかぎり、周囲の人物たち＝準拠集団の影響を刻印としてうけることになる。つまり、われわれの身体運動の大半は、学習行動の産物であり、地域・時代・社会的属性などによって差異が発生するミームのなせるわざなのである。

# 8.3. 脳性マヒほか、身体障害がうきぼりにする「健常」性

　以上みてきたように、たとえばしずかに着席している状態などにいるかぎり、いわゆる「障害」の有無自体がわかりづらい領域であるはずの、視聴覚障害者たちの生活文化を介して身体教育の本質を再検討してみた。

　つぎに、既存の保健体育などでは、まず絶対にとりあげられることはないだろう（前述したような「ヘルシズム」というイデオロギー性がもたらす無自覚な構造的かたより）身体性として、たとえば随意筋をほとんどうごかせない重度のALS患者などを極とした身体障害者たちの生活文化を検討してみよう。

　すでに、障害者が、いわゆる「健常者」とは異質な生活文化をくりかえしいとなんで日常をおくっている現実、しかも「障害」（当事者に内在する"impairment"という次元はもちろん、当事者をとりまく技術水準や人的資源の組織化などがもたらす"disability"の次元でも）の多様性がもたらす多数の下位文化が併存しているこ

第8章　障害者の生活文化という死角からの身体教育の再検討　187

とについては、かなり以前に概観しておいた（ましこ 1998=2010 [182]）。たとえば「脳性麻痺による重度の肢体不自由」といった限定をつけたにせよ、当人および当事者がかかえる日常的課題・苦痛は千差万別なはずで、まして「身体障害者」一般に一貫してあてはまるような条件・問題などはないといってさしつかえない。それこそ、ほぼ同質とかんがえられる「身体障害」をかんがえたとしても、かかえる当人をとりまく人員・社会環境がことなることで、できること／できないこと、苦痛の有無／程度がまったくことなってしまうのだから。

　したがって、きわめて抽象的な図式ではあるのだが、I（impairment）× E（environment）＝ D（disability）といった定式化が可能であろう。各人が多様な心身の課題（I）をかかえるうえに、ことなった生活環境（E＝人的・経済的・技術的資源の質／量的条件）がかぶさることによって、「障害」の多様な実態（D＝ふつごう等、諸問題の質的量的現実）が出現してくるからだ。だからこそ、障害当事者たちの生活文化の「多様性」を検討する準備として、まずは、このI × E ＝ Dという関係性の含意をもう少々ふかめる必要を感じる。

　第一に、個々人の少数派性は、各人のかかえる心身の物理的・心理的状況単独で決定されるのではなく、生活環境とくみあわされてはじめて確定するし、物理的・心理的状況の変動と、それをとりまく生活環境の変動は、基本的に独立して生起する。そのため、少数派性は、刻々、質的・量的変動をきたしてしまう宿命をおびている。そもそも、ディスアビリティの軽重自体、各人がかかえるインペアメントの比較では確定できず、「重度／軽度は環境や他者の視線のなかで相対的に決められる」とする見解さえあるのだから（秋風2013：55）。

　第二に、前項により、ケア労働やそれを律するケアシステムは、刻々変容する状況が、当人および周囲に深刻な結果をもたらさないよう調整するプロセスを意味することになる。要するに、時々刻々変容する、「標準形」「最頻値的状況」からの距離が、破局的状態にはしらないよう注意を要するという面で、存在自体が多様性をおびるという点で「少数派性」をかかえるということになる（逆にいえば、聴者社会に適応している聾者、くるまいすや自動車などによって自力移動が困難でない層などは、少数派性が露呈しない＝多数派のほとんどが認識しないこと。そのことで意識化されず配慮をうける機会をうばわれつづけることさえある）。

　第三に、各人のかかえる心身の物理的・心理的状況は、加齢や社会状況の変化も

ふくめて時間軸で累積的に変容をやめない以上、因果関係上別種の事態をもたらすことがしばしばである。たとえば、ある種の知的障害が周囲の支配的システムに対する適応障害をきたし、それが二次障害としての精神障害や身体障害をもたらすなどである。

第四に、前項における社会状況の変化には、医学・理学上の理論的「前進」が、治療法・訓練などに変容をもたらすこともふくまれる。たとえば、苦痛や努力を要する訓練が称揚される時代の到来と消失が数十年でおきるとか、内服薬や外科手術など、さまざまな人為的介入が「障害」概念をかえてしまうことさえ生起させるのである。具体例をあげるなら、以前は死産などとなっていた胎児が障害児・病児として誕生してくるとか、人工内耳の普及によって「聾児」自体が減少し、聾学校での在籍状況が劇的に変化してしまうなどである。

身体教育という領域においては、障害者は、障害者スポーツとしてスポットがあたるか、機能回復訓練ないし機能開発といった観点でのみ、とりあげられてきた。しかし、以上のように、「少数派性」自体が複雑で多様な以上、「スポーツをとおして身体運動の可能性がひろがる」とか「QOLがたかまる」といった、単純な楽観主義ですまないことは、うすうす想像がつくはずだ。たとえば、脳性マヒの当事者は、機能改善をうたった過去の手術や訓練が苦痛をともなうだけでなく、しばしば有害無益だった経緯を批判している（古井2003，熊谷2009）。いわゆるリハビリテーション医学が、科学主義的信仰とでもいうべき信念（パターナリズム）をもって当事者にはたらきかけ、運動能力等をあげようとしたが、これらが、「向上心」を自明視した障害者スポーツ業界などの発想と当然連続性をもっていること、しかし、脳性マヒ当事者などにとって迷惑でしかないケースがあることは、まずおさえるべきだろう[183]。

障害学周辺が提起してきたように、「（インペアメントは）ないにこしたことはない」とか「できないより、できたほうがよいにきまっている」という自明視がうたがわしい以上、スポーツはもちろん、身体運動を前提にした訓練自体の有効性がうたがわれるのだ。特に、脳性マヒのように加齢とともに不如意がふえることが予想される層にとっては、「向上」を前提とした発想自体が有害かもしれない。結局は、個々のケース、しかも刻々変化しつづけるだろうI（impairment）× E（environment）の実態に即した「処方箋」を医療関係者等が提供できるのかが、とわれる。減量や

老化防止などを目的とした訓練と同様、個々のケース、時々刻々の具体的変動に即応するほかないのである。

　他方、たとえば劇団員全員が身体障害者である「劇団態変」のばあい、自分たちの不随意運動自体をこみでパフォーミングアートとしてしまっているのである。アスリートやアーティストの常識からは、主体的に完璧にコントロールされた自律運動こそ理想であり、不如意性は失態でしかないはずだ。しかし、障害者アートとしての「劇団態変」のばあい、そのような常識は超越されている（広報誌「CIL豊中通信」編集部2006）。そこでは、関節の可動域のおおきさなど「柔軟性」であるとか、運動の速度・変化・調節など敏捷性・強度ほか、いわゆる運動能力がおおきければおおきいほどよい、とする「スペック至上主義」とは別次元の世界が展開していることになる。当然、「より速く（Citius）、より高く（Altius）、より強く（Fortius）」というオリンピックのモットー（日本オリンピック委員会1996）を否定するにはいたらないだろうパラリンピック関係者の発想[184]と、既述した障害者運動の方向性とがあいいれないことは、いうまでもなかろう。

　たとえば、「パラリンピアンがオリンピアン並みにスター扱いされる結果，一般の障がい者との間の関係が希薄になり，障がい者を鼓舞したり，力づける面がかえって少なくなる」「選手がよりエリート的になればなるほど，選手たちはますます普通の障がい者からは離れていく」「パラリンピックにおける競技能力が高まり，選手の職業化や観客動員がオリンピックに近くなればなるほど，パラリンピックの選手は，自らを障がい者ではなく，スポーツマンあるいはスポーツウーマンとして捉え，またそれを期待するようになり，ある意味では「障がい者」ではなくなる」といった議論さえある（小倉2017：13）。

　かくして、優生思想やミソジニー、高齢者差別などにはしりがちな価値観と親和性のたかいとかんがえられるアスレティシズム[185]と、そこから自由とはいいがたい障害者スポーツ関係者たちの方向性は、障害学が提起した「社会モデル」が志向するような、インペアメントへの固執をのりこえようといった志向性がそもそも欠落しているといえよう。

　オリンピック・パラリンピック開催で、ナショナリズム・グローバリズム双方からスポーツ振興が喧伝される昨今。このような時期だからこそ、熊谷晋一郎をはじめとする当事者からのきびしいリハビリ批判に真摯にまなび、アスレティシズムは

もちろん、ヘルシズムなど、スポーツ振興・健康増進を自明視しがちな世相に対する緊張感を維持すべきだろう。

第8章　障害者の生活文化という死角からの身体教育の再検討

# 註

168 ここでは眼鏡・コンタクトレンズなどによって容易に「矯正」が可能な強度近視などをふくめない。

169 ただし、視覚障害者研究をつづけている伊藤亜紗が着目しているように、「見えない人が点字を読むときには、脳の視覚をつかさどる部分、すなわち視覚皮質野が発火して」おり、晴眼者同様、大脳中「見るための場所」で「点字の情報処理を行っている」らしい（伊藤2015：99-100）。

170 ちなみに、介助者の支援をうけての街路歩行などのばあいも、介助者の歩行状況に関して、身体接触を介して情報処理する認識上の「二人三脚」過程となっており、手指だけでなく前腕全体などが動員されるが、これも触覚の一種であることにはちがいがない。

171 柔道関係者の一部は、障害者スポーツという観点から視覚障害者柔道に着目する。競技柔道のばあい「組手争い」が無視できないが、視覚障害者柔道のばあいは、たがいにくんでから開始するという競技ルールであり、晴眼者ともわけへだてなく練習・競技が可能である。その点で、スポーツのなかでもっともユニバーサルデザインがすすんだかたちとみる見解が存在する（枝元ほか2017：9）。それは、柔道が、二者の接触を出発点としている身体技法という点で、「さわる文化」の典型例だからであろう。

172 視覚障害児がはぐくまれる「さわる文化」にみちた授業実践については、柳楽（2019）など。視覚障害者を「触常者」（触覚に依拠した生活を送る人）と位置づけ、視覚の有無などにかかわらず万人が享受できる博物館のユニバーサルデザイン化の実践例を紹介した広瀬（2019）など参照。

173 これも暗黙の了解のうえに再三確認されてきたことだが、「主要教科」以外の技能系科目は、「調査書」という学務資料として隠然たる権力を行使し、非受験科目にもかかわらず、生徒の心身を支配する装置として機能してきた。「提出物」の義務化といった、無自覚なアカデミックハラスメントが、すくなくとも中学では「猛威」をふるってきた。

174 中世・近世期には、「検校」「別当」といった幹部を頂点とする、盲官というピラミッドが形成され、琵琶・箏曲など楽曲演奏や地唄、鍼灸按摩等を生業として、近世邦楽や三療を確立していた。ウィキペディア「検校」「座頭」「当道座」など参照。

175 ウィキペディア「ろう教育」。くわしくは金澤（2001, 2006, 2013）、クァク（2017），中島（2018）。

176 非手指動作の基本形については、市田（2001）など。

177 例外的に、ろうの保護者のもとにそだった、日本手話・日本語バイリンガルという成育期をすごすCODA（Children of Deaf Adult）が、ネイティブサイナーとして教員として着任するケースがないでもない。また、聴力の有無にかかわらず、日本手話が駆使できることを前提に採用される私立「明晴学園」（東京都大田区）のような、日本手話・書記日本語によるバイリンガル教育機関も例外的に存在する。

178 もちろん、後述するように「前へ倣え」「気を付け」「休め」などの号令行動や敬礼など、軍隊・警察などで世界的に流通する身体文化もあるが、それらは「言語体系に

おける音素の連鎖としての語」、「語の連鎖としての文」という二重分節にあたる構造
をもたない記号にとどまっている。

179　たとえば、山本五十六が何度も色紙にかいたとされる「やって見せ 言って聞かせて
させてみせ 褒めてやらねば 人は動かじ」や、そのオリジナルとされる上杉鷹山の言
とつたえられる「してみせて 言って聞かせて させてみる」などの指導思想も、口頭
での説明の前提として、学習者のまえで実践してみせたうえで、まねさせることが、
明白にしめされているといえよう。

180　そのなかには、スマートフォンの画面操作技法としての「スワイプ」のように、わ
かい世代の操作状況を年長者がとりいれるなど、既存の学習構造とはことなる逆転
現象（中高年世代による流行語のコピーとにた）が発生するようなケースもあげて
おくべきだろう。

181　もちろん、人類学者・生物学者らが検証ずみのように、表情筋は感情を表出する生
得的反応をしめすため、先天性の全盲者のばあい学習行動とは無縁であるし、二足
歩行も同様であろう。しかし、これら少数者を例外とすれば、すくなくとも晴眼者
たちは、たとえば二足歩行において、周囲の人物たちからの影響をうけずには成人
になれないだろう。だからこそ、単なる筋組織の自動的産物ではない、あるきかた
の男女差・時代差・地域差などが発生するわけだ。

182　これら論点整理については、寺田（2002, 2016）や手賀（2004）、松岡（2010）ほか
で、関連文献とともに研究史的に言及されてきた。

183　関係者が完全に善意のパターナリズムからとりくんでいるだろう、障害者のリハビ
リ訓練が、いかに苦痛をともなうか、そして到底QOLとは無縁な結果しかもたらし
ていない残酷な実態は、当事者の熊谷晋一郎が非常に具体的かつ詳細に紹介・解析
している（熊谷2009）。

184　　　パラリンピックには、勇気、強い意志、インスピレーション、公平の4つ
の価値があると国際パラリンピック委員会（IPC: International Paralympic
Committee）は掲げています。オリンピック選手同様、高い目標を掲げながらト
レーニングに励み、厳しい予選を通過して大会に出場するトップアスリートです。
「失われたものを数えるな、残されたものを最大限に生かせ」という言葉を、ルー
トヴィヒ・グットマンが残しているように、残された機能を最大限に生かし、
常にチャレンジし続ける精神を選手たちは持ち続けているのです。

（日本体育大学「オリンピック・パラリンピックについて」
www.nittai.ac.jp/ncope/index.html）

　　この記述を大学当局は、オリンピニズムの「「より速く、より高く、より強く」（ラ
テン語：Citius, Altius, Fortuis）というモットー」と並行させており、その関係性
に矛盾や齟齬があるとは到底かんがえていないことがわかる。

185　悪意などないのは明白だが、女性的身体性を克服しようと努力しつづけるアスリー
トや、マスターズなど中高年アスリートは、ミソジニーや高齢者差別に無自覚に加
担してしまっている。

第8章　障害者の生活文化という死角からの身体教育の再検討　　193

# 第9章 地域の文化伝承と教科内の必修化：沖縄空手の伝播とグローバル化

## 身体教育の新領域 2

　文科省は「武道は、武技、武術などから発生した我が国固有の文化」だから、中学校において必修化したのだ[186]とのべている。

　いわゆる「固有の文化」論の大半は、動植物の「在来種／外来種」同様、時空上の境界線の恣意性をまぬがれないものだし、いわゆる「伝統の創造」（invention of tradition）問題をかかえているので、詳細に論じること自体不要でさえある[187]。端的にいえば、武道に造詣がふかい社会学者井上俊の『武道の誕生』に詳述されているように、「文明開化期」に興業化した武術は、「講道館」柔道などに象徴されるように「武道」として近代化する。理論化をふくめた指導体制や「段級」システムなど、現在われわれが自明視している制度のほとんどは明治期以降の「発明」品であり普及・定着していった文化である（井上2004）。現在では講道館関係者自体が「伝統の創造」現象を、できればふせたい事実といったうちむきの姿勢ではなく、しっかり直視するようになった現実もみのがせない（有山ほか2016）。

　かりに「伝統の創造」問題をさほどかかえない武道を具体的にあげるとするなら（きわめて政策的に新規に構築された「銃剣道」[188]などは論外として）「相撲」「空手」「弓道」「なぎなた」ぐらいではないか[189]。「柔術各派→（講道館）柔道」「剣術各派→（大日本武徳会）剣道」など「競技人口」上メジャーな武道[190]は、明治期に現在のかたちへと急速に制度化された経緯がはっきりあとづけられるし（典型的「伝統の創造」）、合気道・少林寺拳法等は、従来の古武術を統合・体系化した「開祖」が実在する。これら武道各派、特に銃剣道などまで「我が国固有の文化」といった論法では「ラーメンやカレーライスは中華料理とか洋食というけど固有の日本食」「肉ジャガは幕末には存在しなかったけど和食」などと、大差なかろう。

その点で、「相撲」「空手」「弓道」「なぎなた」などは、古武術ないし近世興行といえる時代と、近現代の技法等におおきな断絶はなさそうだし、「開祖」存命中のイノベーションと複数の直弟子への継承にともない展開・伝授する技法が変容していく（植芝盛平による合気道etc.）といったこともなさそうにみえる[191]。

ここでは、「固有の文化」伝承といって、さほど深刻な問題が発生させない、しかも学習者人口が相当規模にわたることが明白[192]な「空手」をとりあげていこう[193]。

しかし、空手の現状は、組織的な問題もあり、その普及経緯は存外複雑である。たとえば、ひとつの武道史家によるスケッチは、つぎのようになる。

次の東京オリンピック競技になったのは、全日本空手道連盟の空手です。型競技も、組手も全空連のものです。しかし、空手には無数の流派があります。全日本空手道連盟に加盟していない空手流派や団体は数えきれません。

そもそも全空連は日本船舶振興会（現・日本財団）会長・笹川良一氏の働きかけで、設立されたものだと言われています。

〔中略〕

全日本空手道連盟の設立には、剛柔流、糸東流、和道流、松涛館流の四大流派に練武館が加わっています。練武館は防具空手ですが、その他はいわゆる伝統空手と呼ばれるものです。

ところが剛柔流、糸東流、和道流、松涛館流といっても、その中には無数の組織・流派があります。現在も全空連に所属していない組織や道場はいくらでもあります。

設立に向けて、故笹川良一氏から極真空手の故大山倍達氏への働きかけがあったけれども、大山倍達氏は拒絶したとされています。極真側からの情報しかないので、実際のところはどうだったのか、なんとも分かりません。ただ現在、世界で空手といえば、極真が広めたフルコンタクト空手の知名度が圧倒的でしょうし、空手界／格闘技界への影響力でも圧倒しているのではないでしょうか。

ところが東京オリンピックに空手競技の採用に向けて、極真会館から働きかけ、大きな軋轢があったものの、友好団体になり、全空連ルールの稽古をしているとの話もあります。

ここが大きなポイントです。極真空手自体、極真会館から複数の団体に別れて

いますし、他のフルコンタクト空手の団体も無数あります。そういう現状でも大きく空手の普及という観点では、大同団結して、統一競技をした方が有利なのは間違いありません。

　全日本空手道連盟に加盟している流派は、オリンピック競技になった全空連ルールで競っている一方、それぞれの流派の特色で稽古もしていますし、独自の段位も持っています。全空連のルールや段位とは、また別物なのです。

　だから普及という面では、統一ルールを作り、大きな大会を開催する。一方で、武術・武道性の伝統という面では独自性を守るというやり方に、私は賛成です。[194]

　つまり、全日本空手道連盟に加盟しているかいなかにかかわらず、沖縄にルーツをもつ各流派は、統一の組手ルールなどとは無関係に伝統を継承し、それが学校のクラブ活動や授業にもちこまれれば武道系スポーツとして、町道場で私的に伝授されれば「伝統空手」の伝承として、ともに琉球王国の士族男性の護身術の命脈をひきつぐ伝統技法[195]となるのである[196]。

　ちなみに、桧垣源之助によれば、1901年「はじめて首里尋常小学校に体操科の一環として唐手が採用される」、さらに1905年、糸洲安恒が「県立第一中学校および同師範学校の唐手教師の嘱託となる」（桧垣2006：8）、「1908年（明治41年）には、糸洲安恒によって意見書（「糸洲十訓」）が沖縄県学務課に提出され、唐手は学校体育の正科として社会的にも受け入れられる」（高宮城ほか編2008：56）とされているなど、20世紀初頭から初等・中等教育の体育に導入されたことがうかがわれる。「『ピンアン』の形は、旧尋常小学生の体操用に作られたもの」「小中学生達の練習形と考えるべき」といった指摘がある以上、空手指導者たちは積極的に学校体育化をすすめていたとみられる[197]（儀間・藤原1986：188-9）。

　そして、こういった護身術の出自＝歴史性／地域性は、現在もなお現地の地域アイデンティティの一部として、琉舞・琉歌などと並行した継承文化として位置づけられていることは、たとえば『沖縄空手振興ビジョン（2018年度〜2037年度）』（沖縄県文化観光スポーツ部空手振興課）[198]といった行政文書ひとつとっても明白であろう。

　もちろん、文化観光スポーツ部空手振興課が「沖縄空手振興ビジョン」を策定した背景として、「本ビジョンでは、めざすべき将来像としてユネスコ無形文化遺産

への登録をはじめ、様々な取組を行うことになって」いた経緯はみのがせない。「ビジョンの具体的な工程等となる沖縄空手振興ビジョンロードマップ（仮称）の策定に向けて、広く周知を図ることなどを目的にシンポジウムを開催」するという一連の展開がみられた[199]。

　しかし、空手同様国際的な知名度をほこってきたはずの合気道のばあい、開祖植芝盛平がしばし拠点とした茨城県旧岩間町（現・笠間市）には「合気神社」などをふくめ「聖地」があるのに、茨城県が「ユネスコ無形文化遺産」などの登録をめざすとは到底おもえない。沖縄が伝統武術として空手の前身である「唐手」を継承してきたとしている県民は多数をしめるだろう。一方茨城県民の大半は、郷土がはぐくんだほこるべき文化として合気道を位置づけることはもちろん、存在自体にうといのではないだろうか。それは、合気道が80年程度の歴史しかもたないので、「無形文化遺産」などとして主張できない、といった次元にはとどまらないとおもわれる。茨城県でメジャーな武道となれば、剣道・柔道・弓道などになるだろうからだ[200]。同様な構図は、「なぎなたの聖地」とされる伊丹市（兵庫県）、少林寺拳法の「本山」の所在地である多度津町（香川県）などにも、あてはまるのではないか。

　以上のような意味からみても、伝統空手を地域文化の継承としての身体技法と位置づけることが、同時に、全国そして世界各地へと「輸出」されていった身体運動文化＝一種の「文明」と自負させることにつながるのは当然といえよう。それは、ロシアチームに空手をパクられたからくやしい、といったシンクロナイズドスイミング日本代表チーム（2000年）の軽薄なナショナリズム（本家意識[201]）とはもちろんちがうし、韓国にIOCで主導権をにぎられ、テコンドー採用など空手のオリンピック採用を阻止されたといった「本家意識」とも異質な、真性の「本家」意識である[202]。

　沖縄県外の空手関係者は、真正な「空手のメッカ」である沖縄現地の空手界の積年の憤懣を真摯にうけとめる責務がある。そのためには、せめて『沖縄県空手道連合会25年史』（2016）によって1980年代以降の沖縄空手界の動向とその前史を謙虚にまなぶところから出発しなければなるまい。「空手の琉球処分」と表現されたことが、誇張でもなんでもなく、まさに「現在完了形」とでもいうべき植民地主義の継続にほかならないのだと理解すること。そこから、空手界の真の正常化ははじまるし、現地での「伝統空手」になぜ世界中から空手家はもちろん、練習生が続々参

集するのかという現実も理解できよう。

　確実にいえることは、ボクシングやテコンドーなどの動向の劣化コピーとして、競技スポーツ化した形態に疑問をもたない関係者は、現地で脈々と継承されてきた精神性を忘却したものであり、伝統の否定者というほかないという事実である。


## 【脱稿後の付記】

　なお、本書を脱稿したのち、沖縄県文化観光スポーツ部空手振興課『「沖縄空手振興ビジョンロードマップ」について（2019年3月）』の更新がなされた（2019年4月26日）。

【概要版】「沖縄空手振興ビジョン」〔PDF：487KB〕

（https://www.pref.okinawa.jp/site/bunka-sports/karate/documents/rm-gaiyou.pdf）

【本　編】「沖縄空手振興ビジョン」〔PDF：1,050KB〕

（https://www.pref.okinawa.jp/site/bunka-sports/karate/documents/rm-honpen.pdf）


　空手が正式種目として採用された2020年東京オリンピックで空手が正式種目として採用されたことを意識しつつも、海外から来訪する空手愛好家への対応や、門下生確保や後継者不足になやむ県内事情や、発祥の地としての認知度の低迷など、山積する課題の解消こそ優先課題とみなしていることがわかる。フルコンタクト空手など、競技スポーツ化が喧伝されるメディアなど、近年の動向から毅然と距離をおいている基本姿勢が確認できるであろう。

# 註

186 「武道・ダンス必修化」(http://www.mext.go.jp/a_menu/sports/jyujitsu/1330882.htm)

187 そもそも、同時に必修化された「ダンス」が「固有の文化」論をもちださずに導入されている以上、地理的限定や歴史的経緯などは根拠として薄弱であり、無用なはずだ。たとえばボクシングであろうが、レスリングであろうが、フェンシングであろうが、なんでもよいはずだ。議員・官僚たちは、無自覚なのか、これで国民をだませるとたかをくくっているのか、いずれにせよ愚弄でしかない。

188 銃剣道は、幕末にフランス陸軍から流入した欧州大陸の「銃剣術」を駆逐すべく、明治期に槍術をもとに明治中期に制定されたものでしかない。しかも、「現在の銃剣道に私は槍術の影響を見つけることができません」と断言する論者さえいるほどだ(「武道必修化に武道9種目【銃剣道】が入ったのには、どんなチカラが働いているのか」『不透明なチカラですが、なにか?』2017/4/7, http://f-chikara.hatenablog.com/entry/2017/04/07/235113)。

189 もっとも、井上は「新しい時代への適合性(伝統との非連続性)と古い伝統とのつながり(連続性)をともに主張しうるという、この二重の性質は、柔道にかぎらず剣道や弓道も含めた武道一般に見られるもの」であるとしている(井上2004:118)。ただし、こういった二重性の程度は、グラデーションをなしつつも、武道ごとに非連続性の程度には量的差異としてかたづけられない質的断絶があるとおもわれる。

190 一般に認知される「柔道」は端的にいえば「講道館柔道」系である。古武術としての柔術各派のごく一部しか継承していないこと、ブラジリアン柔術をはじめとした世界各地に定着した柔術ミームは多様であること、そもそも「柔道」をなのりながらも講道館柔道空間から完全に排斥されているといってよい「高専柔道」系をひきつぐ、いわゆる「七帝柔道」(増田2017)など、あまりしられていない系統がいろいろある事実ほか、学校体育関係者が自明視しているだろう視野はあまりにせまいことに注意。

191 実際には、後述するとおり、沖縄唐手の伝統を無視するような空手関係者が沖縄県外には多数出現したが。

192 　　剣道はいくつもある剣術の流派から出ていますが、現在の剣術の流派とはほぼ無関係。柔道は嘉納治五郎が作った柔道と、現在の国際柔道とはカラー道着からして大きく異なります。剣道は競技だから団体としてまとまり、柔道は国際的な競技だから、ルール変更によっていくらでも変質するのです。
　　だから武道の伝統と言い出すと、誰も分からないから黙ってしまいます。昭和になってからでも、現在に至るまで続いている伝統は、ほぼ皆無なのではないでしょうか。あるとすれば、相撲、弓道、なぎなたですが、それはあまりにも現役人口が少ない気がします。　　　　　　　　　　　　　　(註188)
　空手をめぐる歴史的経緯についての文献・新聞記事、および年表、沖縄県内の空手・古武道道場一覧については、高宮城繁ほか編『沖縄空手古武道事典』参照(高宮城ほか2008)。

193 空手の伝統と団体・技法としての一体性という点では、つぎのような問題が指摘されている。

沖縄にはそれまでにも様々な武技が存在し、大きく首里手、那覇手、泊手の三つの系統があり、それが現在の細分化された流派にまで続いています。後述しますが、全日本空手道連盟はその設立時に加わった団体・流派が定めた型や組手ルールであって、すべての空手を包括しているわけではありません。

明治になって、嘉納治五郎が様々な柔術から体育である柔道を作り普及させることを目指した。その流れに影響され、沖縄から日本本土へ唐手を持ち込んだ船越義珍が体育型化したと考えるのが自然でしょう。現在でも、それ以前の沖縄拳法の名称を使いながら全日本空手道連盟の選手に指導されている指導者もいます。

もちろん大山倍達の始めた直接打撃制、フルコンタクト空手は入っていません。全日本空手道連盟傘下でなければ空手ではないと言い出したら、世界中の多くの空手家から反発されるでしょう。　　　　　　　　　　　　　　　（増田2017）

しかし、沖縄で継承されている「伝統空手」各派は、「型」による競技会などはあっても、そもそも大会等で勝敗を決するための選手を養成することを目的としていない点で、「フルコンタクト空手」をはじめとする競技空手（スポーツ）と一線を画しており、文科省の体育への導入にもっとも適当な伝統といえる。

ちなみに、琉球列島独自の格闘技系伝統的身体運動文化としては、たとえばシルム（韓国）やブフ（モンゴル）とにた（「立ち合い」がない）「組み相撲」系の「沖縄角力」（おきなわずもう, ウチナージマ）もあげられる。しかし、琉球列島にルーツをもつ層にのみ知名度・人気が限定されている（民族的伝統にとどまって世界への展開がない）印象がつよいため、議論から除外する。また、空手家は、ヌンチャク・トンファー・棒・鎌・釵など、並行して継承してきた沖縄古武術も指導してきたが（高宮城ほか編2008）、カンフー映画などの影響を除外すると、空手家が継承した多様な武具技法は世界化したとはいいがたいので、「沖縄角力」同様、民族的伝統として限定されたものとして議論からは除外する。

194　「武道必修化に武道9種目【銃剣道】が入ったのには、どんなチカラが働いているのか」『不透明なチカラですが、なにか？』2017/4/7（http://f-chikara.hatenablog.com/entry/2017/04/07/235113）

195　嘉手苅徹らは唐手（トーディー）の本質＝3側面として「武術」「王府の役人としての心構えや護身術として嗜まれる士族の教養」「国事としての祝宴に供される芸能」をあげている（嘉手苅ほか2017：71）。また田名真之は、棒術などは農村部にも継承されていたが、「基本的に空手は、首里・那覇などかつて町方と呼ばれた地域にしかなかった」とみている（浦添市教育員会2015：90）。

196　しかし、ことはこんなにあっさりしたものではなく、沖縄現地の自生的な伝統継承を支配下におこうとする策動が東京中心の全国組織である「全日本空手道連盟」により展開されたこと、それにより沖縄の指導層が分断され（「81年分裂」）、それへの対抗措置として「沖縄伝統空手道振興会」と称する連合団体（前沖縄空手道連盟／沖縄県空手道連合会／沖縄県空手道連盟／沖縄空手・古武道連盟）が組織されたことは、みのがせない。「空手の琉球処分」と評する関係者もいるほどだ（野原2007）。この件は、一部の指導層のかかえる不満などではなく、「祖国復帰に伴う本土空手界への系列化」との批判的総括記事が『沖縄空手・古武道事典』に展開されていて（高

宮城2008：133-5)、沖縄以外の空手関係者が問題の所在に気づいていないか、気づかないふりに終始した点をかんがえると、地域への植民地主義的介入＝非常に深刻な政治性といってさしつかえないのである。「(沖縄) 唐手」の「日本空手」化は、地域文化であった身体技法が全国化することで「国技」化し、同時に中央集権化するスポーツ界の傘下におこうという強力な同化装置と対峙させられる宿命をおうことを意味した（沖縄県空手道連合会25年史編纂委員会編2016, 濱川2018)。

197 「**平安（ピンアン）初段**（二、三、四、五段も同様）　明治四十年（1907）頃、故糸洲安恒（1832年首里生まれ、1916年歿）が、中等学校の指導用として作成されたもの」との記述もある（長嶺1975：178)。

198 「沖縄県では、沖縄空手の保存・継承・発展を図り、目指すべき将来像とその実現に向けた振興方策として、「沖縄空手振興ビジョン」を策定（平成30年3月）しました。
　　本ビジョンをもとに、戦略的かつ計画的に沖縄空手の振興に取り組んでまいります。」(「「沖縄空手振興ビジョン」について」2018年4月27日, https://www.pref.okinawa.jp/site/bunka-sports/karate/vision.html)
https://www.pref.okinawa.jp/site/bunka-sports/karate/documents/vision2.pdf
https://www.pref.okinawa.jp/site/bunka-sports/karate/documents/vision1.pdf

199 「沖縄空手振興ビジョンロードマップ（仮称）策定シンポジウム」(https://oki-krt.com/)

200 たとえば、武道施設として県の中核的施設とおもわれる「茨城県武道館」（水戸市）には、柔道場・剣道場・弓道場が確認できるが、県内の合気道関係者が一堂に会するイベントをもつとなれば、「岩間武道館」（笠間市）でひらかれるとみてよかろう（「開祖ゆかりの地で合気道演武大会　400人が技を披露」『水戸経済新聞』2018/10/22)。「茨城県武道館」は、柔道場を、水戸近辺の合気道組織が稽古・イベントにもちいるだけの意味しかないのだ。したがって、自治体としての茨城県が沖縄県の「沖縄空手振興ビジョン」などを策定して文化遺産登録などをめざしたのと同様に「茨城合気道振興ビジョン」などを策定して積極策をうつなどは、到底かんがえにくい。

201 憶測ではあるが、シンクロ（現、アーティスティックスイミング）選手のほとんどは、空手の型のマネごとさえしたことがないのに、あたかも「日本文化」代表のように感じ、ロシアチームのテーマにいきどおり、やりかえそうとした。非常に滑稽である。しかも、日本空手が伝統の創造にすぎず、原点は琉球にあることなどにも無知だった点で、非常にはずかしい意識というほかない（ましこ2002：170-1)。

202 前項とかさなるが、日本の伝統武道こそテコンドーの源流なのに、オリンピック正式種目の座をうばわれたといった宗主国意識自体が、琉球武術にまなんだという経緯を矮小化したナショナリズムだ。

# 第10章 暴力性の規制としての身体運動再考

　さて、以上、学校体育にとどまらない身体教育の本質を社会学的に再考し、同時に、広義の身体運動をミームとして再検討することで浮上する諸課題を列挙してきた。あわせて、公教育における広義の「体育」が本来もちえたはずの教育論的可能性を展望してみた。

　ここでは、最後に、ノベルト・エリアスらに代表される、文明化の典型例としてのスポーツ文化論を参考に、事実上暴力性の規制装置として位置づけられてきたスポーツや武道をはじめとする格闘技を再検討することとしたい。それは、ニーチェやアリス・ミラーらが認識していた、教育課程が潜在させているサディズム−マゾヒズム、安冨歩らが指摘した、ニセの学習・コミュニケーション過程にささえられたハラスメントなどを整理することで、「体育」教育の周辺にまとわりついた幻想・神話を解析・解体する作業になると信じるからだ。それは、本書が課題としてきた、自明視されてきた身体教育の本質を、別次元から照射することで、まったく異質なシルエットをうきあがらせるはずである。

　さきに、体罰問題の延長線上でながらく「伝統」化してきた運動部の「しごき」問題の具体例として、「七帝柔道」の過酷な練習風景を紹介しておいた（p.117, 註95）。大量の退部者を必要悪として黙認する、かれら柔道部員の練習心理は、完全にマゾヒスティックである。部活動をまっとうしえた、もと部員たちが青春讃歌として学生時代をふりかえっているように、それは苦難をのりこえたものたちだけにゆるされる陶酔をともなった達成感がみてとれる。重要なのは、部長・監督・OBなどの監視のもとに強制された恐怖政治が展開しているのではなく、主将ら幹部世

代による教育的配慮のもと苦行が維持されている点だ。そしてそれは、柔道未経験者までもが、相当な猛者へと変貌をとげられるという経験則にのっとっており、いたずらで非合理的な精神主義と矮小化することはできない世界がみてとれる。

　しかし同時に、かれらが出稽古にいって体験する道警・刑務所関係者の猛者たちの練習態度は、北大生を教育的に強化してやっているというよりは、いたぶってたのしんでいるようにしかみえない。実際、主人公たちは無残に苦痛をあたえられるばかりで、屈辱感だけを記憶している。圧倒的な実力差を、たえがたい苦痛をともなう侮辱として体験させられるのだ。つまり、北大柔道部幹部には教育愛が確認できるが、道警・刑務所関係のエリート柔道家たちにはパターナリズムは存在しないとかんがえられる。あるとすればサディズムだろうか。競技・練習でないかぎり暴行罪・傷害罪を構成するといわれてきた格闘技と攻撃技法上はなんらかわらない武道は、当然物理的ハラスメントの「武器」となる（窒息・脳貧血等をひきだす絞め技。骨折・脱臼等激痛をひきだす固め技）。「競技・練習」という美名のもとに暴力が許容・隠蔽されることになるわけだから、およそ公教育などにはなじまない世界だが、おもてむき部活動等には、存在しないことになっているだけだ。

　そもそも、「七帝柔道」が初心者でも猛者へと変貌しうるのは、講道館ルール（国際柔道ルール）とことなり最初から寝技にもちこむことがゆるされること、失神・骨折などさえしのげれば、時間ぎれドローという特殊なルールがあること、旧帝大間での定期戦が個人競技ではなく団体戦であるからだ。つまり、立ち技で一本をとられることなく、寝技にもちこみ、「降参」アピールをせずに制限時間をしのげれば対抗戦上、充分な戦力となりえるので、ひたすら、ギブアップせずに苦痛をたえしのぐ技法・精神力が肥大化したのだ。

　守備専門要員の部員であろうが、もちろん、しろうとあいてには猛者たりえるわけだが、これが、たとえば暴漢・格闘家などに対する自衛力をもつかどうかは微妙である。すくなくとも、護身術・殺傷‐逮捕技法として洗練化してきたはずの武芸者たちの身体技法からはげしく逸脱した競技スポーツであることは明白だ。「亀」になってみをまもるなど論外だからだ。

　よく「まけて、はじめて自身の不足・欠落が自覚できる」とか、「かつこと、かてるよう努力することで、はじめて真の実力がそなわる」などと、競技による教育効果をのべる指導者はすくなくない。しかし、競技能力はともかくとして、それ

によって知性・徳性などが育成される保証などないこと、それに対する期待は関係者の共同幻想にすぎないことは、すでにのべた。しかし、一層疑問におもえるのは、「競技による教育効果」は普遍的実体なのかである。ライバルの存在や、習得すべき技法・克服すべき欠陥など、具体的個人・団体や、具体的目標などが、競技者の水準を格段にあげることは経験的によくしられている。だからこそ、本来的には勝負とは関係ないはずの、美的パフォーマンスの世界である音楽・舞踊・美術などの世界でコンクールがくりかえされて登竜門となったり、落語など話芸に「真打」といった昇格制度がつくられたりしてきたのだ。「道場やぶり」など他流試合はもちろん、武芸者たちにおける「免許皆伝」などにも、当然競争心がともなっていたはずだ。

しかし、いわゆる「ゲーム」のかたちをとって1位からビリまで序列化して競争心をあおらないと、修行者・練習生の向上心がかきたてられない、という即断はあきらかにまちがっているだろう。それは、異言語を習得するとか、恋愛が成就するといった達成プロセスについて、当事者がいつも「かったまけた」ばかりを気にするわけではないことで、すぐ証明できるだろう。ある技法や特定の状況への到達は、かならずしも、他者との比較による序列化を必要とはしない。しかも、ライバルとのせりあいや攻防などに、おおむねともなう練習・競技中の苦痛も不可欠とはかぎらない。脳内麻薬による鎮痛効果・依存性をともなう報酬系の確立なしにはたえられないような苦痛だけが、最良のトレーニングのはずがない。

もちろん、競技スポーツ化することで世界化した柔道・テコンドーのように、世界文明化した実例はあるのだが、それと比較して、競技大会化などに距離をおく伝統空手の修業過程が教育上おとっているとかんがえるのは、あきらかなあやまりだろう。「競技化することで、精神がいやしくなる」といった批判に、すっきりきりかえせる指導者は、それほどいない気がしてくるし、むしろ、すっきりきりかえせると自負してうたがわない指導者は、少々こわい気さえする。

なぜなら、「かつこと、かてるよう努力することで、はじめて真の実力がそなわる」といった信念は、結局「勝利至上主義」「実力主義」などにいきつき、「勝利できない選手は努力不足」といった含意とつながることをさけられないからだ。実際、圧倒的な技量・記録をそなえた下級生が「よわいくせに、えらそうに指図するな」といった態度をゆるされる空間はすくなくないようだし、「かてない＝欠落が実在」

という図式がある以上、「結果をだせない部員は無能」という烙印をおされかねないのである。徳育とはよくいえたものだ。また、勝敗とは、運と相性などが、つねにつきまとう。武芸者なら「敗北＝死」となるだろうが、不敗のまま死をむかえるアスリートなどほとんどおるまい。「敗北＝欠落」というのなら、運と相性は不問ということになるし、リーグ戦という制度自体が無意味になる。高校生の野球やサッカーなどの選手権のように、一敗もしなかった頂点だけが真の勇者であり、ほかはどこかが欠落した不完全な存在といったゲーム観となり、確率論的なリーグ戦など不要だ[203]。

　そもそも、特定の身体技法は、苦痛を不可避とするマゾヒスティックな苦行なのだろうか。すくなくとも、釈迦は仏陀として成仏するために苦行が無意味だとさとした。実体験によるおしえといおう。それにもかかわらず、「千日回峰行」のような苦行をありがたがることが、精神世界にもなくならないし、ましてスポーツ・武道には、精神力をきたえるとして「寒稽古」や「滝行」のような身体的苦痛をよしとする風潮がつよい。「猛練習」「荒行」「鬼軍曹」といった表現が自明視されてきたことでも、それはよくわかる。しかし、マゾヒズムを前提とする公教育や市民スポーツは、エリート間でのせめぎあいとは異質な市民・大衆空間には、そもそもなじまい。それは、過激な減量や筋肉増強などをふくめた身体管理が、さまざまな傷病のきっかけとなるなど、ハイリスクで基本的に不健康であることと、通底している。

　それは、脳性マヒ当事者に、規範的な「健常な動き」を内面化させようと努力をしいるリハビリ・トレーナーの暴力性（熊谷2009）などにもみられるように、弱者にマゾヒズムを強要する志向性といえそうである。卓越性をもとめるエリート志願者たちとはことなり、基本的にローリスクで非暴力が前提の時空が実は高齢者蔑視・女性蔑視を潜在させているのではとうがわせる、ねぶかい能力主義。前述した「不健康」さとあわせて、関係者が自覚できていないパターナリズムの病理といえよう。「改善」志向のリハビリ・ヘルシズムが知的・倫理的に「不健康」だとしたら、こんな皮肉で不健全な不条理はあるまい。

　関係者が配慮すべきは、みずからの、おためごかしで有害無益なパターナリズムの無自覚な暴力性の自覚であろう。しかし、自覚したくても、加害者性は知的死角にあるだけに、「自浄」作用は期待できない。だからこそ、「すがたみ」にあたる自

己像のモニタリングシステムが不可欠なのである。この、おおくの教育・スポーツ関係者には自覚されてこなかっただろう知的死角の存在にはやく気づくこと、その所在を的確にさがし具体的対策にとりかかることこそ急務といえよう。社会科学や哲学など、関連諸学の動員が不可欠なのは、いうまでもない。

また、優劣判定をさけられない「競技スポーツ」は、特に武道などに由来する格闘技のばあい「暴力性」と無縁ではいられないことは、すでにのべたとおりである。そして重要なのは、それが国際的なブランドと化すばあい、それは基本的に「みるスポーツ」としての側面をさけられないということを含意する。このことは、録画映像など動画データをふくめて、端的にいえば、暴力行使と防御という攻防ゲームを観衆は享受することを意味する。接触プレーが前提のフットボールやバスケットなどネット球技系が、プレーに付随して身体の衝突や落下、それに起因する負傷事故が頻繁に発生するのとはことなり、格闘技スポーツは、「暴行」という形式を積極的に攻撃手法にとりこんでいるし（打突・蹴り・絞め・固め）、しろうとが攻撃をうければ確実に死傷する性格のものなのだ。つまり、端的にいって「みるスポーツ」としての格闘競技は、俗にいわれる政治的風刺「パンとサーカス」のなかでも、闘牛・闘鶏などと並行した「ブラッドスポーツ」の典型であり、「剣闘士／拳闘士」たちが観衆のサディズムを代行するという典型的代償行為なのである。ボクシングなどの「ノックアウト」シーンとか柔道などでの「降参→一本」といった決着に観衆が興奮してきたことは確実であり、大衆に嗜虐性がないかぎり、「みせるスポーツ」としての興行が成立しないとさえいえるのである。

暴力がルール上抑止されるタテマエになっている球技でさえも、ライバルに屈辱をあたえることは充分可能であり、だからこそ「みるスポーツ」としては、得点シーンなどでの示威パフォーマンスは明白な挑発となりえることは、すでに指摘した。しかし、格闘技のばあいは、ときに意識不明のまま敗者が救急車で搬送されるような事態も想定内であり屈辱シーンが構造化されてきた「みるスポーツ」なのだ。「ルール遵守で正々堂々とたたかう」ととなえられてきたが、すくなくとも、ボクシングでの脳震盪や柔道での呼吸困難・脳貧血・骨折などは必要悪視されてきたのであり、「ルール遵守」とは、「対戦相手を積極的に死傷においこむことはご法度」といった程度の、かなりグロテスクな性格をかかえている。通常の競技大会等では実力差がひどくついていないから過酷事故が頻発していないだけで、「七帝柔道」がえがい

た他流試合的練習などのばあいは、病院いきまでおいこまないという「憐憫」が存在するだけのようにみえる。そういった本質をかかえて、競技が、たとえば「総合格闘技」などとして興行化してきたことをわすれてはならない。たとえば、タイ王国での労働者階級の嗜好である、ムエタイ・闘鶏などでの賭博は、大衆の嗜虐性と射幸心とが融合した究極の依存症ビジネスといえそうだ[204]。

　そして、ここまで露骨ではないにしろ、「みるスポーツ」で「スカッとする」といった快感体験のおおくは（モルヒネ様の鎮痛効果もふくめ）脳内で報酬系を形成していると予想され、スポーツ興行関係者は、それを自明の前提としてマーケティング戦略をくんで当然だ。そして政治権力は、そういった構図・構造を充分熟知しているがゆえに、規制は最低限しかしないし、むしろ大衆の不満が暴動などとして噴出しないように、「ガスぬき装置」として重宝がることになってきたとかんがえられる。その際「サーカス」のような曲芸パフォーマンスの演出ももちろん、ハイリスクで興奮をよびおこすが、現代の「剣闘士」たちは、さまざまな暴力性の象徴的表現を「格闘技」としてくりかえすことで、政治経済権力に貢献しているといえそうだ。もちろん、そういった政治経済当局のもくろみ＝偽善は、絶対におおやけにされない。「柔道をまなぶことによって、暴力の危険性を熟知し、その抑止のために最大限の努力・配慮をはらう紳士にそだつ」といった美名しか前面にでることはなく、たとえば国威発揚と「ガスぬき」として動員されていることが明白な柔道選手に税金を投入するといった政治経済的カラクリも当然ふせられる。

　われわれは、以上のような「みる／みせるスポーツ」としての格闘技大会や興行について、あきらかな負の面を確認できた。そして、それらが「学校体育」をはじめとして、広義の身体教育から慎重にはずされることも予想がつく。それは、「ドーピングなど不正をしてでもかちたい」といった勝利至上主義であるとか、それとせなかあわせの商業主義などについて、ふみこんだ解析はおこなわずに、ただ「不正は競技精神の冒涜で卑怯」といった、タテマエの正論だけを喧伝するのと、おそらく並行関係にある。「暴力性」が普遍的現実であることを、教育関係者はタブー視する。教育は親子関係等での「愛育」と同形なのだという共同幻想が共有され、指導というなの支配が合理化されているからだ。武道をはじめとした、暴力の抑止制度が、実は暴力とせなかあわせであり、しばしば暴走をみせてきたこと、関係者がそれを隠蔽してきた事実をさらすのは、たえがたいであろう。しかし、「親密圏」

でDVやデイトレイプ、虐待などが頻発してきたのと同様、広義の身体教育空間全域が「優等生」ばかりで暴力性と無縁だといった想定自体があやまっているのである。

暴力が遍在する現実を直視し、それが密室化しないように、できるかぎり透明化すること。「身体運動」をふくめ、さまざまな心身の状況が、種々のリスクととなりあわせであり、《そのリスクには、当局や専門家による、おもてむきパターナリズムの形式をとった支配や暴力もふくまれる》という、冷厳な現実とつきあうほかないのである。そして、公教育や市民教育が、生徒・学生などの幸福・権利のためにある以上、広義の「身体教育」には、そういった遍在する潜在的リスクの所在・性格などもふくまれねばならないことは、いうまでもない。

その際、くりかえしになるが、悪意ある経済学者の巧緻にまるめこまれないために自衛上経済学をまなぶ必要性があると主張したジョーン・ロビンソンにならうほかない。体育学研究者や教育学者はもちろん、栄養学者や医学者たちなども要注意人物として警戒し、政府はもちろんWHOなど不偏中立とみなされてきた組織でさえも、信用ならないことがあるという、かなしい現実をふせたり、めをそむけさせないようにするということだ。ダグラス・ラミスが指摘した「影の学問」におちいらず、「窓の学問」へいざなう責務をおうのである。

第10章　暴力性の規制としての身体運動再考　209

# 註

203 すでに、『たたかいの社会学』において、トーナメント制とリーグ制の編成原理がまったく異質であり、勝敗の意味あい、よってたつ強弱観などあらゆる点で連続性がないこと、両者を混在させる選手権等は矛盾をかかえている構造を解析した（ましこ2000=2007）。つけくわえるなら、競技スポーツのおおくは、連続量の大小で相対的力量を比較・序列化するバスケ・野球など「大量点」×「リーグ戦」を基本にしたアナログ原理と、「一発勝負」を軸に勝敗を蓄積して優劣を決するサッカーなどデジタル原理に二分されると、理念型上はいえそうである。

204 この、観衆の興奮をよびおこす競技は、球技や格闘技だけではない。たとえば、スピード競技も無視できないし、モータースポーツのように、生命の危険ととなりあわせの「エクストリームスポーツ」も、そのハイリスク性には、観衆の嗜虐性が無視できないとおもわれる（競技者自身マゾヒズム傾向がある）。

# おわりに

　最終段階となれば、まぶたさえ自力でうごかせなくなる筋萎縮性側索硬化症（ALS）のばあい、脳波や脳血流をもちいた機器を介さないかぎり周囲に意思表示することが事実上できなくなる（Totally Locked-in State）。これは、自分の意思と無関係に生命維持をつづける臓器類の自律運動だけがのこり、随意筋すべてが機能停止してしまう状況である。

　フランツ・カフカ『変身』のえがいた主人公グレゴールも、家族に意思表示できないまま落命してしまうが、かれには、かなりあとまで運動機能がのこされていた。いいかえれば、事実上不可能ではあったとはいえ、かれには身体運動を解釈してくれる人物ないし、通訳システムが誕生すれば意思疎通が可能になりえた。それに対して、最重度のALS患者のばあい、脳波や脳血流を計測して意思確認させてくれる機器なしには、もっとも患者を熟知する家族さえも意思をよめなくなってしまうのである。身体運動の一切が消失することで、一切のインターフェイスも消失してしまうからだ。

　このようにかんがえると、ろう者が展開する日本手話等の身体運動が「身体教育」論の対象からはずされることが論外であるばかりでなく、盲人間での発声運動ほか、一見身体運動が可視化できなかろうが、人間の日常生活は「身体運動」にみちていることがわかる。いや、可視的でなかろうが、各臓器が不随意運動をやめないことで生命が維持されているように、「身体教育」論の対象が可視的運動だけに限定されること自体が不適当であり、不当に限定された視野といえよう。そもそも、栄養摂取をふくめた日常生活のメタ言語であるはずの栄養学ほかのメタ言語は、体内でくりかえされる不可視の生理作用への想像力を前提にしており、それを紹介する食育が、可視的現象に限定されるはずもなかろう。

　したがって、「身体教育」というキーワードをみたときに、反射的に「可視的運動」をイメージし、しかもその中軸としてスポーツをはじめとした動作文化をおも

いうかべたとしたら、それ自体思考停止の証拠でさえあるといえまいか。「身体運動」はかならずしも可視的ではないし、そもそも可視的でない生理作用こそ生命現象の根幹なのだから。

たとえば高齢化社会におけるQOLのありようを重視する視座から「ロコモティブシンドローム（運動器症候群）」予防の必要性をかたり、「健康寿命は、健康な足腰から」といったキャッチコピーをスローガンとしてあげたくなる心理は理解できる。しかし、体育教育関係者の関心が、労働力人口の育成のためのスポーツ・体操、高齢者の要介護状態回避のための運動機能水準維持といった方向性にだけむけられるのは、あまりに視野がせまいといえよう。文科省・厚労省をとりまく関係者の関心が、可視的な身体運動や、測定可能な「運動能力」といった次元にとどまってしまうのはまずいし、すくなくとも、「身体教育」の基礎科学としての「スポーツ哲学」「体育学」など諸学の関係者が、ドーピング問題などアスリート周辺の話題や、スポーツ史などにばかり執心するのは論外といえよう。

本書各章でふれたように、「身体教育」のカバーすべき範囲は広範で、具体的対象は多岐にわたる。単純に「運動できる身体」づくりを主目的とする視野がせますぎるのは明白だ。自身や関係者の心身を構成する諸要素、それをとりまく状況（物理的環境・社会的環境）双方の動向やリスクを冷静に俯瞰し、いかに無用なリスクをへらしていくか。関節の可動域をひろげるとか、興奮をさますとか、呼吸法や瞑想などをふくめ、さまざまな手法や薬理作用などについての素養をつちかう。商品にふくまれる添加物や、医療機関などで被曝する放射線量とか、病原体・寄生虫・毒物などについての基本知識をみにつける。狭義の妊娠関連知識にとどまらない広義の性科学、男性学をふくめたジェンダー論、育児関連の諸情報など、市民が一生をおくっていくなかで不可避の素養をになうのは、広義のヘルスリテラシーである。そこに生理学・栄養学などの自然・生命科学的知見が不可欠なのは明白だが、同時に社会疫学など社会科学的な素養がかかせないこともみのがせない。かくして、保健体育や給食指導をふくめた食育といった学校教育は、技術家庭科などの教科群と連携することで、本来的な意味で「主要教科」となるべき本質をかかえている。事実上、上級学校進学の際の選抜装置と化してきた「主要教科」の普通教育上の意義よりも、実学的であるだけでなく、市民生活に直結するがゆえに優先順位上最上位

におかねばならない意義をもつのである。

　したがって、以上のようなあらたな「保健体育」理念は、「身体運動を実践させることをとおして心身をはぐくみ、もって知育・徳育の基盤とする」といった既存の体育理念とは決してかさならない。なぜなら、既存の理念は、結局「競技スポーツ・体操・武道・ダンスなどに習熟させれば、体育・知育・徳育が自動的に作動する」といった幻想をひきずっており、周辺教科としての保健・技術家庭と本格的に連携する意識が希薄で、当然、社会科学的意識など欠落しているからだ。可視的「身体運動」の実技指導をベースとして、それ以外を「従」とみなす姿勢・発想から脱却することだ。

　「なぜその身体運動をさせるのか」という教育的意義を明示的にいえないのは論外だし、「その身体運動がかかえるリスク」というネガティブな情報を開示しないのは無責任なのである。社会疫学的に児童生徒の心身を指導する担当者の責務を俯瞰すれば、「組体操で感動を」といった指導体制がいかに愚劣かは、すぐにわかるはずだが、そう感じられない関係者の認識水準こそ、思考停止を露呈させていた。重傷発生件数のマクロデータをつきつけられても抵抗する関係者たちの知的水準と倫理性は、公教育の担当者として不適任だという自覚が欠落させている。それは、巨視的に冷静な判断をすべきという訓練をうけてこなかったからだろう。

　近年、研修の激増で多忙化がすすみ教員が疲弊しているというこえがあがっている。しかし、ことは事故発生に対して官僚組織として対外的にリスク対策をするといった責任問題ではないのだ。研修機会の肥大化が繁忙化をもたらし過労死水準などをまねいているのなら、端的に本末転倒なのである。それより、未成年者を大量に収容してしまっているがゆえに不可避に発生する、リスク空間としての学校という視座にたったとき、優先順位上上位にあがる事項はおのずと限定されてくるはずだ。すくなくとも学校行事をいま以上にふやすなど論外だし、課外活動で教員を拘束し疲弊させるような体制は即刻やめていかねばならない。労働災害の経験則「ハインリッヒの法則」が転用されることで、病院等での「ヒヤリハット」問題として可視化されてきたことからもわかるように、たまたま大事にいたらずにすんできただけの学校リスクを矮小化して改革をさきおくりにしつづけるのは、無責任な楽観主義といえよう。その意味で、「柔道事故」「組体操」「熱中症」「ブラック部活」「置き勉」など、生徒・教員をとりまくリスク問題が社会問題化し議論されるようになっ

おわりに　213

たのは、大変よいことだとおもう。

　本書の論調は、学校関係者、なかでも体育担当者を終始論難しているような印象をあたえたかもしれない。しかし、それは本意ではない。本書は、とりあげた広範で多岐にわたる問題群を、学校関係者の「自力更生」的営為にまるなげするばかりで、無責任に終始してきた官僚組織や大学関係者、そしてなにより「託児サービス」を享受してきた保護者にむけて、提起したつもりだ。したがって、本書の想定読者の最上位にあるのは、広義の教育学関係者であり、つぎにスポーツや学校空間を一貫してとりあげてきた社会学・哲学関係者である。もっとも、このなかには、2000年・2005年とスポーツ批判を不充分ながら展開しつつも、その後10年以上問題をほりさげずにさきおくりにしつづけてきた、自分自身がふくまれることになる。

　その意味では、少々ながい期間をかけて「宿題」を提出した気分である。問題群の大半は、ふかぼりできておらず、単なる問題提起におわっているが、研究ノートとして事典がわりにはなるはずだ。後日よみかえしたり、なにかおもいだしたときに、あらたな着想がうまれるのではないかと、ひそかに期待している。


　本書は、筆者が2018年度に享受した長期研究休暇（研究機関を特定しない）の成果の一部である。休暇中、本務を代行していただいたみなさんに、あつく御礼もうしあげる。

　また、毎度のことながら、出版事情悪化のなかをおしての刊行物をおゆるしくださった、石田社長ほかスタッフのみなさまに感謝もうしあげたい。


六四天安門事件のきっかけとなった胡耀邦死去から20年めの日に（2019年4月15日）

# 参考文献

秋風千惠，2013，『軽度障害の社会学——「異化＆統合」をめざして』ハーベスト社

秋山千佳，2016，『ルポ　保健室——子どもの貧困・虐待・性のリアル』朝日新聞出版

浅井春夫ほか編，2018，『性教育はどうして必要なんだろう？　包括的性教育をすすめるための50のQ＆A』大月書店

阿部悟郎，2017，「体育の教育学的基底とその可能性——ディースターヴェークの教育学的ヒューマニズムに基づいて」『体育・スポーツ哲学研究』39-1，pp.31-44

あべ・やすし，2003，「てがき文字へのまなざし——文字とからだの多様性をめぐって」『社会言語学』号，「社会言語学」刊行会（www.geocities.jp/hituzinosanpo/abe2003b.html，http://www.geocities.jp/syakaigengogaku/abe2003.pdf）

あべ・やすし，2010，『識字の社会言語学』生活書院

雨宮正子ほか編，1997，『学校給食を考える』青木書店

荒堀憲二・松浦賢長編，2012，『性教育学』朝倉書店

有山篤利・籔根敏和・島本好平・金野潤，2016，「文化を学ぶ体育教材としての柔道の可能性と限界」『講道館柔道科学研究会紀要』16，pp.1-11

（http://kodokanjudoinstitute.org/pdf/studygroup/1613TokumitsuAriyama.pdf）

飯島裕一編，2009，『健康不安社会を生きる』岩波書店

池上公介，2015，『学力は「食育」でつくられる。』幻冬舎メディアコンサルティング

生田久美子，1987，『「わざ」から知る』東京大学出版会

石田浩基，2013，「一般家庭における食品ロス削減に寄与する食育についての一考察：つながりと循環を学ぶ教育としての食育概念の拡大」『龍谷大学大学院政策学研究』(2)，pp.1-17

石谷二郎，2007，「Ⅳ－3　学校給食」，天野正子ほか『モノと子どもの戦後史』吉川弘文館

石原みどり，2011，「【書評】森本芳生著『「食育」批判序説——「朝ごはん」運動の虚妄をこえて、科学的食・生活教育へ』（明石書店，2009年）」，甲南大学人間科学研究所『心の危機と臨床の知』12，pp.156-64

市田泰弘，2001，「日本手話の非手指動作の基本タイプについて」『日本手話学会第27回大会予稿集』pp.16-9

伊藤亜紗，2015，『目の見えない人は世界をどう見ているのか』光文社

伊藤ちぢ代，2008，「現代の健康観とその諸問題―健康観の諸要素をめぐる分析―」『日本大学大学院総合社会情報研究科紀』No.9，pp.209-20

(https://atlantic2.gssc.nihon-u.ac.jp/kiyou/pdf09/9-209-220-Ito.pdf)

稲島　司，2018，『「健康に良い」はウソだらけ』新星出版社

井上　俊，2004，『武道の誕生』吉川弘文館

今津孝次郎，2012，『学校臨床社会学――教育問題の解明と解決のために』新曜社

今津孝次郎，2014，『学校と暴力――いじめ・体罰問題の本質』平凡社

岩崎美智子，2009，「「ララ」の記憶――戦後保育所に送られた救援物資と脱脂粉乳」『東京家政大学博物館紀要』第 14 集，pp.19-32

(https://ci.nii.ac.jp/els/contentscinii_20180407213516.pdf?id=ART0009359374)

ヴィンセント，キース・風間孝・川口和也，1997，『ゲイ・スタディーズ』青土社

上杉正幸，2002，『健康病――健康社会はわれわれを不幸にする』洋泉社

臼田 寛・玉城 英彦・河野 公一，2004，「WHO の健康定義制定過程と健康概念の変遷について」『日本公衆衛生雑誌』51 巻 10 号，pp.884-9

(https://www.jstage.jst.go.jp/article/jph/51/10/51_884/_pdf/-char/ja)

内田　良，2013，『柔道事故』河出書房新社

内田　良，2015，『教育という病――子どもと先生を苦しめる「教育リスク」』光文社

内田　良，2017，『ブラック部活動――子どもと先生の苦しみに向き合う』東洋館出版社

内田　良，2019，『学校ハラスメント　暴力・セクハラ・部活動――なぜ教育は「行き過ぎる」か』朝日新聞出版社

内田　良・斉藤ひでみ編，2018，『教師のブラック残業――「定額働かせ放題」を強いる給特法とは?!』学陽書房

梅野圭史・長uż 則子・林修，2012，「「身体教育」の学的地平――身体論／教育論／実践論の狭間にみる疼き」『鳴門教育大学研究紀要』第 27 巻

浦添市教育委員会，2015，『琉球空手のルーツを探る事業調査研究報告書』

枝元 香菜子ほか，2017，「視覚障害者柔道選手における柔道継続要因の検討：晴眼柔道実践者との比較から」『武道学研究』50 巻 1 号，pp.1-11

(https://www.jstage.jst.go.jp/article/budo/50/1/50_1/_pdf/-char/ja)

柄本三代子，2002，『健康の語られ方』青弓社

柄本三代子，2003，「現代社会と健康の科学」，野村一夫ほか『健康ブームを読み解く』青弓社

柄本三代子，2016，『リスクを食べる――食と科学の社会学』青弓社

遠藤　徹，2006，「「気持ちのいい身体」の行方」，鷲田清一編『身体をめぐるレッスン１――夢みる身体』岩波書店

大貫隆志編著，2013，『指導死――追いつめられ，死を選んだ七人の子どもたち。』高文研

岡崎　勝，1987，『身体教育の神話と構造』れんが書房新社

岡崎　勝，1997，「体育嫌（きりゃ）あで、なんでいかんの〜？――体育嫌いをヒントにしたい」『ちいさい・おおきい・よわい・つよい』16 号，ジャパンマシニスト

岡崎　勝，2018，『学校目線。──大人の「理想」で子どもを縛らない』，ジャパンマシニスト社

岡崎　勝ほか，2007，『おそい・はやい・ひくい・たかい』No.39，ジャパンマシニスト社

岡野　昇・佐藤　学編著，2015，『体育における「学びの共同体」の実践と探究』大修館書店

岡本茂樹，2013，『反省させると犯罪者になります』新潮社

岡本茂樹，2014，『凶悪犯罪者こそ更生します』新潮社

荻上チキ・内田良，2018，『ブラック校則──理不尽な苦しみの現実』東洋館出版社

沖縄県空手道連合会 25 年史編纂委員会編，2016，『沖縄県空手道連合会 25 年史』

沖縄県教育委員会編，2017，『沖縄県版 学校における空手道指導書』

荻野美穂編，2006，『身体をめぐるレッスン 2──資源としての身体』岩波書店

小倉和夫，2017，「オリンピックとパラリンピックの「結合」についての一試論」『パラリンピック研究会紀要』vol.7，pp.1-18（http://para.tokyo/7-KazuoOGOURA）

オスキー，フランク＝弓場隆訳，2010，『なぜ「牛乳」は体に悪いのか──医学界の権威が明かす、牛乳の健康被害』東洋経済新報社

小内　亨，2004，『お医者さんも戸惑う健康情報を見抜く』日経 BP 社

影山　健・岡崎　勝，1984，『みんなでトロプス─敗者のないゲーム入門』風媒社

影山　健・岡崎　勝，1988，『スポーツからトロプスへ──続・敗者のないゲーム入門』風媒社

影山　健・自由すぽーつ研究所，2017，『批判的スポーツ社会学の論理──その神話と犯罪性をつく』ゆいぽおと

風間　孝・河口和也，2010，『同性愛と異性愛』岩波書店

梶田孝道，1988，『テクノクラシーと社会運動──対抗的相補性の社会学』東京大学出版会

学校給食と子どもの健康を考える会 編，2000，『完全米飯給食が日本を救う』東京経済新報社

学校保健・安全実務研究会編，2017，『新訂版 学校保健実務必携《第 4 次改訂版》』第一法規

嘉手苅　徹ほか，2017，「琉球処分以降における転換期の唐手に関する一考察」，麗澤大学経済学会『麗澤学際ジャーナル』25，pp.69-80

金澤貴之編著，2001，『聾教育の脱構築』明石書店

金澤貴之，2006，「聾教育という空間」，ましこ編著『ことば／権力／差別』三元社

金澤貴之，2013，『手話の社会学──教育現場への手話導入における当事者性をめぐって』生活書院

金田雅代編，2017，『三訂　栄養教諭論──理論と実践』建帛社

釜崎　太，2007，「体育的身体論の課題と展望──個・身体・社会」『弘前大学教育学部紀要』第 98 号，pp.31-44

上岡美保，2016，「日本の食生活変化と食育の重要性」，茂野隆一ほか編『現代の食生活と消費行動』農林統計出版，pp.157-74

河口和也，2003，『クィア・スタディーズ』岩波書店

川添裕子，2013，『美容整形と〈普通のわたし〉』青弓社

川戸喜美枝編著，2005，『栄養教諭は何をすべきか──豊かな心と丈夫なからだを育てる食の教育』ぎょうせい

川戸喜美枝編著，2013，『子どもの心と体を育む食教育の進め方』ぎょうせい

河野正一郎，2018，「聴覚障がいアスリートがパラリンピックに参加しない「複雑な事情」：「デフリンピック」をご存じですか」講談社『現代ビジネス』2018/01/12
（https://gendai.ismedia.jp/articles/-/54092?page=2）

鳫　咲子，2016，『給食費未納——子どもの貧困と食生活格差』光文社

木下秀明，2015，『体操の近代日本史』不昧堂出版

儀間真謹・藤原稜三，1986，『対談 近代空手道の歴史を語る』ベースボール・マガジン社

教員養成系大学保健協議会編，2014，『学校保健ハンドブック 第6次改訂』ぎょうせい

金城昭夫，1999，『空手伝真録——伝来史と源流型』沖縄図書センター

金城　裕，2011，『唐手から空手へ』日本武道館

クァク・ジョンナン，2017，『日本手話とろう教育——日本語能力主義をこえて』生活書院

権　学俊，2018，「近代日本における身体の国民化と規律化」『立命館産業社会論集』第53巻第4号

朽木誠一郎，2018，『健康を食い物にするメディアたち——ネット時代の医療情報との付き合い方』ディスカヴァー・トゥエンティワン

グプティル，エイミー／コプトン，デニス／ルーカル，ベッツィ＝伊藤茂訳，2016，『食の社会学　パラドクスから考える』NTT出版

熊倉功夫編，2012『和食——日本人の伝統的な食文化』農林水産省
（http://www.maff.go.jp/j/keikaku/syokubunka/culture/attach/pdf/index-15.pdf）

熊谷晋一郎，2009，『リハビリの夜』医学書院

熊谷晋一郎，2018，「4時間め　「障害」と「スポーツ」を考えよう」，自由すぽーつ研究所編『親子で読む！ 東京オリンピック！ ただし、アンチ』ジャパンマシニスト社

倉島　哲，2007，『身体技法と社会学的認識』世界思想社

黒田浩一郎，2010，「健康至上主義」，中川輝彦・黒田浩一郎編著『よくわかる医療社会学』ミネルヴァ書房

厚生労働省，2014，『平成26年版 厚生労働白書』「第1章 我が国における健康をめぐる施策の変遷」（https://www.mhlw.go.jp/wp/hakusyo/kousei/14/dl/1-01.pdf）

郷田マモラ，2005a，『モリのアサガオ①』双葉社

郷田マモラ，2005b，『モリのアサガオ②』双葉社

郷田マモラ，2005c，『モリのアサガオ③』双葉社

郷田マモラ，2006a，『モリのアサガオ④』双葉社

郷田マモラ，2006b，『モリのアサガオ⑤』双葉社

郷田マモラ，2007a，『モリのアサガオ⑥』双葉社

郷田マモラ，2007b，『モリのアサガオ⑦』双葉社

広報誌「CIL豊中通信」編集部，2006，『CIL豊中通信』Vol.18，豊中市
（http://www.ciltoyonaka.com/pre/vol18.htm）

児玉浩子編，2018，『子どもの食と栄養 改訂第2版』中山書店

狛　潤一・佐藤明子・水野哲夫・村瀬幸浩，2016，『ヒューマン・セクソロジー　生きていること、生きていくこと、もっと深く考えたい』子どもの未来社

駒崎弘樹，2017，「性教育の欠落で失われる、子ども達の人生」『駒崎 弘樹 公式ブログ』2017 年01 月 19 日（https://www.komazaki.net/activity/2017/01/004885/）

小山吉明，2016，『体育で学校を変えたい～中学校保健体育授業の創造～』創文企画

近藤良亨，2014，「スポーツ指導と体罰──倫理なくしてスポーツなし」，冨永良喜・森田啓之編『「いじめ」と「体罰」その現状と対応──道徳教育・心の健康教育・スポーツ指導のあり方への提言』金子書房

斉藤くるみ，2005，『【改訂増補】視覚言語の世界』彩流社（初版 2003）

斉藤くるみ，2007，『少数言語としての手話』東京大学出版会

斎藤 環，2016，『人間にとって健康とは何か』PHP 研究所

齋藤益子，2018，「わが国の性教育の現状と課題」，日本性教育協会『現代性教育研究ジャーナル』No.87（https://www.jase.faje.or.jp/jigyo/journal/seikyoiku_journal_201806.pdf）

酒井 朗，2013，「食と学力再考」，根ヶ山光一ほか『子どもと食──食育を超える』東京大学出版会

坂本敏夫，2003，『刑務官』新潮社

坂本敏夫，2006，『元刑務官が明かす死刑のすべて』文藝春秋

坂本敏夫，2009，『刑務所のすべて──元刑務官が明かす』文藝春秋

坂本秀夫，1995，『体罰の研究』三一書房

佐々木 究，2014，「友添秀則著『体育の人間形成論』の批判的検討──佐藤臣彦著『身体教育を哲学する』を方法論とすることの問題性」『体育・スポーツ哲学研究』36-2，pp.109-21

佐藤章夫，2011，「学校給食と牛乳──児童・生徒に対する牛乳飲用の強要」

（http://www.eps1.comlink.ne.jp/~mayus/lifestyle2/milkandlunchservis.html）

佐藤章夫，2015，『牛乳は子どもによくない』PHP 研究所

佐藤純一ほか，2007，『健康論の誘惑』文化書房博文社

佐藤幸也，2005，「少子高齢社会の食供給システムの課題－学校給食による地域の食育とフードビジネスの可能性－」『Shidax Research』Vol.5，pp.15-29

（https://www.shidax.co.jp/upload/540/2005_shoushi.pdf）

佐藤幸也，2015，「日本における学校給食～社会変動と教育的課題の視点から」（http://www.moe.gov.cn/jyb_xwfb/xw_zt/moe_357/s6211/s6329/s6332/s6336/201511/W020151126579370501699.pdf）

佐藤知菜，2018「学校給食の歴史社会学－近代日本における〈集団的な食生活〉への問い」（筑波大学人文社会科学研究科国際公共政策専攻，修士論文［社会学］）

佐藤臣彦，1993，『身体教育を哲学する──体育哲学序説』北樹出版

里見 宏，2005，『食育⁉ いちばんヤバイのはこども、なんだぞ』ジャパンマシニスト社

ジェニングス，アンドリュー＝木村博江訳，2015，『FIFA 腐敗の全内幕』文藝春秋

塩野健児，1984，「学校の現代の再生の課題」『教育学研究』第 51 号，pp.73-5

（https://www.jstage.jst.go.jp/article/kyoiku1932/51/1/51_1_70/_pdf/-char/ja）

重松 清，2002，『きよしこ』新潮社

嶋野道弘・佐藤幸也，2006，『生きる力を育む食と農の教育』家の光協会

シムソン，ヴィヴほか＝広瀬隆監訳，1992，『黒い輪──権力・金・クスリ　オリンピックの内幕』

光文社

白旗和也，2013，『学校にはなぜ体育の時間があるのか？──これからの学校体育への一考』文渓堂

杉原里美，2019，『掃除で心は磨けるのか　いま、学校で起きている奇妙なこと』筑摩書房

すぎむら　なおみ，2011，『エッチの まわりに あるもの　保健室の社会学』解放出版社

すぎむら　なおみ，2014，『養護教諭の社会学──学校文化・ジェンダー・同化』名古屋大学出版会

杉本裕明，2007，『赤い土・フェロシルト──なぜ企業犯罪は繰り返されたのか』風媒社

杉山英人，2016，「体育論構築のための予備的考察─ 基本的論点の確認 ─」『千葉大学教育学部研究紀要』第 64 巻，pp.275-85（https://core.ac.uk/download/pdf/96947336.pdf）

鈴木公啓，2017，『痩せという身体の装い──印象操作の視点から』ナカニシヤ出版

鈴木猛夫，2003，『「アメリカ小麦戦略」と日本人の食生活』藤原書店

関はる子，2013，「学校給食にみられる子どもの姿」，根ヶ山光一ほか『子どもと食──食育を超える』東京大学出版会

関　曠野，1985，「教育のニヒリズム」『現代思想』vol.13-12，青土社

セクシュアルマイノリティ教職員ネットワーク編，2012，『セクシュアルマイノリティ──同性愛、性同一性障害、インターセックスの当事者が語る人間の多様な性』明石書店

寒川恒夫編著，2017，『近代日本を創った身体』大修館書店

染谷明日香，2018，「10 代の性の現状と学校の性教育〜日本の性教育のいまと未来〜」（オトナのための性教育 2018.11.9）『mi-mollet』

高井昌吏・古賀 敦，2008，『健康優良児とその時代──健康というメディア・イベント』青弓社

高岡裕之，2003，「戦争と健康」，野村一夫ほか『健康ブームを読み解く』青弓社

高嶋光雪，1979，『アメリカ小麦戦略─日本侵攻』家の光協会

高橋浩二，2010，「身体教育を通じた身体観の変容可能性の探究（その 1）──運動実践における［まなざし］の考察から」『大阪産業大学人間環境論集』9，pp.139-55

高橋浩二，2011，「身体教育を通じた身体観の変容可能性の探究（その 2）──運動観察の基礎となる身体的直観の検討」『大阪産業大学人間環境論集』10，pp.27-41

高橋浩二，2012，「身体教育を通じた身体観の変容可能性の探究（その 3）──体つくり運動から捉えた身体運動の学習から発生への転換」『大阪産業大学人間環境論集』11，pp.1-18

高宮城 繁ほか編，2008，『沖縄空手古武道事典』柏書房

ダグラス，メアリー＝江河徹ほか訳，1983，『象徴としての身体──コスモロジーとしての探究』紀伊国屋書店

竹内敏晴，1988，『ことばが劈かれるとき』筑摩書房

竹田敏彦 編著，2016，『なぜ学校での体罰はなくならないのか──教育倫理学的アプローチで体罰概念を質す』ミネルヴァ書房

武田尚子，2017，『ミルクと日本人──近代社会の「元気の源」』中央公論新社

田中延子，2016，「わが国の学校給食と食育」，茂野隆一ほか編『現代の食生活と消費行動』農林統計出版，pp.157-74

谷口輝世子, 2004,『帝国化するメジャーリーグ──増加する外国人選手と MLB の市場拡大戦略』明石書店

谷口輝世子, 2018a,「【スポーツとパワハラ】罰としてのトレーニングは、なぜ、だめなのか。アメフト選手の死亡事故を考える」『YAHOO! JAPAN ニュース』(2018/12/25, https://news.yahoo.co.jp/byline/kiyokotaniguchi/20181225-00108919/)

谷口輝世子, 2018b,「日本はヌルい？教育？人格形成？ 米国人は運動部活動に何を期待するのか。」『YAHOO! JAPAN ニュース』(2018/12/26, https://news.yahoo.co.jp/byline/kiyokotaniguchi/20181226-00109039/)

玉木正之, 2003,『スポーツ解体新書』日本放送出版協会

千葉すずな, 2015,「地産地消と学校給食」(http://www7b.biglobe.ne.jp/~y-mihara/2015.2chiba.pdf, ← http://www7b.biglobe.ne.jp/~y-mihara/senmon.html)

辻内琢也・田中乙菜編著, 2012,『生活習慣病の人間科学 II』三和書籍

津田真人, 1997a,「「健康ブーム」の社会心理史：戦前篇」『一橋論叢』第 117 巻 第 3 号, pp.445-63 (https://hermes-ir.lib.hit-u.ac.jp/rs/bitstream/10086/10771/1/ronso1170300490.pdf)

津田真人, 1997b,「「健康ブーム」の社会心理史：戦後篇」『一橋論叢』第 118 巻 第 3 号, pp.503-21 (https://hermes-ir.lib.hit-u.ac.jp/rs/bitstream/10086/10714/1/ronso1180300830.pdf)

土屋久美・佐藤 理, 2012,「学校給食のはじまりに関する歴史的考察」『福島大学総合教育研究センター紀要』(13), pp.25-8 (http://hdl.handle.net/10270/3712, http://ir.lib.fukushima-u.ac.jp/repo/repository/fukuro/R000004149/19-148.pdf)

土屋 洋, 2008,「清末の体育思想：「知育・徳育・体育」の系譜」, 史学会『史学雑誌』117 (8), pp.1434-58

手賀尚紀, 2004,「障害文化の先行研究に関する一考察」, 佛教大学福祉教育開発センター編『福祉教育開発センター紀要』11 号, pp.97-108 (https://archives.bukkyo-u.ac.jp/rp-contents/FC/0011/FC00110L097.pdf)

デメッロ, マーゴ＝田中洋美ほか訳, 2017,『ボディ・スタディーズ──性、人種、階級、エイジング、健康／病の身体学への招待』晃洋書房

デュボス, ルネ＝田多井吉之介訳, 1977,『健康という言動──医学の生物学的変化』紀伊国屋書店

寺田貴美代, 2002,「共生に向けた『障害文化』概念の活用」『東洋大学大学院紀要』Vol.38, pp.289-306

寺田貴美代, 2016,「「障害文化」とは何か─文化志向による分析枠組みの構築─」(http://www.arsvi.com/2000/021100tk.htm)

鳥羽至英, 2008,「石原産業フェロシルト不正処理事件」『内部統制の理論と制度』国元書房

友添秀則, 2009,『体育の人間形成論』大修館書店

友添秀則 編著, 2016,『運動部活動の理論と実践』大修館書店

富山洋子, 2008,「食べるなといわれるのも、食べろといわれるのも、いやだから」, 岡崎勝ほか『おそい・はやい・ひくい・たかい』No.41, ジャパンマシニスト

トンプソン, デイミアン＝中里京子訳, 2014,『依存症ビジネス──「廃人」製造社会の真実』ダ

イヤモンド社

内藤朝雄, 2009, 『いじめの構造――なぜ人が怪物になるのか』講談社

内藤朝雄, 2017, 「日本の学校から「いじめ」が絶対なくならないシンプルな理由――だから子どもは「怪物」になる」(http://gendai.ismedia.jp/articles/-/50919?page=3)

中岡哲郎, 1970, 『人間と労働の未来』中央公論社

中澤篤史, 2013, 「なぜスポーツは学校教育へ結びつけられるのか ―運動部活動の成立と〈子どもの自主性〉の理念―」『一橋大学スポーツ研究』32 号, pp.13-25

(https://hermes-ir.lib.hit-u.ac.jp/rs/bitstream/10086/25977/5/sportsk0320000130.pdf)

中澤篤史, 2014a, 『運動部活動の戦後と現在――なぜスポーツは学校教育に結び付けられるのか』青弓社

中澤篤史, 2014b, 「スポーツと学校教育――これまでの体育学はどう論じてきたか」『季刊 家計経済研究』第 103 号 (2014.7「特集 スポーツ」)

中澤篤史, 2017, 『そろそろ、部活のこれからを話しませんか――未来のための部活講義』大月書店

中澤弥子, 2012, 「日本の学校給食における牛乳利用の歴史的評価」『乳の社会文化学術研究研究報告書』, pp.112-75

(https://www.j-milk.jp/sp/tool/kenkyu/berohe000000hclf-att/shakai_study2012-05.pdf)

中島武史, 2018, 『ろう教育と「ことば」の社会言語学――手話・英語・日本語リテラシー』生活書院

長島恭子, 2019, 「体重 38 キロ、月経が止まった高校時代 競歩・岡田久美子の「陸上選手と体」と競技人生」『THE ANSWER』2019/2/9 (https://the-ans.jp/women/51031/2/)

中田哲也, 2018, 『フード・マイレージ 新版 ――あなたの食が地球を変える』日本評論社

なかの・まき, 2017a, 「左手書字をめぐる問題」, かどや・ましこ編『行動する社会言語学 ことば/権力/差別Ⅱ』三元社 (初出 2008)

なかの・まき, 2017b, 「だれのための「ビジネス日本語」か――言語教育教材としての「ビジネス日本語マナー教材」にみられる同化主義」, かどや・ましこ編『行動する社会言語学 ことば/権力/差別Ⅱ』三元社 (初出 2013)

長嶺将真, 1975, 『史実と伝統を守る 沖縄の空手道』新人物往来社

柳楽未来, 2019, 『手で見るいのち――ある不思議な授業の力』岩波書店

名郷直樹, 2014, 『「健康第一」は間違っている』筑摩書房

西村光史, 2014, 『近現代史から検証する日本柔道界の実態とその再興試案』エスアイビーアクセス

二宮くみ子・谷和樹編, 2017, 『情動と食 適切な食育のあり方』朝倉書店

日本体育大学, 「オリンピック・パラリンピックについて」

(https://www.nittai.ac.jp/ncope/olympic_paralympic/index.html)

日本オリンピック委員会, 1996, 「オリンピック憲章 Olympic Charter 1996 年版」

(https://www.joc.or.jp/olympism/charter/chapter1/13_17.html)

"人間と性" 教育研究協議会, 2006, 『新版 人間と性の教育 (全 6 巻)』大月書店

野原耕栄, 2007, 『沖縄伝統空手——「手」Tiy の変容』球陽出版

野村一夫ほか, 2003, 『健康ブームを読み解く』青弓社

橋本紀子ほか, 2018, 『教科書にみる世界の性教育』かもがわ出版

荷見武敬・根岸久子, 1993, 『学校給食を考える——食と農の接点』日本経済評論社

畠山弘文, 1989, 『官僚制支配の日常構造——善意による支配とは何か』三一書房

畠山弘文, 2002, 『動員史観へのご招待——絶対主義から援助交際まで』五弦舎

畠山弘文, 2006, 『近代・戦争・国家——動員史観序説』文眞堂

濱川　謙, 2018, 『統一の流儀——「振興会」はなぜそこにあるのか』琉球書房

速水健朗, 2013, 『フード左翼とフード右翼——食で分断される日本人』朝日新聞出版

桧垣源之助, 2006, 『隠されていた空手 II——糸洲十訓が目指した唐手の考察』チャンプ

樋口　聡, 2005, 『身体教育の思想』勁草書房

日野原重明, 2013, 「「生活習慣病」の命名」『高齢期における生活習慣病』(長寿科学振興財団)

平野順也, 2016, 「ヘルスプロモーションの肥大化」, 池田理知子・五十嵐紀子編著『よくわかる
　　ヘルスコミュニケーション』ミネルヴァ書房

広瀬浩二郎, 2009, 『さわる文化への招待——触覚でみる　手学問のすすめ』世界思想社

広瀬浩二郎編, 2014, 『世界をさわる——新たな身体知の探究』文理閣

広瀬浩二郎, 2017, 『目に見えない世界を歩く——「全盲」のフィールドワーク』平凡社

広瀬浩二郎, 2019, 「ユニバーサル・ミュージアムの"理"を求めて——触常者発、「無視覚流鑑賞」
　　の誕生」, 嶺重 慎ほか編『知のスイッチ——「障害」からはじまるリベラルアーツ』平凡
　　社

広瀬裕子, 2014, 「学校の性教育に対する近年日本における批判動向—「性教育バッシング」に対
　　する政府対応—」『専修大学社会科学年報』第 48 号, pp.193-211

藤井誠二, 2013, 『体罰はなぜなくならないのか』幻冬舎

藤川信夫, 2008, 『教育学における優生思想の展開——歴史と展望』勉誠出版

藤原辰史, 2018, 『給食の歴史』岩波書店

藤原葉子ほか, 2017, 『エビデンスで差がつく食育』光生館

古井　透, 2003, 「リハビリ再考——「がんばり」への呪縛とその OUTCOME」(障害学研究会関
　　西部会第 19 回研究会, http://www.arsvi.com/2000/030829ft.htm)

プロクター, ロバート, N. =宮崎尊訳, 2015, 『健康帝国ナチス』草思社

堀川惠子, 2014, 『教誨師』講談社

堀田　学, 2005, 「学校給食の歴史的経緯と現代的課題」『広島県立大学紀要』17 (1), pp.79-84

ましこひでのり, 1998, 「障がい者文化の社会学的意味」『解放社会学研究』12, pp.6-30

ましこ・ひでのり, 2002, 『日本人という自画像——イデオロギーとしての「日本」再考』三元
　　社

ましこ・ひでのり, 2005, 『あたらしい自画像——「知の護身術」としての社会学』三元社

ましこ・ひでのり, 2007, 『たたかいの社会学——悲喜劇としての競争社会』(増補新版) 三元社
　　(初版 2000 年)

ましこ・ひでのり, 2008, 「偽装リサイクル製品としてのフェロシルトと不法投棄の隠蔽工作」,

大橋博明ほか『地域をつくる』勁草書房

ましこひでのり，2010，「障がい者文化の社会学的意味」『知の政治経済学』，pp.347-72

ましこ・ひでのり，2013，『愛と執着の社会学——ペット・家畜・えづけ、そして生徒・愛人・夫婦』三元社

ましこ・ひでのり，2018，『あそび／労働／余暇の社会学——言語ゲーム・連字符カテゴリー・知識社会学を介した行為論』三元社

増田俊也，2017，『七帝柔道記』角川書店

桝本妙子，2000，「「健康」概念に関する一考察」『立命館産業社会論集』第 36 巻第 1 号，pp.123-39

松岡克尚，2010，障害モデル論の変遷と今後の課題について」『関西学院大学人権研究』14 号，pp.13-33（http://hdl.handle.net/10236/3680）

マッツァリーノ，パオロ，2015，『「昔はよかった」病』新潮社

まはら三桃，2018，『白をつなぐ』小学館

三戸祐子，2005，『定刻発車——日本の鉄道はなぜ世界で最も正確なのか？』新潮社

宮北隆志，2016，「ヘルスプロモーションの理念と健康格差」，池田理知子・五十嵐紀子編著『よくわかるヘルスコミュニケーション』ミネルヴァ書房

村瀬幸浩，2014，『男子の性教育——柔らかな関係づくりのために』大修館書店

メルツ，J.M.／カークランド，A. 編＝細澤仁ほか訳，2015，『不健康は悪なのか——健康をモラル化する世界』みすず書房

森 絵都，2018，『みかづき』集英社

森田倫子，2004，「食育の背景と経緯：「食育基本法案」に関連して」『調査と情報』457，国会図書館（http://www.ndl.go.jp/jp/diet/publication/issue/0457.pdf）

森本芳生，2009，『「食育」批判序説——「朝ごはん」運動の虚妄をこえて、科学的食・生活教育へ』明石書店

森山克子，2015，『海からの贈り物——海洋県沖縄における学校給食からの食育』協同出版

森山至貴，2017，『LGBT を読みとく——クィア・スタディーズ入門』筑摩書房

八木晃介，2008，『健康幻想（ヘルシズム）の社会学——社会の医療化と生命権』批評社

八木晃介，2011，『優生思想と健康幻想——薬あればとて、毒をこのむべからず』批評社

安冨歩・本條晴一郎，2007，『ハラスメントは連鎖する——「しつけ」「教育」という呪縛』光文社

山田奨治，2004，「弓道とアーチェリーの分岐点」『武道』2004 年 7 月号，Vol.452，pp.102-7

山田陽子，2012,「パワーハラスメントの社会学——「業務」というフレーム、次世代への影響」『現代思想 12 月臨時増刊号 緊急復刊 imago いじめ 学校・社会・日本』第 40 巻 第 16 号，青土社

ユネスコ編＝浅井春夫ほか訳，2017,『国際セクシュアリティ教育ガイダンス——教育・福祉・医療・保健現場で活かすために』明石書店

リッツア，ジョージ＝正岡寛司ほか訳，1999，『マクドナルド化する社会』早稲田大学出版部

和唐正勝ほか，2017，『現代高等保健体育 改訂版』大修館書店

# 索　引

## あ

IOC　48, 167, 198
合気道　24, 195-6, 198, 202
愛校心　171, 178
挨拶運動　99
アカデミックハラスメント　192
秋山千佳　135
「悪」のレジリエンス　50-1, 174
アグリビジネス　84
味の素　83, 89
アスリート選抜機能　47
アスレチック空間　29
アスレティシズム　118, 190
アノミー　58
アマチュアリズム　38
「アメとムチ」論　102
雨宮正子　81
アメリカ精神医学会　147
アメリカンフットボール　55, 106
暗黙知　14, 27, 32, 186
いじめ　98-100, 106, 116, 118
イジメ事件　108
異性愛者　122, 133
依存症ビジネス　46, 137, 140, 208
一定（ミニマム）の「身体能力」　7, 9
イデオロギー装置　113, 128, 153-4, 161

遺伝子ドーピング　58
糸洲安恒　197, 202
井上俊　195, 200
今津孝次郎　115-6
イリイチ，イバン　25, 57, 89
医療裁判　108
インペアメント　188-90
impairment　187-9
隠蔽工作　100, 108
植芝盛平　24, 196, 198
内田良　30, 38-9, 47, 57, 101
うま味　83
運針　183
運動オンチ　29, 183
運動会　17, 28, 170, 182, 185
運動観　14, 26
運動部　14, 28, 30-1, 47, 50, 57, 111, 116, 118,
　　　178,-9, 203
英国減塩プロジェクト　157
栄養学　9-10, 26, 37, 43, 51, 69, 73, 84, 115, 126,
　　　140, 149, 166, 168, 209, 211-2
栄養教諭　72, 75, 84-5
AED　131
ALS　187, 211
AV　124
MLB　48, 169
疫学的大量調査　46

SNS 依存　132

柄本三代子　78, 143,-4, 154

エリアス，ノベルト　203

エリートパニック　148, 150

LGBT　125

エロティック・キャピタル　94

遠足　26

エンデ，ミヒャエル　66

応援団　170, 178

黄禍論　61, 96

O157　67

オーウェル、ジョージ　92

大縄跳び競走　105, 107, 109

オーバートレーニング症候群　53

岡崎勝　7-8, 16, 18, 28, 35, 37-9, 43, 74-6, 86-7, 89, 97-8, 101, 108, 131, 167

沖縄県文化観光スポーツ部空手振興課　197, 199

沖縄空手振興ビジョン　197, 199, 202

沖縄空手振興ビジョンロードマップ　198-9, 202

沖縄角力　201

置き勉　33, 35, 213

オタワ憲章　139

オリンピックのモットー　190

オリンピニズム　48, 166-8, 193

オルトレキシア　147

音痴　183


## か

外出／通信制限　111

科学論文　79-80

かくれたカリキュラム（hidden curriculum）　26, 38, 108

影の学問　152, 209

影山健　38

梶田孝道　65, 82, 128, 142

過剰矯正　95

カズオ・イシグロ『わたしを離さないで』　89

仮想水　68, 72

楽器演奏　178, 182-3, 186

学校給食　35-6, 59-61, 63-4, 66, 69-72, 75-6, 81-2, 84, 86-7, 147, 153, 155

学校行事　17, 19, 32, 99, 213

学校的ハラスメント空間　104

学校＝牧場　95

学校リスク研究所　39

家庭科　9, 68, 77, 85, 122, 133, 148, 171

家庭科男女共修　87

カバディ　164

カラー道着　200

「からだそだて」論　24

体ほぐしの運動　41

空手の琉球処分　198, 201

過労死　9, 57, 106-7, 129, 131, 213

過労自殺　9, 129, 131

完食の強要　20, 39

官製市場　87

感動ポルノ　39, 175

管理主義　17, 50, 73, 76, 96

器械体操　20, 26, 38, 102, 116, 118, 164-5

飢餓輸出　68

擬牛化　94

疑似科学　46, 77-8, 86-7, 138, 140, 146, 154, 156

疑似科学的学習理論　102

疑似相関　75, 85-6

技術家庭科　10, 14, 26, 182, 186, 212

擬人化　90, 94, 97

貴族　38

吃音　15, 32

機能開発　189

機能回復訓練　189

技能系教科　182, 186

技能実習生　18
木下秀明　12, 52
ギャンブル　141, 149, 151, 157
救急法　9-10, 26, 37, 121
給食サービス　76
給食史　81-2, 87
給食指導　9, 19, 86, 100, 114-5, 181, 212
給特法　57, 154
牛乳消費　84, 86
牛乳有害論　86
教育愛　16, 101-2, 117, 204
「教育愛」神話　102
教育刑　113, 120
教員＝牧人　95
教誨師　113, 120
競技空手　201
競技かるた　31
競技スポーツ　9-10, 14, 20, 22, 26, 32, 41, 43-
　　4, 46-9, 57-8, 161, 165-71, 174-5, 199, 204-5,
　　207, 210-1, 213
器用さ　183
矯正教育　120
強制収容所　16, 50, 95, 109, 111
強制労働　7-9, 25, 47, 120
挙手　185-6
「規律」（discipline，フーコー）　16, 109
規律空間　19
規律プロセス　185
起立・礼　185
禁煙ファシズム　139, 141, 153
銀行数字　104
禁酒法　139, 141
クイズ選手権　31
愚行権　25, 52, 83, 108, 139, 147, 149, 153, 157
朽木誠一郎　146, 155-6
窪田順生　105, 107, 116
熊谷晋一郎　175, 189-90, 193, 206
組体操　30, 39, 107, 109, 121, 213

クラブ活動　9-10, 13-4, 22, 26, 31, 50, 170, 182,
　　197
グルコサミン　145-6
黒田浩一郎　138, 142-3
軍産学複合体　137, 142, 150, 152, 155
軍事学　31
軍事教練　13, 54, 185
軍事体育　16
軍隊的規律　19, 32
軍部の大陸政策　132
ケア労働　188
刑務作業　120
刑務所　16, 20, 101, 109, 111, 113, 115, 117, 120,
　　204
ゲーム依存　132
ゲーレン，アルノルト　20, 38
劇団態変　190
月経教育　123
現役世代　9, 42
健康格差　139-40
健康観　139, 153, 163
健康キャンペーン　42-3, 86
健康幻想　138
健康産業　152, 158
健康志向　52, 138-9, 146-7, 156
健康至上主義　138, 142-3
健康寿命　41-3, 45, 61, 139, 146, 157, 161, 212
健康寿命ランキング　52
健康食品　53, 83, 87, 142-3, 147, 150
健康増進　41-2, 46, 76, 87, 138, 153, 161, 191
「健康増進法」（2002年）　41, 144, 149
健康不安社会　138
健康ブーム　138, 143-4, 153
健康優良児　96
健康リスク　127, 129, 154
言語教育　13
健全なる精神は健全なる身体に宿る　9, 51
剣道　11, 52, 166, 170, 195, 198, 200, 202

減量　42, 45, 52-3, 87, 122, 146, 148, 156, 189, 206

紅衛兵　108

黄禍論　61, 96

公害企業　127-8

高脂血症　44-5

更生　50, 113, 120, 214

厚生労働白書　42, 153

高専柔道　117, 200

拘束性　17, 111

CODA, コーダ Children of Deaf Adult）　192

口中調味　114-5

講道館　195, 200, 204

神戸高専剣道実技拒否事件　11

号令行動　185, 192

高齢者差別　190, 193

口話法　15, 184

国技館　11

国際柔道　200, 204

護身術　164, 197, 201, 204

国家社会主義　17, 137

駒崎弘樹　133

小麦戦略　84

小山吉明　163-4, 166-7, 174

御用学者　67, 78, 82

婚外子　122

コンドーム　122-3, 131


## さ

サイエンス・リテラシー　78

再現研究　79

齋藤益子　123, 125

酒井朗　85

ささえるスポーツ　168, 170-1

笹川良一　196

サディズム　27, 116, 119, 203-4, 207

佐藤臣彦　20-6, 28-9, 36-8, 50, 81, 97

殺人狂時代　155

サプリメント　46, 145-6

サポートメンバー　170

さわる文化　182-3, 192

三育　10, 13, 37, 47

三角食べ　114-5

産業社会批判　89

三療　192

JOC　49

自衛隊体力測定　44

ジェンダー規範　16, 27, 33

視覚支援学校　181-2

時間どろぼう　66

始球式　55

重松清　32

自校式　75-6

自業自得論　45, 127

自己責任論　41, 45, 82, 126-7, 139-40, 148, 154

自殺　67, 106, 117, 119-20, 129-30, 134, 153

実技　9-11, 15-6, 27, 32, 38-9, 47, 161, 165-7, 175, 183, 213

指導死　101-2. 113, 118

自発的な服従　38, 108

地毛証明書　52

社会疫学　68, 126, 134, 212-3

社会科学的素養　73

社会学的密室　116-7

社会ダーウィニズム　97

社会モデル　190

弱視者　181

射精教育　123

シャドウ・ワーク　47, 57

ジャンク志向　146-7

銃剣道　12, 195, 200-1

自由すぽーつ研究所　24

柔道　11, 30, 117, 121, 166, 169, 176, 192, 195, 198, 200-5, 207-8

柔道界　116, 176

柔道事故　30, 38, 213
重要な他者　187
受益調整機関　65, 128
修業　11, 15, 17, 205
修業空間　111
受験戦争　96, 114
主体＝臣民　42
主要教科　172, 183, 212
手榴弾投擲　44
障害学　8, 38, 168, 189-90
生涯スポーツ　41-2, 44, 190, 192
障害者スポーツ　29, 39, 169, 189
小国民　108
少林寺拳法　195-6
「食育」イデオロギー　76
「食育基本法」（2005 年）　63-4, 81-2, 155
「食育」キャンペーン　76
食育調査会（2002 年）　64
食育白書　63, 75
食肉加工場　90, 92, 95, 97
職人わざ　186
食のマトリックス　146-7
食品添加物　66-7, 77
食品ロス　59, 63, 68, 84
食物アレルギー　35, 121
女性タレント　55
触覚　181-2, 184, 186, 192
シルム（韓国）　201
鍼灸　181-3, 192
人工内耳　184, 189
人工妊娠中絶　122, 124, 133
新自由主義　41, 82, 87, 139-40
身体運動　9, 11, 14-5, 20-2, 24-6, 28-9, 32, 37-9,
　　41, 43, 45, 48, 51, 161, 164, 167, 171-3, 181,
　　184-7, 189, 201, 203, 209, 211-2
身体学　153
身体観　14, 25-6, 145
身体技法　14, 16, 20, 22, 32, 185-6, 192, 198,

　　202, 204, 206
『身体教育の神話と構造』（1987）　7, 131
『身体教育を哲学する』（1993）　20, 36
身体醜形障害　42, 53, 149-51
新体操　42, 53, 171
身体能力　7, 9, 32, 38, 41, 44, 55, 161, 164-5,
　　169, 176
身体文化　17, 19, 21-2, 140, 192
新体力テスト　43-4, 161
身体論的優等生　29
新兵補充　95
スーツ　103-4
すぎむら なおみ　131, 135
スティグマ効果　139
ストックホルム症候群　103, 118
スパルタ　13
スパルタ教育　25, 102, 104
スパルタ教員　25
スペンサー，H.　13
「スポーツ基本法」（2011 年）　57
スポーツぎらい　10, 29, 165
スポーツ社会学　74, 97
スポーツずき　29
スポーツテスト　43-4, 52
スポーツリテラシー　169
相撲　11, 51, 144, 148, 167, 169-70, 176, 195-6,
　　200-1
すりこみ（imprinting）　66, 102-3, 117
スローフード　66
スローフード運動　146
成果至上主義　102
生活改善運動　76
生活科学　73, 87
生活機会　68
生活指導　9, 16, 105, 107, 181
生活習慣病　41-2, 44-5, 52, 55, 64, 70, 126-7,
　　134, 137-9, 144, 153-4
生活習慣病市場　45

生活点検　16, 19
政官財学情ペンタゴン　151
性感染症　37, 68, 122-3, 125-6, 167
性教育　9-10, 26-7, 37, 73, 121-5, 131, 133-4,
　　148
性現象　122, 125, 133
性交　124
性行為　124
成功体験　102, 117
生産年齢人口　8-9
成人病　44, 127
「生政治」（Bio-politics）　16, 109
清掃活動　19, 111
清掃指導　181
生存学　8
性同一性障害　133
生徒＝綿羊　95
制服　16, 51, 99, 103-4
性別不合　125
関 曠野（せき・ひろの）　118
セサミン　145
セックス　124, 172
セックス依存症　132
摂食行動　20, 42
摂食障害　53, 68-9, 132, 147, 149, 151
「絶対的権力は絶対に腐敗する」（ジョン・ア
　　クトン）　51
セルフコントロール　42
潜在的カリキュラム（latent curriculum）　26,
　　101
禅寺　72, 104
善導　113
全日本空手道連盟　196-7, 201
洗脳　10, 77, 87, 104, 111, 127, 129-30, 140, 147,
　　152, 161, 179
洗脳工作　123, 143
全盲者　181, 193
戦力　8-9, 11, 110, 174, 204

相互監視　107
訴訟リスク　68, 121
卒業式　17, 90, 92-3
ソフトなファシズム　107
ソフトボール投げ　43, 55

## た

体育会（大学）　14, 108, 175
第一線職員　50
ダイエット食品　46
体験入隊（自衛隊）　104
体重管理　42
体罰　57, 101-2, 116-7, 119, 203
大麻　131, 141, 151
大麻取締法　141
体力合計点別分布　43
体力測定　43
体力低下　43-4, 145
高岡裕之「戦争と健康」　52
高橋浩二　25-6, 28
託児サービス　109, 214
竹内敏晴（1925−2009）　15, 24-6, 28
他殺率　129, 134
脱走　117
田中延子　87
種牛　97
WHO　42, 83, 134, 138-43, 153-4, 157, 159, 209
ダブル・バインド　27
玉木正之　11, 118-9
團 伊玖磨（だん・いくま）　153
男児への性暴力　116
チアリーディング　170, 178
知育・徳育・体育　10, 13, 51, 63, 76, 96
知識社会学　8
着衣水泳　11, 26
チャップリン　155
中途失明　181

調教　37, 102-3

調教体育　38

朝食給食　75, 82

朝食と学業成績の相関　75

徴兵制　13, 44, 52

調理　15, 51, 66-8, 71, 75, 77-8, 83, 87, 115, 119, 183, 187

知力偏重イデオロギー　51

辻内琢也　154

定刻発車　95

ディスアビリティ　188

disability　187-8

ディスコミュニケーション　27

ディストピア　92, 97

デイトレイプ　37, 122, 126, 209

DV 的共依存　103

DV 的打擲　102

低用量ピル　122, 157

デフ・ファミリー　184

デュルケーム，E.　20, 129

点字　181-2, 192

伝統空手　196-8, 201, 205

伝統の創造　11, 71-3, 175, 195, 202

動員史観　95, 109, 114

同化圧力　16, 33, 107

闘牛場　90

登下校　17, 19, 34-5, 115, 182

糖質制限ダイエット　144-5, 156

唐手（トーディー）　197-8, 200-2

同性愛　122, 125, 133

頭髪規制　16

動物園　90, 103

ドーピング　48, 58, 175, 177-8, 208, 212

読唇術　184

特保（特別保険用食品）　87, 137, 143, 149, 151

ドナドナ　97

友添秀則　36-7, 57

ドラキュラ物語的な悪循環　103

トランスジェンダー　125

奴隷　37, 97, 108

トロプス　24

## な

内藤朝雄　100, 102, 116

内務省体力局　95

中岡哲郎　14, 186

中澤篤史　50, 118

なかの・まき　15, 18, 104, 183

名郷直樹　55, 134

ナショナリズム　11-2, 48, 69, 71, 138, 165-7, 175, 190, 198, 202

731 部隊　150

七帝柔道　117, 200, 203-4, 207

苦手意識　29, 165

二次性徴　123

「24 時間、戦えますか。」　9

日本財団　196

日本手話　184-5, 192, 211

日本相撲協会　116, 176

日本性教育協会　125

日本レスリング協会　116

"人間と性" 教育研究協議会　125, 133

『人間と労働の未来』　14

ネイティブサイナー　184, 186, 192

熱中症　34, 121, 213

脳筋　166-7, 172, 175

農水族議員　62, 64, 84

脳性マヒ　175, 187, 189, 206

能力観　163

農林水産省　62-4, 81-4, 86

野口体操　24, 26

野口三千三（1914−1998）　24, 26

## は

バイアグラ　158
ハインリッヒの法則　57, 213
拍手　177, 185
白杖歩行　182
箸のタブー　114
パターナリズム　11, 38, 46-7, 57, 69, 71, 75-6,
　　95, 111, 116, 132, 137-8, 141, 148-51, 158-9,
　　189, 193, 204, 206, 209
畠山弘文　50, 95, 114
罰としてのトレーニング　118
ハビトゥス論　32
パフォーマンス文化　171
早寝、早起き、朝ごはん　74-5, 85
速水健朗　146, 156-7
パラ言語　27
ハラスメントの生成過程　27, 100
ハラッサー　27, 101, 118
パラメッセージ　27
パラリンピック　39, 169, 175, 190, 193
パルクール　44, 164
パワハラ研修　113, 119
ハンドボール投げ　43, 55
BMI　42, 44, 52, 54, 127, 153-6
PTA　107
非言語的メッセージ　27
非公式な学習　27
非・制服組　104
ヒットラーユーゲント　108
一橋大学　11
日野原重明　44, 138-9, 153
批判的体育学　38, 97
ヒヤリハット　108, 213
平等原理　111
広瀬浩二郎　182-4, 192
ヒロポン　132, 141
貧困児童　75

ぴんぴんコロリ　41
ファストフード　66, 70, 82, 146, 153
不安産業　45, 55, 140, 159
フィギュアスケート　42, 53, 175
FIFA　48, 167, 177
フード右翼　146, 157
フード左翼　146-7, 156-7
フードファディズム　78, 87, 137, 140, 142,
　　146-50, 156
フードポリティクスマップ　146
フードマイレージ　68, 72, 84
プール　34, 55-6
「フェロシルト」事件　128
富国強兵　8, 13, 41-2, 52, 67, 89
藤原辰史　81-2, 84, 87
武道　9-12, 14, 20, 27, 32, 38-9, 41, 44, 51, 57,
　　166-7, 169-70, 174, 195-98, 200-4, 206-8, 213
武道館　11, 202
不道徳な身体　138
『武道の誕生』（井上俊）　195
不如意性　190
ブフ（モンゴル）　201
プラグをぬくこと（unplugging）　25
ブラジリアン柔術　200
ブラスバンド　14, 170, 178
ブラック社員研修　119
「ブラックパワー・サリュート」事件　177
ブラック部活動　47-8
ブラック部活問題　57
ブラッドスポーツ　207
フルコンタクト空手　196-7, 199, 201
ブルデュー，P.　20, 32
ブレンディのCM　89, 91
平均信仰　43-4
兵式体操　13, 52, 95
ベイトソン，グレゴリー　27
ヘルシズム　85, 137-40, 142, 150, 187, 191, 206
ヘルスケア　11, 158

「ヘルスケア」産業　158

ヘルスプロモーション　55, 137-40, 142-3, 154

ヘルスリテラシー　139-40, 144, 148-51, 154, 212

便強会　35

偏食　20, 35, 38-9, 83

「鞭撻」イメージ　102

坊主がり　16, 32

暴力性　11, 103, 117, 128, .203, 206-9

暴力団　116, 132, 141, 157

牧人司祭型権力（フーコー）　16

保健室　20, 131, 135

保守的性規範　122

補聴器　184

ボディ・スタディーズ　153

ホモソーシャル　51, 55, 117

ポラニー，マイケル　27

ボルダリング　44, 145, 164-5

ポルトマン，アドルフ　20

ポルノ系フィクション　124

本家意識　198

## ま

マインドコントロール　111, 117, 128

マインドスポーツ　31, 175

マカ　145-6

マクドナルド化　20, 66, 95

マスターベーション　122

増田俊也　117, 200-1

マゾヒズム　102-3, 119, 203, 206, 210

マックジョブ　66

マッサージ　181-3

マッチーポンプ　46, 137

マッツァリーノ，パオロ　34

マッドサイエンティスト　58, 150, 163

マネージャー　170

マルチタスキング　186

＃MeToo　116

ミーム継承　186

ミソジニー　55, 94, 97, 190, 193

身だしなみ指導　99

「見た目問題」　53

密教／顕教　27

密室　101-3, 113, 116-7, 209

ミドリ十字　150, 157

未病　127, 139

ミラー，アリス　203

「みるスポーツ」能力　169

民事不介入　101, 149

無言給食　32

無謬論　109

明晴学園　192

牝牛　95

メタメッセージ　27

メタボリック症候群　42, 52, 87, 127, 138-9, 143, 149, 156

盲官　192

モース，マルセル　32

モラルハラスメント　98

森有礼　95

モンサント　150

## や

八木晃介　138

薬物ネットワーク　132

安冨歩　27, 100, 118, 203

野戦食　66

山本五十六（やまもと・いそろく）　193

ユニークフェイス　53

ユネスコ無形文化遺産　197-8

養護教諭　10, 73, 135

幼児化　55

四大公害事件　127

## ら

ラジオ体操　95, 104
ラミス，ダグラス　152, 209
ランドセル　16-8, 33-5
ランナーズハイ　132
陸上十種競技　38, 43, 54
リクルート　8, 11, 48, 51, 95, 104, 109-10, 112,
　　144, 165
リクルートスーツ　103
リスク対策教育　77, 121, 124, 126
リスク・マネージメント　68
リッツァ，ジョージ　95
リハビリ　168, 190, 206
リハビリテーション医学　189
琉歌　197
琉舞　197
冷戦　13, 31, 41, 158
レーション　20, 66
レズビアン−ゲイ・スタティーズ　125
劣等感　47, 61, 96, 145, 165, 183
聾学校　181, 189
聾教育　15
ろう児　184, 186
ローレンツ，コンラート　20, 38, 117
ロビンソン、ジョーン　78, 143, 209


## わ

ワールドカップ　48, 137, 177
わざ言語　32

## 著者紹介

**ましこ・ひでのり**（msk@myad.jp）

1960 年茨城県うまれ。東京大学大学院教育学研究科博士課程修了。博士（教育学）。日本学術振興会特別研究員などをへて、現在、中京大学国際教養学部教授（社会学）。

主要著作：『日本人という自画像』、『ことばの政治社会学』、『増補新版 イデオロギーとしての「日本」』、『あたらしい自画像』、『増補新版 たたかいの社会学』、『幻想としての人種／民族／国民』、『知の政治経済学』、『社会学のまなざし』、『愛と執着の社会学』、『加速化依存症』、『ゴジラ論ノート』、『コロニアルな列島ニッポン』、『言語現象の知識社会学』、『あそび／労働／余暇の社会学』、『アタマとココロの健康のために』（以上、三元社）。

共著に「社会言語学」刊行会編『社会言語学』(1-18 号＋別冊 2)、真田信治・庄司博史編『事典 日本の多言語社会』（岩波書店）、前田富祺・野村雅昭編『朝倉漢字講座 5 漢字の未来』（朝倉書店）、『ことば／権力／差別』（三元社，編著）、『行動する社会言語学』（三元社，共編）、大橋・赤坂・ましこ『地域をつくる―東海の歴史的社会的点描』（勁草書房）、田尻英三・大津由紀雄 編『言語政策を問う！』（ひつじ書房）、米勢・ハヤシザキ・松岡編『公開講座 多文化共生論』（ひつじ書房）、Mark ANDERSON, Patrick HEINRICH ed. "Language Crisis in the Ryukyus" Cambridge Scholars Publishing ほか。

## 身体教育の知識社会学
### ――現代日本における体育・食育・性教育・救急法等をめぐる学習権を中心に

| | |
|---|---|
| 発行日 | 2019 年 8 月 10 日　初版第 1 刷発行 |
| 著　者 | ましこ・ひでのり ©2019 |
| 発行所 | 株式会社三元社 |
| | 〒113-0033 東京都文京区本郷 1-28-36 鳳明ビル 1 F |
| | 電話／03-5803-4155　FAX／03-5803-4156 |
| | 郵便振替／00180-2-119840 |
| 印刷 | モリモト印刷株式会社 |
| 製本 | 鶴亀製本株式会社 |
| コード | 978-4-88303-491-8 |

## ことばの政治社会学
ましこ・ひでのり/著
●2800円

ことばの政治・権力・差別性を暴きだし、「透明で平等な媒体」をめざす実践的理論的運動を提起する。

## 加速化依存症　疾走/焦燥/不安の社会学
ましこ・ひでのり/著
●1700円

せわしなくヒトを追い立てる現代社会の切迫感はどこからくるのか。「時間泥棒」の正体に肉迫する。

## 愛と執着の社会学　ペット・家畜・えづけ、そして生徒・愛人・夫婦
ましこ・ひでのり/著
●1700円

ヒトはなぜ愛したがるのか。愛と執着をキーワードに動物としてのヒトの根源的本質を解剖する。

## 知の政治経済学　あたらしい知識社会学のための序説
ましこ・ひでのり/著
●3600円

疑似科学を動員した知的支配の政治経済学的構造を、社会言語学・障害学・沖縄学をもとに論じる。

## 幻想としての人種/民族/国民　「日本人という自画像」の知的水脈
ましこ・ひでのり/著
●1600円

ヒトは血統・文化・国籍等で区分可能であるという虚構・幻想から解放されるための民族学入門。

## あたらしい自画像　「知の護身術」としての社会学
ましこ・ひでのり/著
●1800円

現代という時空とはなにか? 自己とはなにか? 社会学という鏡をのぞきながら、自己像を描き直す。

## 日本人という自画像　イデオロギーとしての「日本」再考
ましこ・ひでのり/著
●2300円

アジア・国内少数派という鏡がうつしだす「日本」および多数派知識人の「整形された自画像」を活写する。

## イデオロギーとしての日本　「国語」「日本史」の知識社会学
ましこ・ひでのり/著
●3400円

有史以来の連続性が自明視される「日本」という枠組みを「いま/ここ」という視点から解体する。

## たたかいの社会学　悲喜劇としての競争社会
ましこ・ひでのり/著
●2500円

傷ついた自分をみつめなおすために! 「競争」のもつ悲喜劇にたえるための、心の予防ワクチン。

表示は本体価格

## 言語帝国主義　英語支配と英語教育
R・フィリプソン／著　平田雅博ほか／訳

●3800円

英語はいかにして世界を支配したのか。英語教育が果たしてきた役割とは？　論争の書、待望の邦訳。

## ことばとセクシュアリティ
D・カメロン＋D・クーリック／著　中村桃子ほか／訳

●2600円

「欲望の社会記号論」により権力構造下での抑圧、矛盾、沈黙をも取入れ、セクシュアリティと言語に迫る。

## 社会言語学のまなざし　シリーズ「知のまなざし」
佐野直子／著

●1600円

様々な「話すという事実」において、何がおきているのかを記述し、「ことば」の多様な姿を明らかにする。

## 社会学のまなざし　シリーズ「知のまなざし」
ましこ・ひでのり／著

●1700円

「社会学のまなざし」の基本構造を紹介し、それがうつしだすあらたな社会像を具体的に示していく。

## 行動する社会言語学　ことば／権力／差別　II
かどや・ひでのり／ましこ・ひでのり／編著

●3000円

ことばやコミュニケーションに係わる諸問題を発見し、少数者／情報弱者にひらかれた言語観を提示。

## ことば／権力／差別　言語権からみた情報弱者の解放
ましこ・ひでのり／編著

●2600円

現代標準日本語の支配的状況に疑問をもたない多数派日本人とその社会的基盤に知識社会学的検討を。

## 言語現象の知識社会学　社会現象としての言語研究のために
ましこ・ひでのり／著

●2800円

性的少数者やデジタルネイティヴの言語表現など社会現象としての言語表現／リテラシーを検証する。

## コロニアルな列島ニッポン　オキナワ／オホーツク／オガサワラが てらしだす植民地主義
ましこ・ひでのり／著

●1700円

日米安保下、戦後日本は準・植民地であり、沖縄などを植民地とする歴史的現実を社会学的視点から照射。

## ゴジラ論ノート　怪獣論の知識社会学
ましこ・ひでのり／著

●1700円

映画ゴジラシリーズをめぐる言説から無自覚なナショナリズムや、ゆがんだ歴史意識を明らかにする。

表示は本体価格

## 戦時下のピジン中国語 「協和語」「兵隊支那語」など
桜井隆／著

●7500円

従軍記、回顧録、部隊史等も資料に取り入れ、言語接触のありさまや日中語ピジンの再構築を試みる。

## 帝国・国民・言語
平田雅博＋原聖／編

●2300円

帝国、国民国家の辺境における言語状況はどのように対応され、人々にいかなる影響をもたらしたのか。

## 多言語社会日本 その現状と課題
多言語化現象研究会／編

●2500円

「多言語化」をキーワードに、日本語・国語教育、母語教育、言語福祉、言語差別などをわかりやすく解説。

## 共生の内実 批判的社会言語学からの問いかけ
植田晃次＋山下仁／編著

●2500円

多文化「共生」の名のもとに何がおこなわれているのか。図式化され、消費される「共生」を救いだす試み。

## 「正しさ」への問い 批判的社会言語学の試み
野呂香代子＋山下仁／編著

●2800円

言語を取り巻く無批判に受容されている価値観、権威に保証された基準・規範を疑うことでみえるもの。

## 言語権の理論と実践
渋谷謙次郎＋小嶋勇／編著

●2600円

従来の言語権論の精緻な分析を通し、研究者と法曹実務家があらたな言語権論を展開する。

## 言語復興の未来と価値 理論的考察と事例研究
桂木隆夫＋ジョン・C・マーハ／編

●4000円

言語の多様性が平和をもたらす。マイノリティ言語復興ネットワークの可能性を理論的・実践的に展望。

## 危機言語へのまなざし 中国における言語多様性と言語政策
石剛／編

●2500円

多民族・多言語多文字社会である中国における「調和的言語生活の構築」とは、何を意味しているのか。

## ことばの「やさしさ」とは何か 批判的社会言語学からのアプローチ
義永美央子＋山下仁／編

●2800円

言語研究において「やさしさ」とは如何に表れるかを批判的に捉え直し、新たな「やさしさ」を模索する。

表示は本体価格

## ポストコロニアル国家と言語　フランス公用語国セネガルの言語と社会
砂野幸稔／著
●4800円

旧宗主国言語を公用語とするなかで、言語的多様性と社会的共同性はいかにして可能かをさぐる。

## アフリカのことばと社会　多言語状況を生きるということ
梶茂樹＋砂野幸稔／編著
●6300円

サハラ以南14カ国の、ことばと社会をめぐる諸問題を論じ、アフリカ地域研究のあらたな視点を提示。

## 批判的談話研究とは何か
R・ヴォダック＋M・マイヤー／編
●3800円

談話への様々なアプローチと理論的背景を解説した、「社会的実践」としての談話を批判的に研究する。

## 言語戦争と言語政策
L＝J・カルヴェ／著　砂野幸稔ほか／訳
●3500円

言語を語ることの政治性と世界の多言語性がはらむ緊張をするどく描きだす社会言語学の「古典」。

## 言語学と植民地主義
L＝J・カルヴェ／著　砂野幸稔／訳　ことば喰い小論
●3200円

没政治的多言語主義者や危機言語擁護派の対極に立ち、言語問題への徹底して政治的な視点を提示する。

## ことばへの権利　言語権とはなにか
言語権研究会／編
●2200円

マイノリティ言語の地位は？　消えてゆくのは「自然」なのか。あたらしい権利への視点を語る。

## 言語学の戦後　田中克彦が語る①
田中克彦／著
●1800円

異端の言語学者が縦横に自己形成の軌跡を語り、現代の言語学をめぐる知的状況を照射する。

## 近代日本言語史再考　V　ことばのとらえ方をめぐって
安田敏朗／著
●3600円

歴史的、そして現在も日本社会で「みえない」ものとされたことばを前提に「みる」側の構図をえがきだす。

## 「多言語社会」という幻想　近代日本語史再考IV
安田敏朗／著
●2400円

突然湧いてきたかのような「多言語社会」言説の問題を析出し、多言語性認識のあらたな方向を提起する。

表示は本体価格